마법의
돈 굴리기

마법의 돈 굴리기

1판 1쇄 발행 | 2017년 3월 31일
1판 12쇄 발행 | 2023년 9월 27일

지은이 | 김성일
펴낸이 | 이동희
펴낸곳 | (주)에이지이십일
디자인 | 롬디

출판등록 | 제2010-000249호(2004. 1. 20)
주소 | 서울시 마포구 성미산로 1길 5 202호 (03971)
이메일 | eiji2121@naver.com
ISBN 978-89-98342-29-6 (03320)

자산배분을 이용한 스노우볼 투자법

마법의
돈 굴리기

개인 투자자를 위한 자산배분
전략에서 로보어드바이저까지!

| 김성일 지음 |

에이지21

친애하는 김성일 씨의 책에 추천사를 쓰게 되어 무척 기쁩니다. 2012년에 발간했던 책 〈돈 좀 굴려봅시다 : 한국형 탑다운 투자전략(스마트북스)〉을 쓰며 '자산배분'의 중요성을 누누이 강조한 바 있었기에 김성일 씨의 새 책은 아주 큰 선물이라 하겠습니다.

우리나라 사람은 원화 자산에 대부분의 돈을 투자합니다. 물론 나쁜 일은 아닙니다. 그러나 두 가지 문제가 생깁니다. 하나는 저수익이며, 다른 하나는 변동성이죠. 저수익은 한국 경제가 '성숙' 국면에 접어들면서 투자 수익률이 낮아진 것도 영향을 미쳤지만, 사실은 단기 투자 성향으로 인해 금융시장에서 '호구' 노릇을 한다는 것도 꽤 영향을 미쳤습니다.

제가 최근에 흥미롭게 읽은 논문, 〈투자자별 순투자가 주식시장에 미치는 영향(재무관리연구, 2014년 31권 1호. 정영우, 정현철)〉은 나를 비롯한 개인 투자자가 어떤 사람인지를 아주 잘 보여줍니다. 논문 제목이 조금 어렵죠? 제목을 풀어보면 외국인·기관·개인 등 주식시장에 참여하는 3대 매매 주체의 매매가 주가에 어떤 영향을 미치는지 추적한 것입니다.

이 논문의 필자인 정영우, 정현철 교수는 '개인의 주식 순매수만큼 확실한 주가 하락 신호는 없다'고 이야기합니다. 왜 이런 일이 벌어질까요?

첫 번째 이유는 기관이나 외국인이 상대적으로 많은 정보를 갖고 있다는 점입니다. 각 증권사에서 작성하는 보고서를 읽을 뿐만 아니라, 직접 기업을 방문해서 기업의 경영 여건을 꼬치꼬치 캐물을 테니 정보의 우위를 가질 가능성이 높죠. 주식시장의 매매 주체는 외국인·기관·개인밖에 없는데, 기관이나 외국인이 실적 부진 혹은 주가 과대평가 등을 이유로 매도하는 주식은 개인이 매수할 가능성이 높죠. 결국 개인의 투자 수익률이 나쁠 수밖에 없습니다.

두 번째 이유는 시스템의 유무일 겁니다. 예를 들어 상당수 자산운용사에는 주식을 매입한 후 30% 이상 하락하고 KOSPI보다 20% 이상 부진할 때는 무조건 매도하라는 손절매 규정이 있습니다. 반면 개인 투자자는 한번 매입한 주식이 계속 빠지더라도 '원금에 대한 미련' 때문에 마냥 보유하는 경우가 대부분입니다. 소위 '비자발적 장기투자자'가 되는 일이 잦아집니다. 반면 기관이나 외국인은 이런 심리적 편향에서 상대적으로 자유로워 일부 종목에서 손실을 보더라도 더 좋은 투자 기회를 찾을 '전환점'을 가지기 쉽습니다.

결국 개미는 시장에서 큰 수익을 거두기 어렵습니다. 저금리 환경이 지속되는데, 사실 거의 유일하게 높은 수익을 기대해볼 수 있는 주식시장에서 번번이 장벽에 부딪히는 거죠. 특히 개인 투자자를 더 어렵게 만드는 것은 '높은 변동성'입니다.

2001년이나 2008년처럼 주가가 폭락한 해에는 큰 손실을 보고 투자 의욕을 잃을 위험이 높습니다. 물론 멘탈이 튼튼한 사람들이야 손실에 굴하지 않고 장기간 투자할 수 있겠지만, 저를 비롯한 대부분의 사람은 큰 손실을 입은 후에는 심리가 위축되어 투자를 포기할 위험이 큽니다. 그런데 더 심각한 문제는 2001년이나 2008년처럼 주가가 폭락한 다음 해가 지나고 보면 최고의 투자 기회였다는 것입니다.

그럼 어떻게 해야 할까요? 투자한 후 눈을 질끈 감고 인내할 수 없는 투자자들에게 어떤 대안이 있을까요?

이런 고민을 하는 투자자들에게 권하는 투자 방법이 바로 '자산배분'입니다. 자산배분이라고 말하면 거창해 보이지만, 간단하게 말해 돈을 어떤 자산에 배분할지를 결정하는 일입니다. 물론 한 자산에 올인하는 것도 자산배분의 일종이긴 합니다. 그러나 한 자산보다는 두 가지 이상의 자산에 배분함으로써 얻는 게 굉장히 많습니다.

어떤 것을 얻을까요?

가장 큰 것은 2001년이나 2008년 같은 패닉 시장에서 '안도감'을 가질 수 있다는 점입니다. 즉 자산 가격의 변화 방향이 다른 자산에 나눠 투자함으로써 위기에도 원금을 지키는 것은 물론 저평가된 자

마법의 돈 굴리기

산에 새로 투자할 수 있는 '기회'를 가지게 됩니다. 물론 가격의 변화 방향이 다르다고 해서 좋은 분산투자의 대상이 되는 것은 아닙니다. 수익률도 높아야죠.

이렇게 요모조모 따지다 보면 적절한 분산투자의 쌍은 그렇게 많지 않습니다. 대신 적절한 분산투자의 대상을 찾아 나가노라면 점점 더 '장기투자'에 성공할 가능성이 높아지죠. 운 좋게 일확천금을 번 사람은 쉽게 그 돈을 써버릴 가능성이 높지만, 반대로 고민하고 또 장기 계획을 세워서 자산을 일군 사람은 쉽게 무너지지 않을 테니까요.

행운에 기댄 일확천금의 꿈을 버리고, 대신 소박하지만 꾸준한 투자자에게 이 책은 큰 선물이 되리라 생각합니다. 추천사를 쓰며 읽어본 책의 구석구석에는 디테일이 숨어 있으며, 또 어떻게 실행할 것인지를 궁리한 흔적이 역력하거든요. 부디 많은 투자자가 이 책을 통해 원하는 바를 얻길 바랍니다.

〈환율의 미래〉의 저자, 홍춘욱 이코노미스트

'내가 이러려고 주식에 투자했나. 자괴감 들고 괴로워…'

주식 투자로 손실을 입고 이런 생각을 해봤거나 얘기를 들어봤을 것이다. 주식뿐 아니라 원룸, 아파트 등 부동산도 마찬가지다. 애써 모은 돈으로 고수익을 바라고 시작한 투자에서 기대와 달리 손실을 보면 대부분의 사람은 좌절하고 허탈해한다.

1990년대 중반에 입사한 김길동 씨. IT주의 끝없는 가격 상승과 주위의 투자 성공담에 가만히 있을 수 없었다. 더욱이 컴퓨터 관련 학과를 졸업한 그는 남보다 IT 벤처회사와 산업을 더 잘 분석할 수 있다고 믿었다. 입사 후 꼬박꼬박 모아온 적금을 찾아 IT주에 투자했다. 몇 달간의 주가 상승은 달콤했다. 그런데 갑자기 주가가 내려가고 주식시장의 거품이 꺼지면서 큰 손실을 보았다. 그는 모든 주식을 정리하고 예적금만 착실히 했다.

마법의 돈 굴리기

2000년대 중반 자동차, 화학, 정유 회사 주식이 차례로 대박을 치면서 주식시장은 연일 상승세를 이어갔다. 국내뿐 아니라 '브릭스(BRICs: 브라질. 러시아. 인도. 중국)'를 비롯한 이머징 시장도 고수익으로 언론에 오르내렸다. 그의 투자 유전자가 다시 꿈틀거렸다. 몇 번의 쓰디쓴 실패를 교훈삼아 철저히 공부했다. 직장인의 직접투자는 한계가 있다는 점을 인정하고 간접투자 수단으로 펀드를 선택했다. 위험을 낮추기 위해 분산해서 투자하기로 결심하고, 다양한 펀드를 분석한 후 가입했다. 국내를 비롯한 선진국, 이머징 국가에도 투자하고, 원자재 펀드나 원유 펀드에도 가입했다.

　또 더욱 조심하기 위해 소액만 투자하고 1년 이상 지켜봤다. 투자 결과를 보니 수익률이 정말 좋았고, 그는 자신의 투자 공부가 빛을 발했다고 생각했다. 이제 본격적으로 투자할 생각으로 예금을 정리한 돈 전부를 펀드에 나누어 넣었다. 연일 오르는 주식시장 덕분에 계좌를 들여다볼 때마다 그의 입가에 미소가 지어졌다. 수익 다변화를 위해 물 펀드와 아프리카 펀드에도 새로 가입했다. 달러로 가입된 해외 펀드들은 환율 변동 위험을 방어하기 위해 수수료를 추가로 지불하고 환헤지도 했다. 맞벌이하던 아내의 퇴직도 흔쾌히 찬성했다. 아내의 연봉까지는 안 되지만 자신의 투자 수익으로 어느 정도 커버될 수 있다며 자신의 펀드 성적표를 아내에게 자랑했다. 그러다

2008년 금융위기가 터졌다.

그의 펀드들은 무참히 무너졌다. 수익은커녕 원금을 50% 이상 까먹은 펀드가 대부분이었다. 분산투자는 예상과 다르게 실패했다. 분산을 했는데 대부분의 펀드가 같이 폭락한 것이다. 환율이 60%나 올랐는데, 그의 달러 펀드는 환헤지를 하는 바람에 환율 상승의 덕도 전혀 보지 못했다. 저녁 뉴스에서는 연일 금융위기를 보도했고, 이를 접한 아내는 그의 펀드를 캐묻기 시작했다. 더 떨어지기 전에 파는 게 낫지 않겠냐고 권유하기도 했다. 견디다 못한 그는 모든 펀드를 환매했다. 몇 달 후 다시 빠르게 상승하는 시장을 보며 그는 '내가 뭘 잘못했나 자괴감 들고 괴로워…'라고 혼잣말로 쓴 속을 달랬다.

김길동 씨의 이야기는 가상이지만, 주위에서 종종 들어본 실패 사례다. 투자 실패는 노동 의욕뿐 아니라 삶의 희망마저 잃게 만든다. 심각하게는 투자 실패를 견디지 못하고 자살을 선택한 투자자의 이야기도 언론을 통해 접한다. 이는 비단 주식 투자에만 해당하지 않는다. 땅에 투자했다가 10년 넘게 가격이 오르지 않아 애가 타기도 한다. 월세 받으려고 상가에 투자했는데 세입자가 없어 대출이자와 관리비만 계속 내며 속 끓이는 경우도 있다. 금에 투자했다가 수

마법의 돈 굴리기

십 퍼센트의 손실을 보고는 다시 팔아야 하나 고민하기도 한다.

그들은 어쩌다가 투자에 실패한 걸까? 투자시장은 왜 이렇게 변덕스러워서 투자자를 괴롭힐까? 어떤 방법으로 투자를 해야 하는가? 더 근본적으로 우리는 왜 투자를 해야 할까?

이런 질문에 같이 고민하고 답을 찾아보기 위해 이 책을 썼다. 두 아이와 아내가 있는 네 식구의 가장으로, 월급쟁이 생활을 하는 직장인으로, 십여 년째 투자를 해오고 있는 투자자로서 공부해왔던 것을 공유하고자 책을 쓸 마음을 먹었다.

먼저 고백을 하고 시작해야겠다. 나는 아직 성공했거나 많은 돈을 벌지 못했다. 부동산 투자에 성공해 빌딩을 여러 채 갖고 있지도 않고, 주식 투자로 100억을 벌지도 못했다. 그럼에도 불구하고 책을 쓸 용기를 낸 이유는 '나누기' 위함이다. 십여 년간 다양한 투자로 크고 작은 성공과 실패를 맛보았다. 그때마다 좌충우돌하며 여러 가지 투자 방법과 투자 철학을 공부하고 고민해왔다. 세상에는 배울 게 너무 많다. 투자 분야 역시 그렇다. 아직도 배울 게 많고 궁금한 게 많다. 투자에 성공한 후 글을 썼다면 훨씬 설득력이 높을지 모르겠다. 다만 '지금' 알고 있는 걸 '지금' 나누어야겠다고 생각했다.

'무언가를 배우는 가장 좋은 방법은 그것을 가르치는 것'이라는 말이 있다. 책을 쓰는 내내 이 말에 깊이 공감했다. 많은 책을 다시 찾아보면서 나누고 싶은 좋은 내용을 다시 만날 수 있어서 즐거웠고, 또 다시 배울 수 있어서 기뻤다.

이 책은 금융 투자와 자산배분에 관한 것이다. 아니 오히려 인간 심리를 탐구하고, 그 심리를 잘 이해하고자 하는 책이다. 심리를 이해하지 못하면 투자에 실패할 확률이 아주 높다. 이 책을 통해서 우리는 많은 투자자가 왜 투자에 실패하는지 이해하고, 실패하지 않고 투자하는 방법을 배우게 될 것이다. 또한 여러 한계에도 불구하고 투자를 해야 하는 이유와 덜 위험하게 할 수 있는 방법을 알아볼 것이다.

> "투자의 첫 번째 원칙은 '잃지' 않아야 한다. 두 번째 원칙은 첫 번째 원칙을 '잊지' 않아야 한다."

오마하의 현인이라는 근사한 별명을 가진 세계 최고의 투자자 워렌 버핏의 투자 원칙이다. 그의 이 명확한 원칙에 나는 적극 공감한다. 투자는 확률 게임이다. 실패할 확률을 줄이는 것이 곧 성공의 가능성을 높여준다. 많이 버는 방법이 아니라 잃지 않는 방법을 배워야 한다. 투자자의 심리를 이해하고, 실패 확률을 줄일 수 있는 방법을 안내하고자 한다. 자산관리와 금융 투자의 전략으로써 '자산배분'을 이야기할 것이다. 자산배분을 통해 위험은 낮추고, 수익은 챙기는 '저위험 중수익' 투자 전략을 세울 것이다.

나는 두 가지 이유로 일반인을 위한 자산배분 입문서를 써야겠다고 마음먹었다. 첫째는 투자와 경제 활동을 하는 많은 사람에게 아주 중요한 부분인 '분산투자'에 대해 제대로 알려지지 않은 점을 보완하고 싶었다. 둘째는 책을 쓰는 과정을 통해서 나 역시 알고 있던 것을 다시 정리하기 위함이다.

시중에는 재테크와 투자 관련 서적이 많이 나와 있다. 책보다 더 많은 강의와 방송, 동영상도 찾아볼 수 있다. 대부분이 주식이나 부동산 등 특정 자산의 투자를 이야기한다. 간혹 분산투자와 자산배분을 다루는 책도 찾아볼 수 있는데, 일반인이 보기에 너무 어렵거나 실제로 어떻게 해야 되는지 알려주는 경우가 드물다. 이 책은 바쁜 일반인을 위해 썼다. 현란한 말과 알아듣지 못할 단어로 독자를 '고문'하는 책이 되지 않도록 노력했다. 가급적 쉽게 썼고, 전문 용어나 어려운 수식 등은 넣지 않으려고 했다. 피치 못할 경우 책 뒤편에 주석을 달아 설명을 추가했다. 그럼에도 불구하고 어려운 내용이 있다면, 이는 저자의 내공이 아직 부족한 탓일 것이다. 더 공부하고 싶은 독자를 위해 참고문헌과 관련 출처도 상세하게 기재했다.

  사춘기 시절 읽은 서정주의 시 〈자화상〉에 이런 구절이 나온다.
'스물세 해 동안 나를 키운 건 팔할(八割)이 바람이다.' 바람 많은 제주
에서 읽은 이 문구는 유난히도 인상적이었다. 일기장에 그의 시를
베껴 적고 나서 이렇게 썼던 기억이 난다. '나를 키운 건 팔할이 책
이다'라고….

  삶의 많은 궁금증을 나는 책을 통해 풀어왔다. 투자 역시 마찬가
지다. 많은 부분을 책을 통해 얻으려고 노력했다. 지금까지 좋은 책
을 써주신 많은 필자께 이 자리를 빌려 감사한다. 이 책의 대부분은
스스로 해낸 생각이 아니다. 여러 책을 통해 얻은 지식이고, 얻은 지
식을 소화시켜 영양분으로 흡수하려고 노력했던 것들이다. 그런 이
유로 여러 필자의 글을 참고했고 최대한 출처를 밝히려 노력했다.
또한 여러 블로거께도 감사를 표한다. 구하기 어려운 좋은 내용을
공유해주어 많은 사람과 나누는 그들의 마인드에 존경을 표하고, 많
은 도움을 받았음을 밝힌다. 이 책 역시 투자자에게 그런 존재이길
바란다.

  영화평론가 이동진은 팟캐스트에서 '유머러스'하다는 얘기를 듣
길 원하고, '호기심'을 잃지 않고 싶다고 했다. 나 역시 그러하다. 이

마법의 돈 굴리기

책의 시작으로 어느 정치인의 발언을 패러디한 이유가 그것이다. '풋' 하고 잠시나마 웃었다면 다행이다. 책 내용 중에 일부는 소개하는 정도로만 그친 부분이 있다. 개인적인 '호기심'의 결과이기도 하고, 독자 역시 이런 게 있다는 정도는 알아두면 좋겠다는 생각에서였다.

어려운 경제 이야기를 책과 블로그를 통해 사람들과 나누는 홍춘욱 박사님이 아니었다면 책을 쓸 용기를 낼 수 없었을 것이다. 책 쓰기를 권해주신 홍춘욱 박사님께 큰 감사를 드린다. 서귀포에 계신 부모님과 부산에 계신 장모님, 하늘나라에 계신 장인어른께도 늘 고맙다는 말씀을 전한다. 무엇보다도 이 책을 쓰는 동안 일에 집중할 수 있도록 응원해준 '내조의 여왕' 안영희와 사이좋게 자라고 있는 열한 살 지민, 일곱 살 지호에게 사랑한다는 말을 전한다.

2017년 1월 지민지호아빠 김성일

▶ 25세의 정아 씨는 직장생활 1년차인 웹디자이너이다. 그녀는 매달 20만 원씩 적금을 들었고, 얼마 전 만기가 되어 돈을 찾았다. 240만 원이나 되는 목돈을 보니 뿌듯했다. 그런데 이자가 너무 적었다. 재테크에 관심이 없던 그녀는 240만 원을 어떻게 굴려야 할지 고민이다. 섣불리 주식 같은 것에 투자하자니 너무 위험해 보였다. 그렇다고 다른 투자 대상을 찾으려니 투자 금액이 너무 적었다.

▶ 중소기업에 다니는 34세의 이 과장. 드디어 연애에 성공해 노총각 딱지를 떼게 됐다. 좋아하는 사람과 미래를 설계하는 것은 행복했으나 한 가지 고민이 생겼다. 집을 살지 말지 그것이 문제였다. 월세는 왠지 돈이 아깝고 전세를 살자니 너무 올라서 걱정이다. 집을 사자니 집값이 떨어질까 걱정이다. 전 재산을 한 군데 넣어 놓자니 불안하다.

▶ 46세의 박 팀장은 경제학과 출신에 대학 때부터 시작한 투자 동아리 활동으로 주식 투자 경력이 20년 가까이나 된다. 차트 패턴 분석, 스윙, 스켈핑, 상한가 따라잡기 등 다양한 투자 기법에 능숙하다. 자금의 대부분을 주식 투자로 운영하던 그는 2008년 금융위기 때 심각한 손실을 본 후 주식 투자에서 손을 뗐다. 몇 년 후 다시 주식 투자를 시작한 박 팀장. 고수익도 좋지만 폭락의 아픔을 겪어본 그는 변동성이 크지 않은 종목 위주로 투자 방법을 바꿨다. 그런데 몇 년간 한국

마법의 돈 굴리기

주식시장이 박스권에서 맴도는 바람에 성과는 그리 좋지 못했다. 직급이 올라가고 업무가 바뀌면서 투자에 많은 시간을 할애할 수가 없다.

▶ 퇴직을 앞두고 있는 58세의 서 부장은 퇴직금을 어떻게 운영해야 할지 고민이다. 주식에 투자하려니 아는 정보도 별로 없고 너무 위험해 보인다. 이자가 낮아서 예금만으로는 성에 안 찬다. 예금이자보다 높은 수익률이면 좋겠는데 위험성이 낮은 투자처를 찾고 있다.

열심히 일해 모은 자신의 돈. 더 나은 수익을 위해 그 돈을 굴려보려는 모든 이들이 이 책의 독자가 될 수 있다. 회사 일로 바쁜 직장인에게 특히 유용한 방법이다. 경제나 금융을 제대로 공부해본 적이 없고, 바쁜 일과로 시간을 낼 수 없는 사람을 위한 투자 방법이다. 사회 초년생에게도 권한다. 모은 돈이 얼마 되지 않아 투자를 생각해보지 않았다면, 100만 원으로 시작해보자. 안전한 장기투자를 하는 것이 좋다는 것은 몸소 겪어보지 않으면 모른다. 적은 돈으로 시작해서 투자 DNA를 키워보자.

1
장

우리는 왜
투자를 해야 하는가?

2장

그들은 왜
투자에 실패하는가?

3장

자산배분이
답이다!

4장

자산 배분은
어떻게 해야 하는가?

5장

언제 사고팔고
어디에 투자해야 하나?

6장

이젠 나도
자산배분 투자자

1장

우리는 왜
투자를
해야 하는가?

1 사람은
무엇으로 사는가?

고대 그리스의 철학자 아리스토텔레스는 인간이 추구하는 가장 궁극적인 목표를 행복이라고 보았다. 사람이 살면서 추구하는 것들로는 돈, 명예, 건강, 화목한 가족, 인간 관계, 직업 등이 있으나 결국 최종 목적은 행복이라는 것이다. 그런데 심리학자 서은국 교수에 따르면, 이 생각은 한 철학자가 가졌던 개인 견해일 뿐 과학적으로 증명된 사실이 아니라고 한다. 많은 이들은 행복이 인생의 궁극적인 목적이라는 철학자의 주장에 익숙해져 있다. 그래서 모든 일상의 노력은 삶의 최종 이유인 행복을 달성하기 위한 과정으로 생각한다. 하지만 서은국 교수는 이런 생각을 매우 비과학적인, 인간 중심의 사고라고 말한다. 자연법칙의 유일한 주제는 생존이며, 행복 역시 그 자체가 존재의 목적이 아니라 생존을 위한 수단일 뿐이라는 것이다. 행복하기 위해 사는 것이 아니라, 살기 위해 행복감을 느끼도록 설계된 것이 인간이라고 강조한다.[1] 아리스토텔레스의 행복에

마법의 돈 굴리기

대한 관점은 그럴 듯하지만 서인국 교수의 주장이 조금 더 과학적이 지 않은가.

행복이 삶의 목적이든 수단이든 우리는 다양하게 행복을 추구하 며 산다. 행복하기 위해 필요한 것으로 돈, 건강, 직업 등 여러 가지 가 있으나 그중에서도 돈에 대한 사람들의 인식은 매우 강하다.

'내 인생의 가장 중요한 목표는 물질적 풍요다.'

2010년에 실시한 연구에 의하면, 이 질문에 '네'라고 응답한 비율 이 세계에서 가장 높은 나라는 한국이었다. 우리나라 모 언론사에서 실시한 조사에서도 '부자=행복'이라는 응답이 가장 높았다. 외국의 연구에 의하면, 소득이 2~3만 달러가 될 때까지는 돈이 행복에 적 잖은 영향을 미친다. 기본적인 생활을 할 수 있는 수준이 될 때까지 는 돈이 꼭 필요하다. 그런데 소득이 2만 5천 달러가 넘어가면 우리 가 생각하는 것만큼 행복이 크게 늘어나지 않는다.[2] 삶의 목적은 아 니지만 삶의 수단으로써의 돈, 행복 혹은 생존을 위한 수단으로써의 돈은 중요하다. 그 '돈' 이야기를 하고자 한다. 열심히 일해서 모은 소중한 내 돈을 '어떻게 굴릴까'가 이 책의 주제다.

부자가 되는 세 가지 방법

우리는 모두 부자가 되고 싶어 한다. 세계적인 투자가였던 앙드 레 코스톨라니(Andre Kostolany)는 노력으로 부자가 되는 세 가지 방법이 있다고 했다. 첫째는 부유한 배우자를 만나는 것, 둘째는 유망한 아

이템으로 사업을 하는 것, 셋째는 투자를 하는 것이다.[3]

첫째 방법은 이미 결혼했다면 더 이상의 기회는 없다.(이미 부자인 배우자를 만났다면 이 책이 굳이 필요 없다) 물론 아직 미혼이라면 한번 도전해볼 만도 하겠다. 돈 많은 결혼 적령기의 상대편이 당신을 선택할 만큼 당신이 매력적이라면 말이다. 사랑과 돈과 결혼이 동시에 해결될 확률은 로또에 당첨될 확률만큼이나 낮을 것 같다.

둘째 방법인 사업에 성공하는 것은 첫째 방법보다 확률이 높을지 모른다. 그렇지만 여전히 쉽지 않다. 한국무역협회 조사에 따르면 국내 창업 기업의 3년 후 생존율은 41%에 불과하며, 10년 이상 사업을 지속하는 사업자는 8%밖에 안 된다.[4] 벤처나 스타트업 등 창업을 통해 대박이 날 수도 있지만, 사실 대부분의 회사는 제대로 이름 한번 알리기 전에 사라진다. 성공한 사업가의 사례가 언론을 통해 종종 알려지지만 그 성공 사례들은 그 자체가 '블랙 스완'[5]임을 알아야 한다. 실제로 사업을 하는, 그나마 나쁘지 않은 결과를 내고 있는 리더의 공통된 얘기 중 하나가 성공은 '운칠기삼'이라고 한다. 기술이 30%, 운이 70%라는 말인데 운이 따라주지 않으면 성공하기 어렵다는 말이다.('운칠복삼'이라고 말하는 이도 있다) 미화된 많은 성공 사례가 행운의 결과일 수 있다. 물론 노력으로 성공을 이룬 분을 비하하는 말은 결코 아니다.

그나마 가능성이 높은 것이 셋째 방법인 투자를 하는 것이다. 물론 우리는 한 가지 방법을 더 알고 있다. '상속'이다. 부모가 부자여야 하는데, 이미 이 생에서는 어떻게 해볼 도리가 없다. 착한 일 많이 해서 다음 생에서나 꿈꿔볼 일이다. 결국 부자가 되기 위해서는 '투자'를 할 수밖에 없다.

톨스토이의 〈안나 카레니나〉는 다음과 같은 문장으로 시작한다. "행복한 가정은 대부분 비슷하지만 불행한 가정은 모두 저마다의 사정으로 불행하다."[6] 이 말을 바꿔보면 이렇다. "행복할 이유를 가지고 있는 사람은 그 이유 때문에 행복하지만, 행복할 이유를 찾지 못한 사람은 '돈' 때문에 불행해한다."[7] 돈을 행복의 이유로 삼지 말자. 행복을 위한 수단의 하나일 뿐이다. 이 점을 잊지 말고 돈을 벌기 위한 행위, '투자' 이야기를 해보자.

2 소리 없이 내 돈이 사라지고 있다?

　부자가 될 수 있는 세 번째 방법이 '투자'라고 했다. 과연 투자란 무엇일까? 드라마 '응팔'에서도 투자 이야기가 나왔었다.

〈응답하라 1988〉[8]

정환 엄마(미란) : 근데, 택이 이번에 상금 얼마 받았어요?

택이 아빠(무성) : 5,000만 원.

(모두 깜짝 놀란다)

정환 엄마(미란) : 땅! 땅이 최고야. 택이 아빠 무조건 땅 사요. 요새 일산이 뜬대.

덕선 아빠(동일) : 아따! 아무것도 모르믄 말을 마쇼. 일산에 볼 것이 뭐 있간디. 맨 논밭뿐인디. 좌우당간 목돈은 은행에 딱 박아두는 것이 젤로 안전하당께.

정환 엄마(미란) : 어~유. 은행 이자 그거 뭐 얼마나 한다고.

　　　　　　　　　　　　　　　　　마법의 돈 굴리기

덕선 아빠(동일) : 물론 뭐 금리가 쪼~까 떨어져가꼬 한 15%밖엔 안 되지만, 그래도 따박따박 이자 나오고 은행만큼 안전한 곳이 없재.

선우 엄마(선영) : 생돈 5,000만 원을 뭐한다꼬 은행에 처박아 놓습니꼬. 택이 아빠! 아파트 하나 사이소. 강남서 가장 잘나가는 그 뭐라카더라? 아! 은마 아파트. 그거 5,000만 원 한다카대.

TV 드라마 '응답하라 1988'의 한 장면이다. 극중 천재 바둑 소년으로 나오는 택(박보검)이 우승 상금으로 받은 5,000만 원을 두고 이웃 주민은 저마다 나름의 재테크 전략을 건넨다. 은행 직원인 덕선(혜리) 아빠는 안전하게 예금하라고 권하고, 연탄 걱정이 지겨운 선우 엄마는 아파트를 사라고 한다. 복권 당첨으로 벼락부자가 된 정환(류준열) 엄마는 땅에 투자하라고 한다.

당시 은행이자 15%는 요즘 이자의 거의 10배라서 잘 와닿지 않는다. 은마 아파트를 샀거나 일산의 땅에 투자했더라면 어땠을까? 이런 투자 대상은 드라마의 재미를 위해 재테크의 상징적인 성공 사례를 소재로 썼을 듯하다. 아파트나 토지만이 아닌 복권 당첨으로 부자가 된 이야기도 나온다. 지나고 나서 보니 그들의 말이 정말 그럴싸하다. 우리도 복권, 강남 아파트, 토지 같은 대상에 투자해야 할까?

드라마의 내용을 보고 이런 투자를 생각했다면 '생존자 편향'이나 '사후확신 편향'이라는 심리적인 한계로 비합리적 판단을 내린 것이다. 전국에 있는 수많은 아파트와 토지에 투자한 사례 중에 성공한 경우만을 보는 게 '생존자 편향'이다. '사후확신 편향'은 마치 1988년도에 그런 투자 대상이 성공할 것을 미리 예측할 수 있었을 거라는 오해를 하는 것이다. 하지만 우리가 1988년도에 살았었다고 한들 그런 성공적인 투자 대상을 예측할 수 있었을까? 평균적인 성공, 평균의 수익이 가장 합당한 예측이지 않을까?

투자란 무엇일까?

투자란 위험을 감수하고, 이 위험 감수에 대한 보상으로 더 높은 수익을 추구하는 행위다. 수익의 기준은 보통 은행의 예금 이자를 기준으로 한다. 은행 예금은 '무위험' 투자 자산으로 분류된다. 위험하지 않다는 것은 투자금(원금)과 수익금(이자)을 받을 확률이 100%에 가깝다는 말이다. 엄밀하게 말하면 은행도 파산할 수 있고, 국가도 부도날 수 있다. 다만 그럴 확률이 아주 낮고, 또한 예금자보호법 같은 장치를 통해서 어느 정도 보전되기 때문에 그렇게 분류한다.

'예금만 하면 되지 위험까지 감수하면서 투자를 해서 수익률을 올려야 하는 것인가?'라는 질문이 나오는 건 당연하다. 위험을 피하고 싶은 것이 당연한 심리다.

투자에서의 위험이란 '손실 가능성'과 '불확실성' 두 가지를 말한다.

첫 번째 위험은 돈을 잃을 가능성을 말한다. 손실이 난다는 말이다. 수익을 얻고자 하는 게임에서의 위험이란 '돈을 잃는 것'이라는 게 직관적으로 이해가 간다. 문제는 투자를 하지 않았는데도 돈을 잃고 있다는 것이다. 투자를 하지 않았는데 돈을 잃고 있다는 게 무슨 소린가? 많은 사람이 눈치 채지 못하고 있는, 가만히 있는데도 돈을 잃고 있는 이유는 무엇 때문일까.

두 번째 위험은 불확실성이다. 불확실성이란 결과가 정해지지 않았다는 뜻이다. 금융 투자 용어로 '수익률의 변동성'이라고 한다. 수익률이 정해지지 않았다는 뜻이다. 정해지지 않았다는 건 높을 수도 낮을 수도 있다는 얘기다.

첫 번째 위험 : 손실 가능성

• 인플레이션 : 서서히 내 돈을 갉아먹는다

프랑스에는 삶은 개구리 요리가 있다고 한다. 식탁 위에 버너와 냄비를 가져다 놓고, 손님 앞에서 개구리를 산 채로 집어넣어 요리한다. 처음에는 개구리가 좋아하는 온도의 물을 부어 안심시킨 뒤 약한 불로 서서히 온도를 높인다. 아주 느린 속도로 가열하기 때문에 개구리는 자기가 삶아지고 있다는 사실도 모른 채 죽어간다.

미국의 코넬 대학에서 같은 내용을 실험했다. 뜨거운 물속에 개구리를 넣으면 놀라 뛰쳐나오니까 개구리가 좋아하는 온도인 15도의 물에 개구리를 넣고 아주 약하게 가열했다. 온도가 올라갈수록 화상과 체력 고갈로 그 환경에 적응한 개구리는 서서히 삶아져 45도에서 죽었다. 이를 '삶은 개구리 증후군(Boiled frog syndrome)'이라고 한다.

삶은 개구리 이야기처럼 우리가 애써 모은 돈이 우리도 모르는 사이에 슬금슬금 사라진다. 소리 없이 내 돈을 갉아먹고 있는 존재가 있다. 인플레이션이 바로 그것이다.

인플레이션은 다른 말로 물가상승률이다. 물가가 상승한다는 말은 돈 가치가 하락한다는 뜻이다. 마트에서 만 원으로 살 수 있는 물건이 시간이 지날수록 적어진다는 것이다. 같은 물건을 사기 위해 더 많은 돈을 지불해야 한다는 말이기도 하다. 우리는 물가상승률이라는 말이 더 익숙하지만 이제는 인플레이션이라는 단어도 알아두자. 온갖 신문과 뉴스에서 이 단어를 사용하니까.

인플레이션의 첫 번째 문제는 장기적으로 조금씩 돈의 가치를 떨어뜨려 개인의 부를 정부로 이전시킨다는 것이다. 미국은 1960년대 중반부터 1981년까지 인플레이션이 심각했다. 연평균 7%씩 물가가 상승했다. 대략 10년마다 생활비가 2배로 늘어난다[9]는 얘기다. 1982년부터 1998년까지는 다시 완만해져서 연평균 3.3%였다. 인플레이션의 최고 수혜자는 정부였다. 이것은 실질소득이 아니라 명목소득에 따라 과세되는 세금 구조 때문이다. 사적 영역에서 공적 영역으로 부가 이전된 것이다.[10] ('명목이자'란 '이름뿐인' 이자로 팸플릿에 나오거나 통장에 찍혀 있는 이자를 말한다. '실질이자'란 명목이자에서 물가상승 분을 뺀 값으로 '실제' 돈 가치가 올라간 부분을 말한다)

[표 1]은 원금 1,000만 원을 은행에 예금했을 때의 상황을 가정했다.

마법의 돈 굴리기

첫째 줄을 보면 물가상승률이 0%, 실질이자율이 2%이다. 이때 명목이자율은 2%(=0%+2%)로 실질이자율과 동일하다. 예금이자 중에 세금(이자소득세, 15.4%)만큼은 정부의 몫이다. 정부 수입은 30,800원(0.308%=2%×15.4%)이다. 세후 예금 소득은 169,200원(1.692%)이고, 물가상승률이 0%이니 세후 실질이자율은 1.692%이다.

셋째 줄과 같이 물가상승률이 4%로 올라가면 명목이자율이 6%가 된다. 세금을 제외하고도 세후 예금 소득이 5%가 넘어 50여만 원이 통장에 입금되니 기분이 좋을 수 있다. 하지만 물가상승 분을 제외한 세후 실질이자율은 1.076%이다. 통장에 입금된 돈은 50만 원이 넘지만 물가가 올라서 실제 돈 가치가 늘어난 건 10만 원 정도라는 것이다. 물가상승률이 0%일 때 실질가치 상승이 169,200원이었는데, 107,600원으로 낮아졌으니 61,600원이 줄었다. 즉 36%(=61,600÷167,200)나 실질수익을 손해 본 것이다. 1.692%에 비해 0.616%p 이자가 줄어들었다. 감소한 이자 61,600원이 고스란히 세금으로 이전

[표 1]

물가 상승률 (A)	실질 이자율 (B)	명목이자율 (C=A+B)	정부 수입(세금) (D=Cx.4%)	세후 예금 소득 (C-D)	세후 실질이자율 (C-D-A)
0%	2%	2%(20만 원) (=0%+2%)	0.308% (30,800원)	1.692% (169,200원)	1.692% (169,200원)
2%	2%	4%(40만 원) (=2%+2%)	0.616% (61,600원)	3.384% (338,400원)	1.384% (133,840원)
4%	2%	6%(60만 원) (=4%+2%)	0.924% (92,400원)	5.076% (507,600원)	1.076% (107,600원)

되어 정부 수입이 30,800원에서 92,400원으로 높아졌다.

인플레이션이 올라갈수록 정부 수입과 개인 수입(세후 예금 소득)이 같이 올라가니 모두에게 이득인 듯 보인다. 하지만 물가상승을 감안한 세후 실질이자율은 점점 줄어든다. 사적 영역(개인의 부)에서 공적 영역(정부)으로 부가 이전된 것이다.

두 번째 문제는 투자수익률을 오해하게 만든다는 점이다. 예를 들어 1979년과 1980년 미국의 인플레이션이 12~13%로 절정에 달했을 때, 재무성 단기채권의 수익률은 역사상 가장 높은 10~11%였다. 당시 재무성 단기채권 투자자들은 이처럼 높은 명목수익률 때문에 이자가 많다고만 생각했다.[11] 하지만 실질수익률은 오히려 마이너스였다. 즉 돈의 가치가 더 떨어진 것이다. 그런데도 투자자는 이자를 많이 받아 좋다고만 생각한 것이다.

[표 2]는 미국의 인플레이션과 (예금금리 대신) 재무성 단기채권 금리를 함께 표시했다. 이자(명목수익률)에서 인플레이션을 뺀 실질수익률도 같이 표시했다. 1950년대 후반과 1970년대, 2000년대 초반과 2008년 이후의 실질수익률이 대부분 마이너스였음을 알 수 있다. 즉 이 기간에 미국 예금자의 실제 돈 가치는 하락했다. 특히 1970년대의 경우 10% 전후의 높은 이자를 받아서 좋았다고 생각하겠지만, 그 이상의 물가상승률로 오히려 돈의 가치가 떨어지고 있었다.(이자소득세도 계산하지 않았는데 그렇다)

우리나라는 어땠을까? 드라마 '응답하라 1988'의 배경인 1988년도에는 어땠을까. 아쉽게도 한국은행 경제통계시스템에는 1996년도

[표 2] 미국 실질수익률(1954~2015, 연 단위)[12]

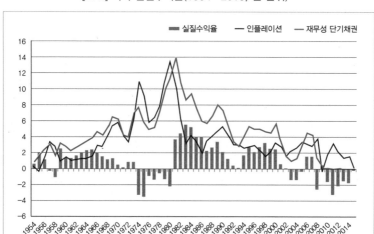

부터의 자료만 공개되어 있다.

우리나라의 경우 정기예금 이자율 자료를 조사했다. 조사 기간 동안의 이자소득세가 바뀐 부분을 반영해 세후 실질수익을 계산했다.

[표 3]에서 세금(이자소득세)을 내고 난 후의 수익률인 세후 실질수익률도 1990년대 후반에는 4~6%로 꽤 높았다. 예금만으로도 재산이 불어났던 시절이었던 것이다. 1998년 IMF 외환위기로 인플레이션과 이자율이 급격히 떨어지고, 이자소득세도 올라가면서 세후 실질수익률이 떨어졌지만 2% 수준은 됐었다. 2004년, 2008년, 2011년, 그리고 2014년 이후 현재까지 세후 실질수익률이 마이너스인 기간이 종종 보인다.

세후 실질수익률은 2004년 카드 사태, 2008년 글로벌 금융위기,

[표 3] 한국 실질수익률(1996. 1분기~2016. 2분기, 분기 단위)[13]

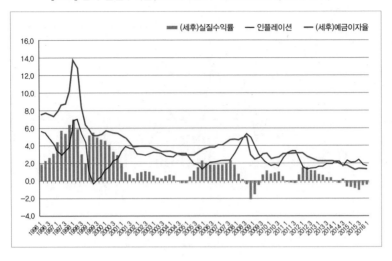

2011년 남유럽 사태 등 경제 환경과 밀접한 관계가 있다. 2008년에는 세후 실질수익률이 가장 낮은 수준을 보인다. 예금이자를 받아도 실제로는 손해라는 것이다. 금융위기 시절만이 아닌 2014년 이후도 줄곧 이렇다. 지금은 '실질금리 마이너스 시대'라는 뜻이다.

실질금리 마이너스란 금리가 물가상승률을 따라가지 못한다는 말이다. 금리만으로는 애써 모은 돈의 가치를 지킬 수 없다. 돈을 지키려면 투자를 해서 수익률을 올려야 한다. 최소한 물가상승률만큼은 올려야 한다.

• 하이퍼인플레이션 : 평생 모은 돈을 한방에 가져가 버리다

개구리가 뛰쳐나올 정도로 물이 급격하게 뜨거워지는 것처럼 물

마법의 돈 굴리기

가상승률이 갑자기 너무 오르는 것을 하이퍼인플레이션이라고 한다. 물가가 갑자기 엄청나게 상승했다는 뜻이다.

1918년부터 1933년까지 독일을 지배한 바이마르공화국은 제1차 세계대전 패전에 따른 배상금 1,320억 마르크를 지급하기 위해 대규모로 마르크화를 발행함으로써 파국을 초래했다. 1923년 7월부터 11월까지 물가는 370만 배나 뛰었다. 주정뱅이가 쌓아둔 술병의 가치가 술을 마시지 않고 저축한 사람의 예금 잔액 가치보다 높았다는 전설 같은 이야기가 생겨났을 정도다. 손수레에 돈을 가득 싣고 가다가 길가에 세워두면 돈은 그대로 놔두고 손수레만 훔쳐 달아났다는 농담 같은 이야기가 있었다. 하이퍼인플레이션이라는 용어도 이때 생겨났다.[14]

당시 독일에서 저축을 한 사람들은 엄청난 타격을 입었다. 예를 들어 평생 일해 2,000만 마르크를 모은 사람이 있다고 했을 때, 1920년에는 이 정도 돈이면 여유롭게 살 수 있었다. 그런데 3년 만에 이 액수는 우표 한 장 사기 힘든 휴지 조각이 되어 버렸다. 독일에서 마르크화로 저축한 사람은 완전히 망해버린 것이다.[15]

저축한 사람들, 즉 채권자[16]들에게는 안 좋았지만 대출을 받아 빚을 지고 있던 채무자들에게는 정반대의 현상이 발생했다. 독일의 하이퍼인플레이션 기간 중에 미 달러화로 환산된 모든 독일인의 주택담보대출의 총 가치는 100억 달러에서 1센트 이하로 감소했다. 채무자는 손수레로 가치가 떨어진 마르크화를 잔뜩 싣고 와 빚을 전부 갚을 수 있었다. 이런 현상은 저축하는 사람 편이냐 돈을 빌린 사람

편이냐에 따라 좋게도 나쁘게도 볼 수 있다. 그런데 하이퍼인플레이션의 진정한 문제는 불확실한 가치로 인해 많은 사람이 화폐 이용을 중단한다는 것이다. 결국 경제는 온갖 비효율성을 가진 물물교환으로 돌아간다.[17]

• 디플레이션 : 사람들이 돈을 안 쓴다

디플레이션이란 인플레이션에 반대되는 의미로 물가가 떨어지는 것을 말한다. 일본 경제는 1980년대 말 버블이 터지고 난 이후부터 꾸준히 디플레이션에 시달렸다. 디플레이션으로 발생하는 문제 중 하나는 경제가 타격을 입을 정도로 소비가 줄어든다는 것이다.

예를 들어보자. 신입사원인 희수는 월급을 어디에 쓸까 고민하다가 대학 때 쓰던 낡은 컴퓨터를 버리고 최신형으로 장만하려고 했다. 그런데 계속 물가가 떨어지는 상황이어서 내년에는 컴퓨터 가격이 더 떨어질 것이라고 예상하고 컴퓨터 구입을 미루었다. 디플레이션이 일어나면 모든 가격이 떨어지기 때문에 악순환을 가져올 수 있다. 가격이 떨어지면 사람들은 구매를 늦추게 되고, 이것이 수요를 낮추어 가격은 더 떨어진다. 돈을 받자마자 쓰려고 하는 하이퍼인플레이션 현상과 정확히 반대되는 경우다.[18]

• 골디락스 : 가장 적당한 인플레이션

골디락스는 영국의 전래동화 〈골디락스와 곰 세 마리〉에 등장하는 소녀 이름이다. 소녀는 곰 세 마리가 사는 집에 들어간다. 부엌에

마법의 돈 굴리기

는 수프가 담긴 접시 세 개가 놓여 있었다. 골디락스는 배가 고팠다. 그녀는 첫 번째 접시의 수프를 먹고는 "이 수프는 너무 뜨거워!"라고 소리 질렀다. 두 번째 수프를 먹고는 "이 수프는 너무 차가워"라고 고개를 저었다. 마지막으로 세 번째 수프를 먹고는 "아, 이 수프가 딱 좋아"라며 맛있게 전부 먹어치웠다.[19]

골디락스가 너무 뜨겁지도 차갑지도 않은 수프를 좋아했듯이, 경제학자나 정부도 인플레이션이 너무 높지도 낮지도 않은 적당히 높은 상태를 좋아한다. 미국, 유럽, 일본, 한국 등 많은 나라의 중앙은행은 물가상승률의 목표를 연 2% 전후로 삼고 있다.[20] 적당한 수준의 물가상승은 경제에 활력을 불어넣는다. 일반적으로 물가상승 분만큼은 임금이 오른다. 이것을 '명목임금'이라고 한다. 명목이란 말은 물가상승분만큼만 올랐기 때문에 임금의 가치가 오른 것은 아니라는 뜻이다. 하지만 사람들은 임금이 조금씩이라도 오르니 기분이 좋아져 자연스레 소비를 늘린다. 소비가 늘면 기업의 수익이 오르고, 물가상승에 따른 명목실적도 좋아지니 기업은 투자와 고용을 늘린다. 이러한 선순환을 통해 경제 전반에 활력이 생긴다. 이것이 정부와 중앙은행이 적당한 물가상승률을 추구하는 기본적인 이유다.

플러스 인플레이션을 추구하는 이유는 또 있다. 이자율이 높을수록 중앙은행의 신용 사이클(통화 팽창과 수축) 관리가 쉬워지는데, 중앙은행이 이자율을 깎을 수 있는 여지가 생긴다. 또 다른 이유로는 대체로 조세 저항을 덜 받기 때문에 세금 부과가 편하다는 것이다.[21]

인플레이션은 경기 활성화의 자극제일 수도 있는데 적절히 억제

되어야 한다. 인플레이션은 따뜻한 목욕물과도 같다. 적당한 온도의 물속에 몸을 담그고 있으면 편안하고 좋지만, 물이 너무 뜨거워지거나 차가워지지 않도록 주의해야 하는 것이다.[22]

두 번째 위험 : 불확실성

• 불확실성=변동성

신입사원 창호는 최근 사귄 여자친구와 1주년 여행을 계획하고 있다. 제주도 여행을 목표로 매월 10만 원씩 모으기로는 했는데, 어디에 저축할지 고민이다. 은행에 다니는 사촌형은 적금에 들라고 하고, 증권사 다니는 선배는 주식에 투자하라고 한다. 창호의 고민은 깊어진다. 주식 투자가 대박이면 해외여행도 갈 수 있지만, 쪽박이면 제주도도 못 갈 것이기 때문이다.

[표 4]의 3가지 자산에 대한 투자 결과를 비교하면, 세 경우 모두 1월에 100만 원을 투자해서 12월에 110만 원을 찾았다. 수익은 10만 원이고, 수익률은 10%이다.[23] 수익률은 모두 같으나 각각의 변동성은 다르다. 표에서 보듯이 변동성이란 위아래로 출렁거리는 것을 말한다. 첫 번째는 출렁거림이 전혀 없다. 이런 경우를 무위험 수익률이라고 하고, A자산을 무위험 자산이라고 부른다. B자산은 조금 출렁거리므로 저위험 자산이라고 한다. C자산이 가장 많이 출렁거린

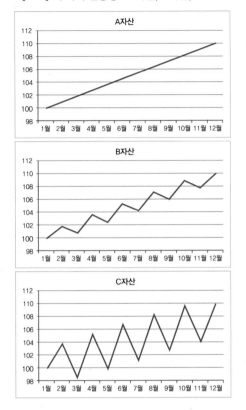

[표 4] 세 가지 변동성 : A자산, B자산, C자산

다. 이런 경우 고위험 자산과 고위험 수익률이라 할 수 있다. 표만 봐도 세 번째 자산은 보는 이를 불안하게 만든다. 높은 변동성은 심리적 불안감을 야기한다. 투자 결과를 알고 있다면 누구나 첫 번째 자산에 투자할 것이다. 같은 수익이라면 안심하고 투자하는 게 당연하다. 하지만 우리가 실제 투자 중이고, 현재가 2월 달이라고 해보자. 2월에 A자산의 수익은 1%도 안 되지만 B자산은 2%, C자산은 4% 올랐다. 2월에 판단하기로는 C자산이 제일 좋아 보인다. 그렇지 않은가?

변동성을 좀 더 자세히 살펴보기 위해 변동성을 숫자로 표현해보자. 숫자로 표현하는 변동성의 종류 중 가장 널리 쓰이는 것이 '표준편차'다. '표준'인 평균에서 얼마나 떨어져 있는지 그 '편차'를 표시한 것이다. 얼마나 많이 출렁거리는지를 수치로 표현한 것인데, 평균수익률에서 멀어지는 정도를 말한다.(표준편차라는 단어보다 변동성이라는 단어가 익

숙하니 표준편차를 변동성이라 표현한다)

• 변동성이 만든 차이

세 가지 변동성을 가진 자산의 움직임을 비교해보자. 기대수익률
은 10%라고 하자. '기대수익률'이란 매년 이 정도 수익률을 기대(예상)
한다는 뜻이다.(설명의 편의상 진짜로 그렇게 수익이 발생했다고 하겠다) 각각의 변동
성을 0%, 25%, 50%라고 하자.(변동성 역시 미래에 발생할 것을 예상하는 것인데, 실
제로 그렇게 발생했다고 치자) 투자자의 기대수익률보다 더 높은 수익률을 보
이는 변동성을 '양의 변동성'이라 하고 그 반대를 '음의 변동성'이라
하자. 양의 변동성과 음의 변동성의 발생은 단순하지만 제일 공평해
보이는 확률인 '반반'으로 하고, 홀수 해는 양의 변동성, 짝수 해는
음의 변동성이 발생한다고 하면 다음의 결과가 나온다.(계산을 편리하게
하기 위해 모든 기간은 1년으로 한다. 상승과 하락의 순서는 결과에 영향을 미치지 않는다)

[표 5] 자산별 연간 수익률 변화

자산	변동성	시작	1년 후	2년 후	3년 후	4년 후	5년 후	6년 후	7년 후	8년 후	9년 후	10년후
A	0%	0	10%	10%	10%	10%	10%	10%	10%	10%	10%	10%
B	25%	0	35%	−15%	35%	−15%	35%	−15%	35%	−15%	35%	−15%
C	50%	0	60%	−40%	60%	−40%	60%	−40%	60%	−40%	60%	−40%

[표 5]는 매년 수익률이 어떻게 달라지는지를 보여준다. A자산의
수익률은 변동성이 0이니 매년 10%로 변하지 않는다. B와 C는 각각
의 변동성만큼 수익률이 매년 달라진다. 1년 후를 보면 C의 수익률

마법의 돈 굴리기

은 기대수익률 10%에 양의 변동성 50%를 더해 60%이다. 엄청난 수익률이다. 멋지다. 하지만 다음 해에는 음의 변동성이 나타났다. 기대수익률 10%에 음의 변동성 50%를 빼니 마이너스 40%의 수익률이다.

[표 6] 세 자산의 10년 투자 결과

자산	변동성	시작	1년 후	2년 후	3년 후	4년 후	5년 후	6년 후	7년 후	8년 후	9년 후	10년 후
A	0%	0	110	121	133	146	161	177	195	214	236	259
B	25%	0	135	115	155	132	178	151	204	173	234	199
C	50%	0	160	96	154	92	147	88	142	85	136	82

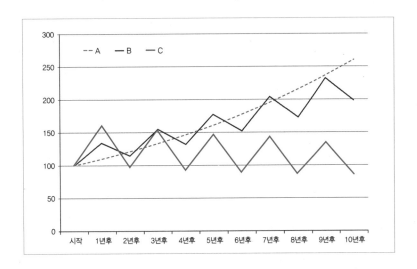

[표 6]은 각각의 수익률이 발생할 경우 원금 100만 원에 대한 10년치 투자 결과다. 숫자가 많아 복잡해 보이니 그래프를 참고하자.

A는 변동성이 0%이므로 꾸준히 10%의 수익이 난다. A의 그래프

를 자세히 보면 시간이 지날수록 그래프의 기울기가 휘어져 올라감을 알 수 있다. 이는 자산의 가격 상승이 가파르게 지속된다는 것이다. 수익이 재투자되면서 복리 효과가 나타나기 때문이다. B는 수익이 나긴 하지만 A보다 적다. 25%라는 변동성이 B의 수익을 떨어뜨린 것이다. C의 경우 1년 후의 수익은 가장 많지만, 10년 후의 결과는 처참하다. 원금도 지키지 못하고 마이너스가 발생했다. 셋 다 동일한 평균수익률이었는데 변동성이라는 녀석이 이런 다른 결과를 만들어낸 것이다.

이 세 자산을 30년 동안 투자했을 때의 결과는 [표 7]과 같다.

[표 7] 세 자산의 30년 투자 결과

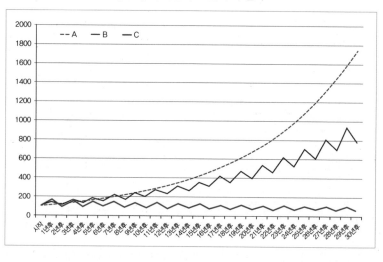

A는 원금 100만 원에서 1,745만 원으로 불어났다. B는 그래도 C보다 낫다. 30년 후 788만 원으로 불어났다. C는 손실이 발생했다.

마법의 돈 굴리기

최종 54만 원으로 원금을 절반 정도 잃었다.

변동성의 의미를 이해했으리라 생각한다. 변동성은 무시할 수 없다. 우리의 장기투자 결과에 심각한 차이를 발생시킨다. 우리의 돈을 불려줄 수도, 잃게 할 수도 있는 것이다. 물론 이 간단한 실험은 말 그대로 변동성의 의미를 설명하기 위한 것이었다. A자산은 무위험 자산이라 불린다. 보통 은행 예금에 빗대어 표현된다.(물론 요즘 10% 짜리 이자를 주는 예금은 없다) C자산과 같이 고위험 자산의 기대수익률이 10%라면 아무도 투자하지 않을 것이다. 그런데 많은 투자자가 본인이 투자하는 상품과 자산의 기대수익률과 변동성을 모르는 경우가 많다.

이번에는 앞에서 봤던 세 자산을 가지고 좀 더 현실적인 가정을 해보자. 세 자산의 변동성이 다른 만큼 기대수익률도 다르다고 하자. 변동성이 크면 기대수익률도 크게 하는 것이다. 변동성이 기대수익률의 2배라고 하면 [표 8]과 같은 결과가 나온다.

[표 8] 투자 결과 모의실험

자산	변동성	평균 수익률	시작	1년 후	2년 후	3년 후	4년 후	5년 후	6년 후	7년 후	8년 후	9년 후	10년 후
A	0%	5%	100	115	109	126	119	137	130	150	142	164	156
B	25%	10%	100	130	117	152	137	178	160	208	187	244	219
C	50%	15%	100	145	123	179	152	220	187	271	231	335	284

조금 더 있을 법한 결과가 나왔다. A자산은 변동성이 낮고 기대수익률도 낮다. 10년 후 156만 원이 되었다. C자산은 변동성이 크지

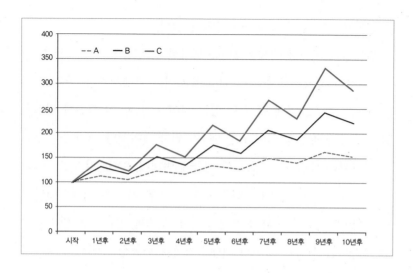

만 수익도 많이 발생했다. 284만 원으로 A보다 훨씬 큰 수익이다.
그렇다면 이 경우 C가 가장 투자하기 좋은 자산인가? 수익은 많고
변동성이 낮은 상품을 원하는 게 기본 심리다. 변동성과 수익률을
모아서 살펴볼 수 있는 방법은 없을까? 다행히 1990년 노벨상을 받
은 윌리엄 샤프(William Forsyth Sharpe)라는 학자가 만든 방법이 있다. 그의
이름을 따서 '샤프 비율'이라고 한다. 계산 방법은 수익률을 변동성
으로 나누면 된다.[24]

샤프 비율을 계산해보면 [표 9]와 같다. 위험을 감안한 수익률 기
준으로 보면, 샤프 비율이 가장 높은 A자산이 더 좋은 투자 대상일
수 있다. 투자자의 위험 선호 성향에 따라 선택이 달라질 수 있는 것
이다.

마법의 돈 굴리기

[표 9] 위험 대비 수익인 샤프 비율 계산

자산	최종 수익금	연 환산 수익률	연 환산 변동성 (표준편차)	샤프 비율
A	156	4.5%	10%	0.45
B	219	8.2%	20%	0.41
C	284	11.0%	30%	0.37

앞의 투자 자산의 수익률은 매년 플러스와 마이너스가 번갈아 발생했다. 수익률이 다소 다르게 움직였을 때를 생각해보자. 나머지 조건은 동일하고, 오르고 내린 순서만 살짝 바꿔보았다. 첫 3년 동안은 세 자산 모두 하락(음의 변동성)했고, 다음 3년간 상승(양의 변동성)했다고 하면 [표 10]의 결과가 나온다.

앞의 투자와 동일한 배경과 동일한 확률을 가정했다. 손실과 수

[표 10] 투자 결과 모의실험 그래프

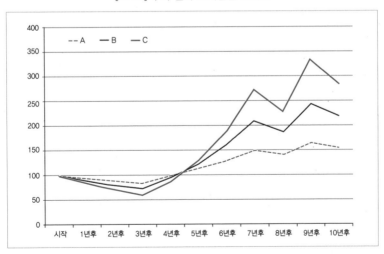

익이 나는 해의 순서만 일부 섞었을 뿐이다. 최종 결과 수익은 [표 9]와 같다.

그런데 우리가 투자한 지 3년째라고 가정해보자. 3년 동안 손실이 나서 원금 대비 40%나 떨어진 C자산에 계속 투자할 수 있을까? 지금 우리는 전지적 신의 입장에서 10년 후를 보고 있으니 그래도 C에 투자하겠다고 할 수 있지만, 지상의 인간들은 미처 견디지 못하고 손실이 난 상태로 C자산을 팔아버릴 가능성이 많다. 가까운 예로 2008년 금융위기 때 코스피 지수가 불과 1년 만에 절반가량 하락하자, 많은 개인 투자자가 견디지 못하고 주식시장에서 빠져나갔다. 코스피 지수는 2년 후 원래 수준으로 회복했다. 참을 수 있었더라면 보상을 받았겠지만 결코 쉽지 않은 일이다. 왜 그런 결정을 하게 되는지는 다음 장에서 이야기한다.

3 복리의 마법인가, 폭리의 함정인가?

투자의 목적은 '수익'을 얻는 것이다. 수익이 어느 정도냐를 표현하는 게 '수익률'이다. 이자는 은행 상품의 수익률이다. 이자에 이자가 붙는 것을 '복리'라고 한다. 복리는 무조건 좋은 것일까? 수익률과 복리를 이해해보자.

수익률이란

투자를 하는 이유는 높은 수익을 얻기 위해서다. 투자금 대비 수익의 크기를 수익률이라고 하고, 투자를 할 때 미리 예상하는 수익률을 기대수익률이라고 부른다. 기대수익률은 늘 플러스이겠지만 실제 수익률은 플러스일 때도, 마이너스일 때도 있다.

수익 50%와 손실 50%는 같은 것인가? 첫해에 수익이 50% 나고 다음 해에 손실이 50% 발생했다면 원금은 그대로인가?

얼핏 보면 원금이 그대로 보전됐을 것이라 생각할 수 있다. 플러스 50%에 마이너스 50%이니까 합치면 0%. 그러니 본전이라고 생각할 수 있다. 찬찬히 살펴보자. 예를 들어 50%의 변동성이 있는 투자 대상 A가 있다고 하자. 당신은 화끈한 수익을 원하므로 A에 1,000만 원을 넣었다. 다음 해에 예상한 대로 50%가 올랐다. 수익은 투자금 1,000만 원의 50%인 500만 원이고, 잔금은 원금 1,000만 원에 수익 500만 원이 더해져서 1,500만 원이 됐다. 이 잔금 1,500만 원은 여전히 투자되어 있으니 이제 투자금은 1,500만 원이다.

안타깝게도 다음 해에는 50%가 떨어졌다.(사실 안타까울 일은 아니다. 한번 올랐으니 한 번 떨어지는 게 변동성의 속성이고 공평하다고 할 수 있다) 이때 손실은 투자금 1,500만 원의 50%인 750만 원이다. 잔고는 1,500만 원에서 손실 750만 원을 뺀 750만 원이다. 50%가 올랐다가 50% 떨어졌는데 원금도 못 건졌다.

반대 경우를 보자.

첫해 1,000만 원을 넣었는데 50% 손실이 났다. 그러면 잔고는 500만 원이다. 다음 해에는 50% 상승했다. 500만 원의 50%인 250만 원 수익이므로 잔고는 750만 원이다.

올랐다가 떨어지거나 떨어졌다가 오른 두 가지 반대의 경우를 봤다. 변동성은 떨어질 때나 오를 때나 똑같이 50%였다. 공평하게 한번의 상승과 한 번의 하락이었는데 뭔가 억울하다. 당신의 잔고는

마법의 돈 굴리기

두 경우 모두 원금에서 250만 원 손해 본 750만 원이다. 계산 과정을
보니 속임수는 없는 것 같다. 이것이 복리의 안 좋은 예다.

복리의 마법! 복리의 함정?

보통 '복리의 마법'이란 말은 좋은 경우에만 사용한다. 좋은 복리
의 예를 들어보자. 1998년 1분기 정기예금 이자는 17%였다. 당시 예
금을 넣어두고 돈을 찾지 않았다면 현재 얼마일까?

1998년 : 1,000만 원 입금,

1999년 : 잔고 1,000만 원 + 이자 170만 원(=1,000만 원×17%) =
1,170만 원

2000년 : 잔고 1,170만 원 + 이자 198.9만 원(=1,170만 원×17%) =
1,368.9만 원

……

2015년 : 얼마일까?

열여덟 번만 반복하면 된다. 이것을 한 줄짜리 수식으로 표현하
면 아래와 같다.

투자 결과 = 원금 × (1+이율)^(기간)

위의 식대로 계산하면 투자 결과는 1,000×(1+0.17)^18=16,879이
다. 1억 6,879만 원이다.

18년 만에 통장 잔고가 17배 가까이 불었다. 이것이 복리의 마법이다. 이자에 이자가 붙는 것이다. 이 정도 수익률이면 투자 고민은 안 해도 될 것 같다.

언론이나 광고에 나오는 이런 식의 계산에는 늘 몇 가지 함정이 있다.

첫 번째는 예금의 경우 이렇게 장기간 고정금리를 주지 않는다. 보통 1~3년 수준이다. 예금의 특성상 장기간의 고정금리 상품이 만들어지기가 어렵다. 예금을 할 때 고객은 돈을 맡긴다고 생각하지만, 은행 입장에서는 고객(예금자)[25]한테 돈을 빌리는 것과 같다. 은행은 예금자에게 돈을 빌려서 다른 고객(대출자)에게 빌려주고 예금이자와 대출이자의 차이로 수익을 만든다.(당연히 대출이자가 예금이자보자 비싸다) 1998년처럼 이자가 높으면 대출자가 대출을 안 받거나 기존 대출도 빨리 갚으려고 한다. 은행 입장에서는 대출자가 돈을 언제 갚을지 알 수 없으니, 예금자의 예금 고정금리 기간을 길게 몇 년씩 가져갈 수 없다. 대출 기간과 예금 기간을 엇비슷하게라도 맞추어야 한다. 즉 시장 상황에 따라 금리는 계속 변한다.

두 번째는 본 예시에서 이자소득세를 빼지 않았다. 예금에 가입해서 이자를 받으면 이자 소득에 대한 세금을 원천징수한다. 원천징수란 이자를 받기 전에 세금이 미리 공제된다는 말이다. 이자소득세 역시 상황에 따라 수시로 바뀐다. 1998년 1분기에 22%였고, 이후 최고 24.2%에서 현재 15.4%로 내렸다. 앞의 사례에서 이자를 고정이라 가정했으니 이자소득세율도 고정이라 가정해보자. 1998년

마법의 돈 굴리기

당시 22%의 이자소득세율을 감안하면, 세후 이자는 17%가 아니라 13.26%(=17%×(1-22%))로 낮아진다. 세후 잔고는 1억 6,879만 원이 아니라 9,405만 원이 된다. 처음 계산보다 7,474만 원이 줄어든 금액이다. 이만큼이 정부의 소득세 수입이다.

세 번째는 물가상승률을 이야기하지 않았다. 2008년 초 100만 원이었던 물건은 2016년 초 기준 158만 원이다.[26] 물가가 매년 평균 2.6% 올랐다. 이자율 17%에서 물가상승률을 빼야 실제 수익인 실질수익률이 된다. 17%에서 2.6%를 뺀 실질수익률은 14.4%이다. 앞에서 계산한 이자소득세도 빼면 10.66%이다. 이것이 '세후 실질수익률'이다. 많이 낮아졌다. 실제 수익을 계산할 때 이런 것을 감안해야 한다.

앞의 세 경우는 예금을 포함한 모든 투자 상품에 적용되는, 반드시 알아야 할 사항이다. 복리의 효과가 떨어지고 광고에서 보던 수익보다 많이 낮아지긴 하지만 원금이 손실 나지는 않는다. 하지만 손실 가능성이 있는 투자에서 복리는 역효과를 낸다. 이것이 네 번째 함정으로 가장 강조하고 싶은 부분이다. 복리의 마법은 마이너스 수익률에서도 동일하게 적용된다. 아니 더 무섭게 적용된다. 앞에서 예를 든 50%의 수익과 50%의 하락이 있을 경우, 상승 후 하락이든 하락 후 상승이든 원금 1,000만 원에 250만 원을 손실 보게 되어 있다. 상승 후 하락인 경우 1,000만 원 → (50% 상승) → 1,500만 원 → (50% 하락) → 750만 원으로 잔고가 바뀌었다. 복리의 마법이란 이자에 이자가 붙는 것을 말한다고 했다. 이 경우 첫해에 상승해서 500만 원을 벌었는데 다음 해에 하락할 때 원금 1,000만 원만 50% 하락하는 것이 아니라, 첫해 수익 500만 원도 50% 하락하는 것이다. 그러니 똑같은 50%씩의 상승과 하락을 했어도 최종 잔금이 750만 원으로 원금도 못 지키는 것이다.

복리復利, 복리福利, 폭리暴利

1626년 네덜란드 이민자들은 24달러에 해당하는 장신구를 지급하고 인디언에게서 맨해튼을 매입했다. 363년이 지난 1989년 전설적인 펀드매니저 피터 린치는 예전의 24달러를 8%의 수익률로 복리 투자되었을 경우 약 32조 달러의 원리금이 발생한다는 재미있지만 다소 충격적인 분석 결과를 발표한 적이 있다.(1989년 당시 실제 맨해튼의 토지 가격은 약 600억 달러로 추산된다)[27]

복리의 마법을 설명하는 대표적인 얘기다. 복리란 원금에 이자를 붙이고, 그 둘을 합한 금액에 이자가 또 붙는다는 말이다. 이 사례는 극단적인 경우를 가정하긴 했지만 복리의 중요성을 인상적으로 설명해준다. 하지만 이 사례의 결정적인 한계는 맨해튼의 토지 가격이 그렇게 오를지 투자 시점에서는 알 수 없다는 사실이다. 콜럼버스가 탐험할 무렵의 미국은 지금같이 부자 나라가 아니었다. 위치도 제대로 파악이 안 되어 인도의 서쪽 어디일 거라 짐작해서 서인도 제도로 불렸고, 본토에는 인디언이 살고 있었다. 미국은 그야말로 위험한 투자 대상이었다. '사후확신 편향'이 적용된 사례라는 것이다. 이미 결과를 알면서 마치 예측할 수 있었다는 듯이 대입하니 저런 놀라운 결과가 나온 것이다. 지금 한 탐험가가 아프리카 혹은 어느 미지의 땅을 발견했다고 해서 그 땅을 살 수 있을까?

복리 효과는 빚을 진 사람에게는 '폭리' 효과로 다가온다. 대출 원금과 대출이자를 제때에 갚지 못하면 그 이자에 또 이자가 붙는다. 기하급수적으로 갚아야 할 돈이 불어난다. 앞의 예금 사례를 대출로 바꿔보자. 1998년에 17% 금리로 1,000만 원을 대출받았고, 한 번도 원금과 이자를 갚지 않았다면 2015년 말 빚의 크기는 얼마일까?(실제로는 대출이자가 예금이자보다 더 비싸다) 계산 방법은 앞서와 같다.

빚의 크기 = 원금 × (1+이율)^(기간)

위의 식대로 계산하면 빚은 현재 1억 6,879만 원(=1,000×(1+0.17)^18)이 된다. 빚이 17배로 늘어났다. 예금을 했을 때는 이자소득세를 떼어 세후 수익률이 17배에서 9배 정도로 떨어졌었다. 하지만 빚을 지면 대출 금리가 줄어들 만한 보조 장치가 없다. 오히려 신용도만 나빠진다.(물론 물가상승분만큼 빚이 탕감되는 효과는 있다)

이와 같이 복리(複利)란 저축하는 사람에게는 복을 주는 복리(福利)고, 빚을 못 갚는 사람에게는 고통을 주는 폭리(暴利)가 될 수 있음을 분명히 알아야 한다.

암산이나 일반 계산기로는 복리 계산이 어렵다. 르네상스 시대 이탈리아의 수도사이자 수학자였던 파치올리(Far Luca Pacioli)는 일반인도 쉽게 쓸 수 있는 복리 계산 공식인 '72의 법칙'을 세상에 알렸다.[28] 원금이 2배가 되는 기간을 계산할 때 72를 수익률이나 금리로 나누면 된다. 예를 들어 수익률이 10%이면 72 나누기 10이므로 대략 7년 뒤에 원금이 2배가 된다.

같은 수익률? 다른 수익률!

다음 질문에 답해보자.

> 투자금 100만 원에 투자 기간이 10년짜리인 두 개의 상품이 있다. 상품 A는 10% 수익을 보장하는데 10년 중에 딱 3번은 10%만큼 하락한다. 그 대신 나머지 7번은 확실히 10%의 괜찮은 수익률을 보장한다. 상품 B는 연 4%짜리다. 수익률은 낮지만 하락 없이 매년 같은 수익을 보장한다. 어떤 상품을 선택할 것인가?

얼핏 보면 판단하기가 어렵다. A상품은 7번의 10% 상승과 3번의 10% 하락이 있으니, 단순히 계산하면 7×10%−3×10%로 40%의 수익이 날 것 같다. B상품은 4%씩 10번 수익이 나니 10×4%로 40% 수익이다.(이렇게 계산하는 것을 '산술수익률'이라고 한다) 두 상품의 수익은 똑같지 않은가? 그렇다면 취향에 따라 선택하면 될 것이다.

하지만 정확히 계산한 투자 결과는 A상품의 경우 10년 후 142만 원을 돌려받고, B상품은 148만 원을 돌려받는다.(이 경우를 '기하수익률'이라고 한다)[29] B상품이 더 높은 수익이 났는데, 이는 A상품의 변동성이 승

　　　　　　　　　　　　　　마법의 돈 굴리기

패를 가른 것이다. A상품을 선택한 사람은 이렇게 얘기할 수도 있다. "6만 원 덜 벌었지만 4%짜리는 흥미 없어. 화끈한 게 좋아." 여기서 큰 차이점은 6만 원이 문제가 아니다. A를 고른 사람은 7번의 상승 기간 동안 우쭐했겠지만, 3번의 하락기 동안 기분이 안 좋았을 것이다. 하지만 B에 돈을 넣은 사람은 투자 기간 내내 발 뻗고 잠을 잤을 것이고, 본업에 충실할 수 있었을 것이다. 상승과 하락 시 투자자의 심리 상태는 직접 경험해보지 않으면 이해가 가지 않는다. 그렇게 일희일비할 게 있나 싶지만, 인간은 아주 비이성적이며 비합리적이다. 여하간 최종 수익률을 비교해보면 A는 연 3.87%, B는 연 4%이다. 손실(혹은 변동성)이 전체 수익률에 미치는 영향은 매우 크다. 투자를 결정하기 전에 예상하는 수익률을 기대수익률이라고 했다. 기대수익률이 높을수록 더욱 손실의 가능성(확률)을 검토해야 한다. 세상에는 공짜가 없다.

투자는
확률 게임이다

로또를 사거나 도박을 해도 돈을 벌 수 있다. 진짜 그럴까? '투자'와 '투기'의 차이점은 뭘까? 투자는 해야 하고, 투기는 하지 말아야 할까? 확률로 이 둘을 구분해보자.

로또 당첨 확률 : 복권의 기대수익률

금요일 저녁 퇴근길. 정 차장은 소주 한잔하자는 동료를 뒤로하고 버스정류장 근처의 편의점에서 로또를 10만 원어치나 샀다. 전세 만기가 몇 달 남지 않았는데 전세금을 7천만 원이나 올려달라고 한다. 주변 전세 시세가 다 올라서 어디 이사 갈 곳도 없고, 모아놓은 돈은 턱없이 부족하다. 혹시나 하는 마음에 술값에 썼다 치고 복권을 산 것이다. 정 차장의 로또는 어떻게 됐을까?

마법의 돈 굴리기

복권을 성공 가능성이 큰 투자라고 믿는 사람도 있다. 그것은 눈앞에 놓인 단 한 장의 복권만을 보고 복권 사업 전체의 구조를 보지 않기 때문이다.

우리나라 복권위원회에 따르면, 2015년 1월 1일부터 11월 28일까지 복권 판매액은 3조 2,644억 원이고, 복권기금 조성액이 1조 4,456억 원이다.[30] 복권 판매액의 41%가 복권기금으로 적립된다고 한다. 즉 복권을 구입한 사람에게 돌아가는 돈은 60%가 체 안 된다는 말이다. 예를 들어 이번 주 발행된 모든 복권을 샀다고 하자. 1등부터 마지막 등수까지 모든 등수에 다 당첨이 되었을 것이고 당첨금을 수령할 것이다. 로또의 한 주 판매량이 대략 500억 원 정도라고 하니 500억 원을 내고 모든 로또를 샀다고 했을 때, 수령하는 당첨금은 얼마일까? 41%의 복권기금을 빼면 당첨금은 295억 원 정도밖에 안 된다. 500억 투자해서 295억 수익이니 본전도 못 찾은 것이다. 다른 말로 표현하면 복권 투자의 기대수익률이 마이너스 41%라는 얘기다. 지고 시작하는 게임이다.

물론 로또 한 장을 사서 8백만 분의 1의 확률을 뚫고 1등에 당첨되면 좋겠지만, 8백만 분의 1의 확률이란 벼락을 6번 맞는 것과 같은 확률이라고 하니 쉽진 않겠다.(눈 씻고 찾아봐도 주변에 로또 1등이나 벼락 맞은 사람이 거의 없는 이유다) 복권기금은 관련 법률에 따라 공익사업과 법정배분금사업에 쓰인다. 복권은 사람들의 투기 심리를 이용한 정부의 자금 조달 창구다. 우리도 모르는 사이 또 다른 모습의 세금을 내고 있는 것이다. 그나마 좋은 일에 쓰이니 좀 나은 것인가.

슬롯머신에서 주인의 몫은 20%, 즉 여기서의 기대수익률은 마이너스 20%이다. 경마의 경우 마사회의 몫이 25%라고 한다. 기대수익률이 마이너스 25%인 투자로 볼 수 있다.[31]

이렇듯 기대수익률이 마이너스인 경우를 '투기'라고 할 수 있다. 투기와 구분되는 투자란 기대수익률이 플러스의 값을 가져야 한다. 투자는 확률 게임이다. 장기투자 결과 수익이 날 확률이 높아야 한다. 성공 확률을 높이기 위해서는 위험을 낮추고 수익을 높이는 방법을 찾아야 한다.

로또가 주는 행복

그래도 정 차장의 로또나 내 로또가 1등에 당첨되면 행복하지 않을까? 그런데 로또 1등 당첨자들의 불행해졌다는 소식이 종종 언론에 나온다. 왜 그럴까?

심리학자 서은국 교수는 그의 책 〈행복의 기원〉에서 복권 당첨자들의 불행을 다음과 같이 설명한다.

> "돈과 행복에 관한 가장 유명한 연구는 미국 일리노이 주에서 지금의 화폐 가치로 약 100억 원의 상금을 받았던 복권 당첨자들에 대한 연구다. 복권 당첨 1년 뒤 21명의 당첨자와 이웃의 행복감을 비교했더니 놀랍게도 별 차이가 없었다. …
> 먼저 감정이라는 것은 어떤 자극에도 지속적인 반응을 하지 않

마법의 돈 굴리기

기 때문이다. 아니, 계속 반응을 해서도 안 된다. … 이 '적응'이라는 강력한 현상 때문에 아무리 감격스러운 사건도 시간이 지나면 일상의 일부가 되어 희미해진다. 2002년 월드컵 안정환 선수의 기적적인 골. 우리 모두의 심장을 멎게 했던 그 전율도 사실은 며칠을 가지 못했다. 복권도 예외가 아니다. …

감정의 또 다른 특성은 상대적이라는 것이다. … 극단적인 경험을 한번 겪으면, 감정이 반응하는 기준선이 변해 이후 어지간한 일에는 감흥을 느끼지 못한다. … 그렇기 때문에 복권 당첨 같은 일확천금의 경험은 장기적인 행복의 관점에서 보면 저주가 될 수도 있다. 실제로 위의 복권 연구에서 보면, 복권에 당첨된 사람의 행복 더듬이는 둔해진다. 복권 당첨 후 그들은 TV 시청, 쇼핑, 친구들과의 식사 같은 일상의 작은 즐거움에서 예전 같은 기쁨을 더 이상 느끼지 못했다. 큰 자극의 후유증이다.

더욱이 최근 연구에 의하면 돈은 소소한 즐거움을 마비시키는 특별한 '효능'까지 있다. … 행복은 복권 같은 큰 사건으로 얻게 되는 것이 아니라 초콜릿 같은 소소한 즐거움의 가랑비에 젖는 것이다.[32]

복권 당첨자들이 불행해지는 이유를 조금 알 것 같다. 뉴스에서 접하는 사례는 훨씬 심각하다. 가족과의 불화, 투자 실패 등으로 수십억 원이 넘는 당첨금을 잃거나 이혼 혹은 자살 등의 불행한 모습을 보인다. 권오상은 그의 책 〈돈은 어떻게 자라는가〉에서 "로또 당첨자들에게서 보이는 삶의 실패는 사람마다 감당할 수 있는 돈의 크기가 있기 때문이다"라고 말한다.[33] 우리가 감당할 수 있는 돈의 크기는 얼마일까? 잘 모르겠지만 시작부터 잃고 들어가는 게임은 피하도록 하자.

'엄친아', '엄친딸'이란 단어를 모르는 사람은 없을 것이다. "엄마 친구 아들딸"들은 성격도 좋고 공부도 운동도 잘한다. 전교 1등이거나 명문대에 합격했거나 판검사, 의사이기도 하다. 엄마들의 이런 레퍼토리는 전형적인 일반화의 오류로 확률적으로 발생 가능성이 낮은 경우를 마치 일반적인 것인 양 비교하는 것이다.

창업이나 투자도 마찬가지다. 언론에서 봤거나 주위에서 들은 사례만으로 판단하면 실패할 가능성이 아주 높다. 실제 확률을 보면 성공 가능성이 낮은 데도 누구나 가능한 것처럼 포장되기 때문이다.

복권이나 아파트, 토지, 주식 혹은 예금 등은 모두 같은 기준으로 평가할 수 있다. 투자에 있어 생각해야 하는 것은 그 투자 대상의 '위험'과 '수익', 그리고 '확률'이다. 이것을 깨닫는 것은 투자를 함에 있어서 매우 중요하다. 많은 투자 상품 광고가 높은 수익을 자랑한다. 과거에 이런 수익률을 냈다거나 미래의 기대수익률이 높다는 식이다. 이들의 문제는 수익에 대해서는 얘기하지만 위험에 대해서는 상세히 언급하지 않는다는 것이다.

다음 장에서 투자에 실패하게 되는 다양한 원인을 살펴볼 것이다. 그리고 나서 실패하지 않는 투자 방법을 이야기하겠다.

수익률에 대한
오해와 이해

수익과 소비

직장생활 3년차인 김 대리는 열심히 모아둔 적금이 만기가 되었다. 만기가 된 천만 원을 예금에 넣을까 하다가 꼼꼼히 투자 공부를 한 뒤 원금 손실 가능성은 있지만 조금 더 높은 수익이 예상되는 상품에 투자했고, 1년 뒤 은행 예금보다 2% 이상 높은 수익이 발생했다. 김 대리는 본인의 예상이 맞았고, 투자 결과가 좋아서 만족스러웠다. 그날은 마침 친구들과의 모임이 있었다. 김 대리는 친구들에게 본인의 투자 노하우를 설파했고, 즐거운 마음에 그날의 술값을 계산했다.

김 대리는 좋은 투자 습관을 갖고 있다. 만기가 된 적금을 아무 생각 없이 놓아둔 게 아니라 꼼꼼하게 공부하여 고수익이 예상되는 상품에 투자했다. 천만 원을 투자했으니 예금이자보다는 20만 원 더 수익이 났다. 훌륭한 투자다. 하지만 김 대리는 친구들과의 술값으로 20만 원 혹은 그 이상을 썼다. 그의 마음속 회계 장부에는 투자로 벌어들인 돈과 술값으로 나가는 돈은 다른 통장(계정)에 있었던 것이다.[34]

투자를 통해 수익률을 높이기는 매우 어렵다. 오히려 소비를 줄이는 게 상대적으로 더 쉽다. 김 대리는 1년간의 위험한 투자로 벌어들인 소득을 한번에 써버렸다. 이 경우 수익률을 2% 올리는 것과 소비를 20만 원 줄이는 것은 김 대리의 통장 잔고에 같은 결과로 남는다. 수익률 1% 올리기는 투자를 전문으로 하는 이들에게도 아주 어려운 일이다. 반면 소비를 조절하는 것은 누구나 할 수 있다.

소비를 하지 않고 살 수는 없다. 하지만 소비를 적절히 통제하는 것이 그 어떤 재테크 공부보다 중요하다. 본인의 소비 습관을 잘 관리하는 것이 높은 수익률을 추구하는 것보다 훨씬 중요하다.

물론 김 대리의 투자 자세는 좋다. 종자돈이 적을 때는 그 수익의 크기가 미미해서 별 차이가 안 난다. 하지만 투자 금액이 1,000만 원에서 1억 원, 10억 원으로 늘어날 경우, 2%의 수익이 주는 금액은 20만 원, 200만 원, 2,000만 원으로 크게 다가온다. 소비를 조절하여 종자돈을 늘리고, 끊임없이 투자 공부를 하는 게 중요하다.

월급의 의미

지난 2015년 기준 국내 임금 근로자 평균 연봉이 3,281만 원으로 1년 새 1.5% 오른 것으로 조사됐다. … 임금 근로자 100명 중 소득 상위 50번째 근로자의 연봉을 뜻하는 중위 연봉은 2,500만 원으로 1.4% 증가했다. … 연봉 금액별로 1억 원 이상 근로자는 39만 명(2.7%), 1억~8,000만 원은 41만 명(2.8%), 8,000만~6,000만 원은 96만 명(6.5%), 6,000만~4,000만 원은 203만 명(13.8%)으로 집계됐다. 4,000만~2,000만 원과 2,000만 원 미만이 각각 554만 명(37.7%), 535만 명(36.5%)으로 대부분을 차지했다.[35]

2016년 7월 발표된 내용이다. 평균 연봉은 모든 연봉을 합한 후 근로자 수로 나눈 값이고, 중위 연봉은 연봉 기준으로 줄을 섰을 때 중간에 서게 되는 근로자의 연봉이다. 평균 연봉과 중위 연봉이 차이 나는 건 고소득자의 연봉에 비해 저소득자의 연봉이 너무 낮아서, 전체 평균이 올라가는 현상이 나타나기 때문이다. 많은 근로자가 공감하는 것은 중위 연봉일 것이다. 중위 연봉 2,500만 원은 어떤 의미가 있을까?

연봉 2,500만 원을 은행 이자로 받으려면 얼마의 원금이 있어야 할까? 은행 예금금리가 1.81%일 경우, 원금은 16억 3천만 원이 있어야 한다.[36] 다른 말로 하면, 은행에 16억 원 이상을 맡겨놓고 받는 돈(이자)과 내 노동력을 회사에 맡겨놓고 받는 돈(연봉)이 같다는 말이다.(물론 실제로는 다르다. 이자로 사는 사람은 일을 하지 않을 수 있으니까)

은퇴 자금 준비

은퇴와 노후에 조금이라도 관심이 있는 사람이라면 은퇴 자금 관련 기사를 본 적이 있을 것이다. 은퇴 필요 자금이 10억이니 얼마니 하는 제목을 보고는 자신과 상관없는 내용이라고 관심을 꺼버리곤 한다. 이 돈은 어떻게 계산된 걸까?

은퇴 후 생활비 수준은 사람에 따라 다르겠지만, 은퇴 이후 월 평균 230만 원이라는 여론조사 결과가 나온 적이 있다. 일반적으로 부부의 용돈, 생활비, 차량 및 아파트 관리비, 병원비, 경조사비가 주요 지출 항목을 차지한다. 그리고 자녀가 결혼했다고 하더라도 손자, 손녀에게 들어가는 비용이 있기 때문에 월 200만 원 이상의 비용이 지출된다.

연간 은퇴 생활비에 은퇴 기간을 곱하면 현재 시점에서 총 은퇴 자금이 계산된다. 월 230만 원이면 연간 2,760만 원(=230만×12개월)이다. 60세에 은퇴하여 90세까지 산다고 하면 은퇴 기간은 30년이다. 은퇴 자금을 계산해보면 2,760만 원×30년 = 8억 2,800만 원이다. 그런데 이 금액(8억 2,800만 원)은 오늘 현재 가치로 계산됐으므로 오늘 은퇴

하는 사람에게 필요한 금액이다. 따라서 이 금액을 자신이 은퇴하는 미래 시점의 가치로 환산해야 현실적인 은퇴 자금이 산출될 것이다.

현재 40세라고 하면 은퇴 시까지 20년이 남은 것이다. 현재 8억 2,800만 원의 20년 후의 금액은 얼마일까? 물가상승률을 2%로 예상했을 때 20년 뒤에는 1.5배인 12억 3,036만 원이 필요하다는 계산이 나온다. 진짜 10억이 넘는 돈이 필요하다는 얘기다.[37]

월급 받아 생활하는 입장에서 저렇게 큰돈을 모을 수 있을까?

(1)매월 512만 원을 집 안 금고에 쌓아놓으면 가능하다.(수익률 0%)

(2)매월 439만 원을 예금하면 가능하다.(금리 1.81%, 세금 15.4%, 월 복리 가정)

앞서 본 중위 근로자 월급이 208만 원(연봉 2,500만 원)이다. 즉 둘 다 불가능한 이야기다.

(3)투자 수익이 연평균 15% 수준이면 매달 94만 원만 투자하면 된다.

고수익을 미끼로 투자를 권유하는 상품이 이런 식의 사례를 든다. 월 94만 원이면 허리띠를 졸라매서라도 만들어볼 수 있는 금액일 것이다. 문제는 연평균 15% 수익을 20년 동안 낸다는 게 불가능하다는 것이다. 몇 년 정도는 높은 수익이 날 수도 있다. 하지만 장기간 유지하는 건 불가능하다. 또 다른 방법은 없을까?

⑷생활비를 115만 원으로 줄이면 은퇴 시점에 6억 1,518만 원이 필요해진다.(아직도 많다)

⑸60세부터 쉬는 게 아니라 다시 할 일을 찾아본다.

월급 100만 원 정도의 일을 찾아 75세까지 할 수 있다면 필요한 자금은 줄어든다. 또한 하고 있는 일에서 급여가 올라가고, 점점 저축 금액을 늘려간다면 은퇴 준비가 아주 불가능해지지는 않을 것이다. 물론 60세 이후에 할 일을 찾는 것도 쉽지는 않다. 그래도 60세까지 12억 원을 만드는 일보다는 현실적이지 않은가? 섣불리 고수익을 좇다가 실패하기보다 현실적인 대안을 찾는 게 낫다.

적금이자 2% vs 예금이자 2% vs 펀드 수익 2%

은행의 적금과 예금 상품을 보면 이자가 비슷하게 표시되어 있다. 하지만 만기에 돈을 찾으면 나오는 돈은 다르다. 이자란 돈이 들어간 이후에 계산된다. 1년짜리 예금에 1,000만 원을 넣으면 12개월

치의 이자가 계산되니 만기에 1,020만 원이 된다. 적금의 경우 첫 달에 넣은 돈은 12개월치 이자가 나오지만, 둘째 달에 넣은 돈은 11개월치 이자가 나오고, 마지막 달에 넣은 돈은 한 달치 이자가 나온다. 즉 적금이자는 실제 수령하는 돈을 기준으로 보면 표시된 이자의 절반 수준이다. 예금의 경우 이자소득세가 원천징수되니 만기에 받는 돈은 1,020만 원이 아니고, 세금(15.4%)이 빠진 1,017만 원 정도다. 17만 원의 수익이 생긴 것이다. 적금은 그 절반인 8만 원 수준이다.

일반 펀드에 적립식으로 투자했을 때 1년 후 수익률이 2%라고 표시됐다면 얼마를 번 것일까? 일반적으로 펀드의 경우 환매 전 잔고를 이용해 수익률을 보여준다. 또한 선취판매수수료를 뺀 값이 원금으로 계산된다. 예를 들어 1년간 입금 총액이 1,000만 원이고, 선취판매수수료가 1%이라면 이때 총 투자 원금은 990만 원이 된다. 수익률이 2%라면 990만 원에 대한 2%, 198,000원의 수익이 생긴 것이다. 잔액이 10,098,000원인 것이다. 내가 입금한 돈을 기준으로 하면 98,000원의 수익이 생긴 것이니 1%가 안 되는 수준이다. 또한 환매할 경우 환매수수료나 배당소득에 대한 과세로 실제 수익은 더 떨어진다.

적금과 예금, 펀드 등의 상품에 투자할 경우 실제 내 통장으로 들어오는 수익을 정확히 알고 투자할 필요가 있다.

2장

그들은 왜
투자에
실패하는가?

심리에
흔들리는 나

언론과 주위 사람을 통해서 투자에 실패했다는 이야기를 많이 듣는다. 그들은 왜 투자에 실패했을까? 그들 중에는 판검사나 의사, 기업의 대표도 있다. 은행이나 증권회사와 같은 금융회사 직원도 있다. 소위 똑똑하다거나 전문가라고 해서 피해가지는 못하는 모양이다. 그렇다면 투자 실패의 원인은 다른 곳에 있지 않을까? '지피지기면 백전불태'라는 말이 있다. '자신'과 '상대편'을 잘 알면 백 번 싸워도 위태로울 것이 없다는 뜻이다. 실패하는 그들, 투자자 '자신'을 알아보자.

제한적 합리성 : 행동경제학이란?

전통적인 경제학자들은 금융시장에 참여하는 이들이 이성적이고 합리적으로 행동한다는 전제하에 이론을 펼쳐왔다. 이런 경제 행위를 하는 이들을 '호모 이코노미쿠스'라고 부른다. 그런데 현실에서는 호모 이코노미쿠스를 찾아보기 힘들다. 실제 경제 행위를 하고, 투자를 하는 이들을 설명하기에는 부족하다는 주장이 제기되어 온 이유다.

2002년 노벨경제학상은 경제학자가 아닌 심리학자에게 수여됐다. 호모 이코노미쿠스가 아닌 실제 인간의 행동을 연구한 심리학자가 수상한 것이다. 수상자 대니얼 카너먼은 인간이 실제 경제 행위를 할 때 '제한된 합리성'을 갖고 행동한다고 주장했다. 그는 다양한 연구와 실험을 통해 '제한된 합리성'의 증거를 제시하며, 심리학과 경제학의 교차점에 새로운 학문을 탄생시켰다. '행동경제학'이 그것이다.

행동경제학은 인간의 합리성을 부정하지만, 그렇다고 해서 인간이 완전히 비합리적이라고는 말하지 않는다. 완전히 합리적이라는 점만을 부정할 뿐이다. 카너먼은 노벨상 수상 발표 소감에서 "우리가 한 일은 인간의 비합리성을 증명한 것이 아니다. 경험적 접근법(휴리스틱)과 심리적 편향(바이어스) 관련 연구는 합리성이라는 비현실적인 개념을 부정하고 있을 뿐이다"라고 말했다.[38]

완벽하게 이성적이고 합리적인 의사결정을 하기 위해서는 다양한 변수와 수많은 정보를 고려해야 하는데, 현실적으로 입수할 수 있는 정보는 부족하고 시간상의 제약으로 완벽한 의사결정을 할 수 없다. '경험적 접근법'은 이런 한계 때문에 실제 상황에서 사용하는 방법이다. 호모 이코노미쿠스처럼 가장 이상적인 해답을 구하는 것이 아니라, 현실적으로 만족할 만한 수준의 해답을 찾는 것이다. 카너먼과 트버스키는 이 방법을 '빠르고 더러운' 경험적 접근법이라고 불렀다. 더럽다고 표현한 것은 이런 지름길에 부작용이 있기 때문이다.[39]

경험적 접근법으로 내린 판단은 '심리적 편향'을 갖는다. 심리적 편향 때문에 투자자는 잘못된 판단을 내리고 투자에서 실패한다. 투자에서 성공하기 위해서는 필수적으로 심리적 편향을 이해해야 한다. 행동경제학자들은 인간이 비합리적인 존재지만, 다행히도 그런 비합리성은 일관적이어서 예측 가능하다고 말한다.

기준점 효과 : 내가 산 가격이 있는데…

이 대리는 2년 전에 1주당 12만 원에 A기업을 매수했고, 현재 이 주식은 15만 원이다. 몇 달 전 중국 관련 수출 호재가 터졌을 때 20만 원까지 치솟기도 했다. 이 대리는 그때 주식을 매도하려 했으나 실행하지 못했다. 출장 등으로 회사 일이 바빠져서 주식에 신경 쓸 수가 없었다. 불행하게도 최근 A기업 대표의 공금 횡령 소식으로 주가는 15만 원으로 떨어졌다. 그리고 당분간은 떨어질 가능성이 오를 가능성보다 높아 보인다. 이 대리는 20만 원에 팔았어야 되는데 팔지 못하고 15만 원이 됐으니 주당 5만 원씩, 25%를 손실 봤다고 생각했다. 다시 20만 원까지 오르면 팔아야겠다고 다짐했다.

이 사례에서 투자자 이 대리는 12만 원에 사서 15만 원이 됐으니 주당 3만 원씩, 25%의 수익을 얻었다. 그런데도 자신은 손실을 봤다고 생각한다. 지금 팔면 25%의 수익을 실현시켜 현금화할 수 있는데, 직전 고점인 20만 원이라는 숫자 때문에 팔지 못하는 비합리적인 결정을 한 것이다.

이때 20만 원이 이 대리의 '기준점'이 된 것이다. 기준점이란 판단의 기준이 되거나 어떤 근거가 되는 위치다. 매입을 기준으로 하면 이 투자의 기준점은 12만 원이지만, 이 대리의 기준점은 20만 원인 것이다. 투자할 때의 기준점은 보통 매입 가격이다. 하지만 투자자는 기준점을 이동시키면서 혼란스러워한다. 기준점이 20만 원이라고 생각하면 손해 보고 판다는 생각 때문에 매도하기 어렵지만, 12만 원이라고 생각하면 수익이 난 것이니 매도하기가 수월하다. 더욱이 앞으로 더 오를 가능성이 없다는 분석을 한 뒤라면 더욱 그렇다.

이렇게 어떤 수치에 집착하여 고착화되는 현상을 '기준점 효과'[40] 라고 한다. 애널리스트나 주식 전문가가 제시하는 목표 가격을 중요시하는 경우도 기준점 효과의 한 현상이다.

기준점 효과에서 '확증 편향'이 발생한다. 확증 편향이란 일단 의사나 태도를 결정하면 그것을 뒷받침할 정보만을 모아 반대 정보를 무시하거나, 이 정보를 자신의 의견이나 태도를 보강하는 정보로 해석하는 편향을 말한다. 확증 편향 때문에 사람들은 터무니없는 상관관계를 의심 없이 믿는다.[41] 실제 두 사건 사이에 아무런 상관이 없는데도 관련이 있다고 여기는 것을 심리학에서는 '착각 상관'이라고 한다.[42] 날씨와 주가를 연결시키기도 하고, 태양의 흑점이나 별자리를 주가와 연결시켜 설명하기도 한다.

전망 이론과 가치함수 : 사람은 변화에 반응한다

대기업에 다니는 김 과장은 연봉이 6천만 원에서 5천만 원으로 줄었다. 중소기업에 다니는 양 과장은 3천만 원에서 3천 3백만 원으로 늘었다. 이 경우 어느 쪽이 행복할까? 최종적인 부의 수준(연봉의 크기)이 중요하다면 김 과장이 더 행복하겠지만, 실제로는 양 과장이 더 행복해한다. 김 과장은 6천만 원, 양 과장은 3천만 원이 각자의 기준점이다. 기준점에서 플러스냐 마이너스냐가 만족의 크기(효용의 가치)를 결정한다.

'사람은 변화에 반응한다'는 것이 카너먼과 트버스키가 창시한 '전망 이론'[43]의 출발점이다. 전망 이론은 전통 경제학의 기대효용 이론[44]이 설명하지 못하는 부분을 설명할 수 있는 대체 이론으로 고안되었다.[45]

전망 이론의 핵심인 가치함수를 살펴보자. 평가의 기준이 되는 것을 기준점이라고 했다. [표 11]에서 세로축과 가로축이 만나는 원점이 기준점이다. 가로축에는 투자와 변화의 결과를 나타내며 우측이 이익액, 좌측이 손실액을 나타낸다. 세로축은 손익이 초래하는 가치로 원점에서 위쪽은 플러스, 아래쪽은 마이너스로 측정된다.(여

마법의 돈 굴리기

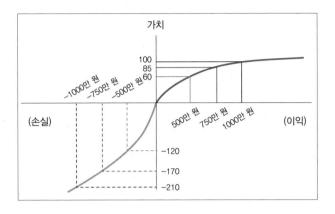

[표 11] 가치함수[46]

기서 말하는 가치(value)는 경제학에서 사용되는 '효용(utility)'을 뜻하며, 행복감이나 만족감으로 이

해해도 좋다)

가치함수는 3가지 특징이 있다.[47]

첫 번째 특성은 '기준점 의존성'이다. 가치는 기준점에서의 변화 또는 기준점과 비교하여 측정된다. 가치가 더해지거나 덜해지는 것은 부의 변화지, 절대량이 아니라는 것이다. 이 생각은 1990년에 노벨경제학상을 수상한 해리 마코위츠가 이미 1952년에 발표한 논문에서 주장한 내용이다. 그는 그 아이디어를 깊이 추구하지 않았고, 카너먼이 새 바람을 불러일으키기까지 경제학계에서 무시되고 있었다. 기준점은 다양한 관점에서 생각해볼 수 있다. 재산이나 건강에 대해서는 '현재의 상태'라고 볼 수 있고, 투자에 대해서는 매입 금액이 될 것이다. 김 과장과 양 과장의 예에서 본 것처럼 연봉의 크기 자체보다는 연봉이 늘고 줄어든 변화가 가치(만족도)에 영향을 준다는

것이다.

두 번째 특성은 '민감도 체감성'이다. 이익이나 손실의 가치가 작을 때는 변화에 민감하여 손익이 조금만 변해도 크게 느낀다. 그러나 이익이나 손실의 가치가 커짐에 따라 작은 변화에 가치의 민감도는 감소한다. 이런 특성이 '민감도 체감성'이다. 이 특성은 주류 경제학에서 가정하는 한계효용 체감의 법칙과 같은데, 손익의 한계가치가 체감하는 것을 의미한다. 예를 들어 [표 11]에서 오른쪽 윗부분을 보자. 500만 원에서 750만 원으로 250만 원이 늘었을 때는 가치가 60에서 85로 25만큼 늘었다. 그런데 750만 원에서 1,000만 원으로 갈 때도 똑같이 250만 원이 늘었지만 가치는 85에서 100으로 15만큼 늘었다. 금액을 재산이라고 보고 가치를 행복이라고 바꿔보면, 재산이 똑같이 250만 원이 늘었지만 원래 500만 원에서 시작한 사람과 750만 원에서 시작한 사람이 느끼는 행복감은 다르다.

세 번째 특성은 '손실 회피성'이다. 손실은 똑같은 금액의 이익보다도 훨씬 더 강하게 평가된다. 같은 액수의 손실과 이익이 있다면, 손실액으로 인한 불만족은 이익금이 가져다주는 만족보다 더 크게 느낀다는 뜻이다. [표 11]에서 보면 우측의 이익이 500만 원에서 750만 원으로 늘었을 때 느끼는 만족이 60에서 85로 25만큼 늘었다. 그런데 좌측의 손실이 500만 원에서 750만 원으로 커졌을 때는 불만족이 120에서 170으로 50만큼 커졌다. 즉 같은 크기 250만 원만큼 벌거나 잃은 건데, 벌었을 때의 만족이 25인 반면 잃었을 때는 그보다 큰 50만큼의 불만족이 생긴다는 것이다.

마법의 돈 굴리기

손실 회피 편향, 매몰 비용의 오류 : 비자발적 장기투자자

중국 펀드에 가입한 홍 차장은 아직도 30%나 손실이 났지만 3
년째 팔지 않고 있다. 지금 팔면 30%의 손실이 현실이 되지만,
당장 급한 돈도 아니고 계속 들고 있으면 언젠가 원금이 회복될
것이고 그때 환매할 생각이다.

주식 투자시장에는 '비자발적 장기투자자'라는 비아냥 섞인 단어
가 있다. 나름의 투자 전략이나 의도를 갖고 장기투자를 하는 게 아
니라, 손실을 인정하고 싶지 않거나 하락폭이 너무 커서 팔지 못하
고 계속 보유하는 현상을 말한다. '손실 회피 편향'과 '매몰 비용의
오류'에 의한 비합리적 판단의 대표적인 현상이다.

사례에서 홍 차장의 기준점은 펀드 가입 금액이다. 가입 금액은
회복해야겠다는 '본전 생각'과 당장의 손실을 피하고 싶은 심리 때문
에 팔지 못한다. 지금 팔고 가능성 있는 다른 투자 대상을 찾아보는
것이 합리적일 수 있는데도, 비이성적으로 판단하고 있는 것이다.
심리적으로 손실 가능성은 동일한 크기의 이익을 얻을 가능성보다
평균적으로 두 배나 강력한 영향력을 미친다는 손실 회피의 영향이
다.[48] 또한 어떤 일에 투자한 비용, 시간, 노력 등이 아까워서 더 큰
손해를 입을 확률이 커도 포기하지 못하는 매몰 비용의 오류 때문에
일어나는 현상이다. 경제적인 관점에서 이런 태도는 명백한 오류다.
실수를 깨달았다면 지금까지 얼마나 많은 돈, 시간, 노력이 들었든
당장 그만두는 것이 맞다.

홍 차장은 손실이 발생한 중국 펀드와 수익이 발생한 미국 펀드를 갖고 있었다. 이번에 10년째 타고 다니던 자동차를 바꾸려고 하니 돈이 부족해서 펀드 하나를 환매하려고 한다. 홍 차장은 어떤 펀드를 환매했을까?

두 펀드 중 하나를 팔아야 하는 상황에서 수익이 난 펀드를 팔려고 하는데 이것 역시 손실 회피 심리 때문이다.[49]

홍 차장이 당신에게 어느 펀드를 팔아야 할지 묻는다면 당신이 해야 하는 질문은 딱 하나다. 지금 그 두 펀드를 처음 알았다면 어느 쪽에 투자하겠는가? 여기서 선택되지 않은 펀드를 팔아야 한다. 돈을 잃었다는 이유만으로 끌어안고 있으면 안 된다. 그냥 두는 것도 손실이기 때문이다.

홍 차장은 사내 공모를 통해 해외 지사로 가게 되면서 몇 년 전 구입한 아파트를 처분해야 할 상황이었다. 구입할 때보다 매매가가 천만 원 정도 떨어졌다. 인테리어비로 2천만 원이 넘게 들었고, 가족과 생활했던 곳이라 애착이 많이 갔다. 떨어진 시세에 인테리어비까지 생각하니 3천만 원이나 손해 보는 기분이라 선뜻 팔기가 어려웠다. 결국 출국이 임박해서 급매로 팔게 되면서 시세보다 더 손해를 보게 됐다.

어떤 물건을 소유하면 사람들은 그 물건에 대한 가치를 높이 평

마법의 돈 굴리기

가하며 애착을 갖는다. 이를 '보유 효과'라고 한다. 보유 효과의 힘은 강력하다. 홍 차장처럼 이 효과 때문에 빨리 처분해야 하는 것을 처분하지 못하거나 너무 늦게 처분하게 되어 손해를 보는 경우가 많다. 보유 효과 역시 손실 회피 편향의 한 가지 형태다.

손실 회피 편향과 실수를 인정하고 싶지 않은 마음 때문에 우리는 지킬 수 있는 돈마저 날려 버린다. 손실이 주는 고통을 뒤로 미룬 것이다.

현상 유지 편향 : 귀차니즘

1990년 초 미국의 A주와 B주는 보험법을 개정하여 새로운 프로그램을 제시했다. 주민에게 두 가지의 자동차 보험 패키지 선택 기회가 주어졌다.

(1)자동차 사고 후 쌍방을 고소할 권리가 포함된 다소 비싼 보험

(2)법적 권리가 상대적으로 적은 다소 값싼 보험

A주 주민은 (1)번 보험, B주 주민은 (2)번 보험에 기본으로 가입했다. 보험 종류를 바꾸려면 기본 가입 보험에서 탈퇴해야 했다. 각 보험은 동일한 금전적 가치를 갖고 있다. 보다 비싼 보험에 가입했던 A주에서는 주민의 70%가 이를 선택했다. 이와 반대로 B주에서는 주민의 80%가 값싼 보험을 선택했다.[50]

손실 회피 편향에서 나오는 또 하나의 성향이 현상 유지 편향이

다. 사람들은 현재 상태에서 바뀌는 것을 싫어하는 경향이 있다. 현재 상황에서 변화를 시도하면 좋아질 가능성과 나빠질 가능성 두 가지가 생긴다. 이때 두 가지 가능성을 검토해보고 결정하는 것이 합리적이지만 손실 회피 심리가 발동하면서 현상 유지를 하고자 하는 마음이 강해진다.[51]

현상 유지 편향은 현재 상태에서 움직이려 하지 않는다는 의미에서 '관성'이 작용하고 있는 것이다. 관성은 물리적인 세계뿐만 아니라 심리나 사회적인 세계에서도 작용한다. 새뮤얼슨과 젝 하우저는 '현상 유지를 고집하는 기업의 관습에 따라 현직을 한 번 더 재임하려고 하고, 같은 브랜드의 상품을 사고, 같은 직장에 머무는' 사람들의 성향이 이런 관성과 결부되어 있다고 말한다. 이런 특징을 고려할 때 현상 유지 편향은 현재의 상태에 기준점(닻)을 내린 기준점 효과의 일종으로 볼 수도 있다. 사례에서 두 주의 주민 역시 이러한 현상 유지 편향 때문에 기본 가입된 보험에 남아 있는 것이다.

인지부조화 : 합리화하는 존재, 인간

심리학자 레온 페스팅거는 "인간은 합리적인 존재가 아니라 합리화하는 존재다"라고 주장했다. 페스팅거는 인간은 현실을 인정하지 않거나, 자신의 믿음에 맞춰 합리화함으로써 자신의 믿음이 옳다고 생각한다고 보았다. 그는 이 같은 내용의 '인지부조화' 이론을 1957년 〈예언이 틀렸을 때〉라는 논문에서 처음으로 언급했다.[52]

사람들은 새롭게 알게 된 정보가 기존에 알고 있던 정보와 상반될 때 심리적으로 불편함을 느낀다. 이를 심리학 용어로 인지부조화라고 한다. 이때 사람들은 심리적 안정감을 확보하기 위해 자신이 좋아하는 정보만 골라서 이를 선택적으로 인식하고 자신의 판단을 합리화한다. 투자자는 자신의 판단이 틀렸다는 것을 인정하는 데에서 오는 심리적 고통을 피하기 위해 상충되는 것들 사이에서도 일관성을 찾고자 한다.[53]

자존심을 유지하기 위해 자신의 실수로부터 교훈을 얻지 못한다는 것이 문제다. 두 가지 모순된 목적, 즉 자기 정당성과 실수의 인정에서 발생하는 부조화를 개선하기 위해서 투자자는 종종 자신의 실패를 잘못된 의사결정이 아니라 운이 나쁜 탓으로 돌리려 한다.

투자자는 자신이 잘못된 의사결정을 했다고 인정할 경우 겪게 될 정신적인 고통을 피하고자 하므로, 그렇지 않았다면 벌써 매도했을지도 모르는 주식을 계속 보유한다. 또한 투자자는 인지부조화 때문에 새로운 투자안의 객관성 및 합리성을 갖지 못한 채 자신의 초기 의사결정을 확신한 나머지 이미 하락한 주식에 추가해서 투자한다. 설상가상인 것이다. 투자자는 결국 '이번에는 다르다'는 믿음을 갖는다.

투자자가 증권 방송을 보거나 경제신문을 열심히 읽는 이유는 새로운 정보를 얻기 위해서이기도 하지만, 종종 자신이 믿고 있는 것을 확인하기 위해서다. 자신의 입맛에 맞지 않는 정보는 유리하게 해석하거나 무시하곤 한다.[54]

도박사의 오류 : 동전 던지기, 앞면인가 뒷면인가?

1913년 모나코 몬테카를로 보자르 카지노의 룰렛 게임에서 구슬이 20번 연속 검은색으로 떨어지는 일이 벌어졌다. 그러자 게임 참가자들은 이제 붉은색에 구슬이 떨어질 차례라고 확신하며 붉은색에 돈을 걸었다. 그러나 구슬은 26번째에도 검은색에 떨어졌다. 많은 도박꾼이 돈을 잃은 이 사건에서 '몬테카를로의 오류'라는 말이 생겨났다. 이처럼 각각의 시도는 확률적으로 독립되어 있는데, 앞의 결과가 다음 시도에 영향을 미칠 것으로 착각하는 것을 '도박사의 오류'라고 한다.[55]

또 다른 예를 들어보자. 동전의 앞뒷면을 맞추는 내기를 했다고 하자. 동전 던지기를 5번 했는데 연속으로 앞면이 나왔고 이제 돈을 걸 차례다. 계속 앞면이 나왔으니 또 앞면이 나올 거라고 생각하는가? 아니면 계속 앞면만 나왔으니 이제 뒷면이 나올 때가 됐다고 생각하는가? 이 문제의 답은 역시나 앞이나 뒤가 나올 확률이 반반이다. 하지만 앞서 5번의 동전 던지기의 결과 때문에 다른 판단을 하는 것이다. 만약 동전을 만 번 던졌다면 앞면과 뒷면의 숫자가 각각 50%에 가깝게 나왔을 것이다. 이 역시 소수의 법칙의 예로써 5번이라는 작은 실험의 결과가 전체 결과를 대표하는 것으로 오해하게 하는 것이다.

마법의 돈 굴리기

유용성 편향 : 경험한 대로

유용성 편향은 일상생활 중에 나타나는 수많은 결과가 얼마나 친숙한지에 기초하여 그 확률을 추정하는 경험의 법칙, 또는 심리적 지름길이라고 할 수 있다. 이해하기 어렵거나 상상하기 곤란한 향후 전망보다는 과거에 경험한 확률 등을 쉽게 생각해낸다. 예를 들어 항공기 사고보다 상어의 공격에 더 많은 사람이 죽을 것이라고 생각하는 것이다. 그러나 실제로는 항공기 사고가 상어 공격보다 확률이 30배나 높다.[56]

코넬 대학의 크리스토퍼 가다로브스키는 2001년에 주가 수익률과 언론 보도의 관계에 관한 연구를 발표했다. 그는 언론 보도에 많이 나온 주식의 경우, 뉴스에 소개되고부터 2년 후까지 시장 수익에 비해 낮은 성과를 보인다는 것을 밝혀냈다.[57]

2002년 테런스 오딘과 브래드 바버는 투자자가 매수할 주식을 어떻게 선택하는지 연구했다. 투자자는 주목을 끄는 주식을 매입한다는 가정 아래 연구가 진행되었다. 오딘과 바버에 의하면 개인 투자자는 사람들의 시선을 많이 집중시킨 주식을 매입하는 경향이 있고, 반면 기관 투자자(펀드매니저)는 이목에 기초하여 주식을 매입하지 않는 것으로 나타났다. 이들에게는 시간과 정보가 상대적으로 많기 때문에 수많은 주식을 끊임없이 살펴볼 수 있고, 그만큼 이목을 끄는 주식에만 매달리지 않을 수 있다. 이 연구에서 보다 중요한 발견은 관심을 끄는 주식의 성과가 시장의 평균 수익보다 낮았다는 점이다. 매일 발간되는 뉴스 정보가 항상 유용한 것은 아니다.[58]

생존자 편향 : 살아남는 자가 강한 자?

할리우드 영화 〈캐리비안의 해적〉 시리즈의 5번째 작품의 부제는 '죽은 자는 말이 없다'다. 죽은 자만 말이 없는 게 아니다. 실패자도 말이 없는 법이다. 투자든 사업이든 실패자를 찾기가 어렵다. 실패자는 말을 하지 않기 때문이다. 실패 사례보다는 성공 사례를 더 많이 접할 수 있다. 마케팅 회사와 언론은 다양한 성공 사례를 찾아내어 기사와 광고에 이용한다. 미담으로 보고 넘길 수도 있지만, 성공 위주의 내용만 접하면 잘못된 판단을 할 가능성이 높다.

생존자 편향은 실패한 사람을 찾아보기 어렵고, 주변에 생존자만 보이기 때문에 생기는 편향을 말한다. 성공 사례를 일반화하는 오류에 빠져 잘못된 판단을 내리게 된다. 생존자 편향은 '낙관주의 편향'과 '과신 오류'를 일으키는 원인이 되기도 한다.

금융 투자의 실패 요인 중 하나도 바로 '생존자 편향'이다. 주식이나 부동산 투자로 큰 성공을 거둔 이들이 책을 쓰고 강연을 다닌다. 이들의 성공 신화를 접한 투자자는 제대로 된 준비 없이 막연히 그들의 성공 방정식을 따라한다. 위험 분석 없이 급등주나 테마주에 투자하고, 빌라와 신규 택지에 무턱대고 투자한다. 이런 투자자의 특성을 이용해 돈벌이를 하고 사기를 치는 경우도 종종 있다.[59]

많은 펀드 가운데 운용 실적이 나빠 퇴출된 펀드는 보이지 않기 때문에 남아 있는 펀드의 수익률이 좋아 보이는 것 역시 생존자 편향의 한 예다.

군중 심리와 편승 효과 : 남들 하는 대로

과거를 배경으로 하는 드라마나 영화를 보면 서커스단이 어느 마을에 왔을 때, 악단을 태운 마차가 떠들썩하게 거리를 지나가면 한두 사람이 마차를 뒤따르기 시작한다. 마차를 따르는 사람이 많아질수록 더 많은 사람이 동참하고 무리는 점점 커진다. 이런 현상을 '편승 효과'라고 한다. 이 용어는 주로 집단행동이 사람의 행동에 영향을 미치는 현상을 설명할 때 쓰인다. 편승 효과는 군중 심리의 대표적인 현상이다. 군중 심리란 한마디로 '다수를 따르는 게 유리하다'고 보는 것이다.

이렇듯 다른 사람의 행동을 따라하는 이유는 무엇일까?

먼저 무리에 속해 있을 때 얻어지는 안정감 때문이다. 이는 인류의 역사가 시작될 때부터 내려온 본능이다. 수백만 년 전 인간이 무리를 벗어난다는 것은 곧 죽음을 의미했다. 혼자가 되면 야생 동물이나 적대 세력에게 쉽게 표적이 된다. 집단행동이 일어나는 두 번째 이유는 집단에 속한 사람의 정보에 영향을 받기 때문이다. 손님이 많은 음식점을 선택하거나, 유행하는 브랜드의 옷을 구입하거나 하는 등 다수의 행동을 살펴 그 행동을 믿고 따라하는 전략은 편리하면서 합리적인 듯하다. 집단행동의 세 번째 이유는 정보를 대하는 사람들의 태도 때문이다. 사람들은 자신이 듣고 싶어 하는 내용만을 들으려고 한다. 증권 방송을 보거나 투자 관련 잡지를 읽으며 자신이 현재 증권 시장이 어떻게 돌아가는지, 앞으로 어느 기업이 떠오를지 잘 알고 있다고 믿는다.[60]

투자자의 군중 심리에 따른 편승 효과는 투자시장에서 더욱 많이 발생한다. 거주용 부동산을 구입할 때, 많은 사람이 본인의 현재 상황에 따라 결정하기보다 다른 사람의 분위기를 먼저 살핀다. 집값이 올라가고 있거나 주변 사람이 하나둘 집을 장만한다는 소식이 들리면 구입 쪽으로 마음을 굳히는 식이다.

이런 현상은 주식시장에서도 자주 나타난다. 거주용 부동산의 경우 매매 금액도 많고, 이사하는 게 쉽지 않아 마음이 움직였다고 해도 실행하기가 어렵다. 하지만 주식시장은 사고파는 방법이 부동산에 비해 훨씬 쉽다. 투자자는 자신의 투자 철학에 따라 주식을 매매하기보다 주변의 분위기에 휩쓸린다.

경제학자 케인스는 주식 투자를 '미인 선발 대회'에 비유했다. 미인 선발 대회를 열어 100명의 후보 사진 가운데 6명의 미인을 투표로 선정하기로 했다고 치자. 케인스는 사람들이 자신이 가장 예쁘다고 여기는 미인을 선택하기보다 많은 사람이 아름답다고 생각할 후보를 고를 것이라고 답했다. 왜냐하면 자신이 고른 미인을 다른 심사위원이 고르지 않았을 때 자신의 심사 능력이 떨어진다거나 불공정하게 평가했다는 비판을 받을 수 있기 때문이다. 주식시장에서도 내가 선택한 주식(미인)이 다른 사람에게서 소외된다면 그 주식의 가격은 오르지 않을 것이고, 결과적으로 투자에 실패한 것이 될 것이다. 다른 사람이 고를 만한 주식(미인)에 투자해야 다른 이들이 매수하려고 모일 때 가격이 올라간다는 말이다.

투자시장의 역사에서 이런 현상은 반복되어 왔다. 1990년대 말

마법의 돈 굴리기

IT 버블 당시 인터넷 관련주에 대한 투자가 그러했고, 2000년대 중반 펀드 광풍이 그러했다. 군중 심리와 편승 효과 때문에 주식시장에 거품이 반복되고, 거품의 크기가 더 커진다.

최근성 편향 : 최신 정보라면

집안일을 마친 주부 정 여사는 TV 홈쇼핑 프로그램을 보고 있었다. 우아한 드레스와 멋진 정장을 차려 입은 쇼 호스트가 진열된 골드바에 대해 설명한다. 순도를 보장한다는 보증서도 보여주며, 최근 3개월 수익률이 5%가 넘었다고 한다. 연 수익률로 단순 계산해도 20%의 수익률이라고 설명한다. 그렇지 않아도 지난달에 만기가 된 예금을 굴릴 곳이 없어 고민하던 정 여사는 최근 수익률이 좋다고 하니 골드바를 매입하고 싶어졌다. 홈쇼핑으로 전화를 걸고 있는 정 여사. 금값은 오를까, 내릴까?

최근성 편향은 지난 과거에 발생한 사건이나 관찰 결과보다 최근의 것을 훨씬 두드러지게 기억해내는 인지 성향을 말한다. 최근성 편향은 단기 기억의 결과다. 투자자 사이에서 최근성 편향의 가장 나쁜 영향 중 하나는 펀드의 성과를 잘못 사용하는 데에 있다. 최근 우수한 성과를 달성한 펀드에 맹목적으로 매력을 느낀다.[61]

최근성 편향은 주식시장이 활황일 때 만연하는 투자 분위기다. 많은 투자자는 시장 상황이 정점에 있는 동안 이 상황이 영원히 계속되어 막대한 수익을 달성할 것이라고 상상하곤 한다. 이들은 하락장이 나타날 수도 있다는 사실을 간과한다. 투자자들, 특히 단기 기억에 기초하여 투자 의사결정을 내리는 투자자는 가까운 과거의 역사가 스스로 반복하여 이어지기를 원한다. 이들은 최근의 경험으로부터 수집된 정보가 미래의 수익에 반영될 수 있다고 생각한다. 더욱이 그릇된 자신감으로 과도한 투자를 진행하는 등의 오류를 범한다.

반대의 경우도 최근성 편향이 나타난다. 주가가 급락하면 투자자는 주식에서 돈을 빼서 원금 보장 상품을 선택하곤 한다. 이는 마치 비 온 뒤 하늘이 개기 시작할 때 우산을 사는 것과 같다. 인간의 뇌는 최신 정보와 충격적인 정보에 더 큰 영향을 받는다. 그래서 주가 하락과 금융위기 등을 겪으면 더 큰 위험이 닥칠 것으로 과대평가한다. 주식시장을 장기적으로 보면 급격한 하락 후에 상승하여 반등했으나, 거기까지 생각이 미치지 못하는 것이다. 이는 대부분의 사람이 동일하게 겪는 문제다.[62]

베버-페히너의 법칙 : 이사 갈 때 살림도 바꿔야?

결혼 10년차인 김 차장은 전세와 월세를 전전하다 최근 집을 사기로 했다. 몇 달간의 조사 끝에 큰아이가 입학할 초등학교가 가깝고, 아내의 생활이 편리하고, 본인이 출퇴근하기에 적당한 위치의 아파트를 선택했다. 부담스러운 금액이었지만 장기로 대출받아 겨우 살 수 있었다. 그런데 알뜰하던 아내가 이사하는 김에 오래된 살림을 바꾸고 싶다는 것이다. 냉동실에 자꾸 문제가 생기는 냉장고, 낡아서 시끄러운 세탁기, 2인용이던 작은 식탁 등을 바꿨으면 한다. 거기에 새집에 걸맞은 소파도 하나 샀으면 했다. 물론 김 차장도 오래된 작은 TV 대신 대화면의 최신형으로 바꾸고 싶긴 했다. 그런데 집 사는 것도 겨우 대출받았는데, 이것저것 살림을 바꾸자니 새로 수백만 원은 더 대출받아야 할 지경이다.

집을 사거나 이사를 해본 사람이라면 직간접적으로 경험해봤을 만한 사례다. 평소라면 아주 꼼꼼하게 성능과 가격을 비교해보고 구입할 만한 값비싼 물건을, 신혼살림을 장만하거나 이사를 할 때면 너무 쉽게 결정한다. 수천만 원에서 수억 원인 집값에 비하면 상대적으로 아주 작은 금액으로 느껴지는 것이다.

사람들이 이렇게 행동하는 것을 '베버-페히너의 법칙'이라고 한다. 독일의 학자 에른스트 하인리히 베버와 구트타프 페히너의 이름을 딴 법칙으로, 자극의 강도와 사람의 감각 사이에는 일정한 비례 관계가 존재한다는 것을 설명한다. 자극이 강할수록 자극의 변화를 느끼려면 변화의 차이가 커야 한다. 예를 들어 양초가 10개 켜 있는 방에 1개를 더 켜면 방이 환해졌다고 느낀다. 그런데 양초 100개가 켜 있는 방에 1개를 더 켜면 아무런 차이를 느끼지 못한다. 인간의 감각에 영향을 미치는 외부 자극의 강도는 절대적인 것이 아니라

상대적인 것이다.[63]

'베버-페히너의 법칙'은 우리를 부자가 되지 못하게 막는 걸림돌이다. '얼마 되지 않는데!'라는 생각이야말로 최악의 생활비 파괴자다. 특히 이런 현상은 우리가 큰돈을 쓸 때 어김없이 나타나 고생해서 번 돈을 쥐도 새도 모르게 없애 버린다. 스마트폰을 살 때도 마찬가지다. 보험뿐 아니라 액정 보호 필름이나 케이스를 사는 데에 스마트폰 가격의 10분의 1에 가까운 돈을 쓰는 사람도 많다. 그다지 쓸모도 없고 비싸기만 한 보험이나 액세서리에 돈을 쓰는 이유는 무엇일까? 이미 큰돈을 썼기 때문이다. 방금 100만 원짜리 물건을 산 사람에게 몇 만 원은 푼돈으로 보이는 것이다. 그래서 휴대폰 케이스 같은 액세서리에 비싸다는 느낌이 들지 않고 고민 없이 돈을 쓰게 된다.

〈부자들의 생각법〉의 저자 하노 벡은 이런 지출을 막을 수 있는 방법으로 '망설임 전략'을 제시한다. 큰돈을 썼으면 그와 관련한 지출은 일단 며칠 뒤로 미루라는 것이다.

마법의 돈 굴리기

2 나도 모르는 뇌의 활동

행동경제학자들은 사람들이 자주 비합리적이고 비이성적으로 행동한다고 말한다. 많은 실험과 연구 결과가 이를 입증한다. 사람들은 왜 그렇게 판단하고 행동할까? 어쩌면 뇌의 움직임 때문은 아닐까?

2개의 뇌

공책과 연필을 샀는데 합계 1,100원으로 공책이 연필보다 1,000원 비쌌다. 연필은 얼마인가? 5초 이내에 빨리 답하라.

연필이 100원인가?

이 문제는 천천히 생각해보거나 중학생 때 기억을 더듬어 방정식으로 풀어보면 어렵지 않다. 핵심은 '5초 이내에 빨리' 답을 하라는 것이다. 이처럼 짧은 시간에 답을 하려고 할 때와 천천히 생각할 시간이 있을 때 다른 답이 나오는 경험을 해본 적이 있을 것이다. 왜 그럴까?

뇌에는 정보를 처리하는 시스템이 2개로 나누어져 있다. 즉각적이고 본능적으로 처리하는 부분(시스템 I)과 심사숙고하는 부분(시스템 II)이다. 처음 생각했던 답 '100원'은 시스템 I 이 제출한 답안지였다. 자 이제 시간을 갖고 곰곰이 생각해보자. 시스템 II 는 어떤 답을 주는가? '50원'이라는 답변이 나왔다면 정답이다.[64] 정답이 중요한 건 아니다. 뇌 안에 2가지 시스템이 존재한다는 것, 각각 다른 답을 준다는 것을 기억하자.

도모노 노리오 교수의 책 〈행동경제학〉에서 옮겨온 내용으로 좀 더 자세히 살펴보자.

인간의 정보처리 프로세스는 직감적 부분과 분석적 부분이라는 2가지 형태로 형성돼 있다. … 이중 프로세스란 인간이 지닌 2개의 정보처리 시스템을 가리킨다. 하나는 직감적, 연상적, 신속, 자동적, 감정적, 병렬처리, 노력이 들지 않는다는 등의 특징을 갖고 있는 시스템이다. 이를 시스템 I 이라 부른다. 다른 하나는 분석적, 통계적, 직렬처리, 규칙 지배적, 노력을 필요로 한다는 등의 특징으로 대표되는 시스템으로 시스템 II 라 한다. 시스템 I 은 일반적으로 포괄적인 대상에 적용하는 시스템이며, 인간과 동물 양쪽 모두 갖고 있다. 시스템 II 는 시스템 I 보다 훨

마법의 돈 굴리기

씬 늦게 진화한 인간 고유의 시스템이라 할 수 있다. 주류 경제학이 전제로 하는 경제적 인간이란 시스템Ⅱ만을 갖춘 인간이라 할 수 있다. 그것도 초고성능의 시스템Ⅱ를 갖춘 인간 말이다.

도모노 교수는 운전을 하는 사람이라면 누구나 쉽게 이해할 수 있는 설명을 덧붙였다.

처리 방법 역시 어느 한쪽 시스템에 고정되어 있는 것은 아니다. 예를 들면 운전할 때 초보자는 동작 하나하나를 확인하면서 운전하는 것처럼 시스템Ⅱ가 항상 발동한다. 그러나 운전이 익숙해지면 많은 동작이 무의식적이고 자동적으로 추진된다. 즉 시스템Ⅱ에서 시스템Ⅰ로 처리가 넘어가게 된다.

처음 운전을 배울 때 차선 변경을 하려면 전방의 차량 움직임을 보면서 사이드미러로 좌우측 도로의 상태도 살피고, 백미러로 후방에 뒤따라오는 차량이 있는지 살펴야 한다. 동시에 깜빡이를 켜고 핸들을 조작한다. 이때 동승자가 말을 건넨다거나 휴대폰이 울리면 등에 식은땀이 흐르면서 아찔해진다. 아마 초보운전 시절을 겪어본 사람이라면 공감할 수 있을 것이다. 그러다가 운전이 능숙해지면 어느 순간 자기도 모르는 사이 자동으로 이 모든 일을 해낸다. 이미 내 운전은 시스템Ⅱ에서 시스템Ⅰ로 처리가 넘어간 것이다. 아직도 운전이 어렵고 힘들다면 다음 구절이 참고가 될 것이다.

스포츠나 장인의 기술은 몸소 익히지 않으면 안 된다. 이 말은 시스템Ⅱ에서 자동으로 시스템Ⅰ로 넘어갈 수 있을 만큼 연습이 필요하다는 의미다.

그저 연습만이 답인 듯하다.

다시 연필이 얼마인지 물었던 처음 질문으로 돌아가자. 많은 이들이 처음 생각한 것은 '100원'이라는 틀린 답이다. 곰곰이 생각해보면 '50원'이라는 정답을 찾아낼 수 있다. 시스템Ⅰ이 급하게 내린 답이 틀렸음을 시스템Ⅱ가 바로 잡아주었다.

시스템Ⅱ의 중요한 역할 중 하나는 시스템Ⅰ을 관찰하는 것이다. 시스템Ⅰ이 신속하게 결정한 것을 감시하고, 그것을 승인하거나 수정하거나 변경하기도 한다. 쇼핑을 가서 처음 고른 옷이 쇼핑센터를 한 바퀴 돌고 나면 마음에 들지 않거나 더 나은 옷으로 대체되는 경험을 해본 적이 있을 것이다. 직감적으로 뭔가를 선택하고 나서 시간이 지난 후 변경하는 일은 일상에서 종종 일어난다.

그렇다고 해서 시스템Ⅱ가 더 낫다고 말할 수 있는 것은 아니다. 운전 중에 갑자기 옆 차선에서 뭔가 내 차선으로 확 들어왔다. 이때 시스템Ⅱ가 움직였다면 먼저 들어온 게 무엇인지, 어떤 차량이 어떤 상황에서 들어왔는지를 파악하고, 어떻게 대처하는 게 최선일지를 따져볼 것이다. 판단하는 사이 추돌사고가 날 가능성이 높다. 반면 같은 상황에서 시스템Ⅰ은 검은 그림자의 정체가 느껴지자마자 반대쪽 차선으로 핸들을 돌려서 위험을 먼저 피할 것이다. 이렇게 시

마법의 돈 굴리기

스템Ⅰ의 도움으로 위험을 피할 수 있다. 시스템Ⅰ과 시스템Ⅱ는 어느 것이 더 우수하다고 말하긴 어렵다. 다만 우리의 의지가 반영되는 시스템Ⅱ를 이용하여 시스템Ⅰ이 잘못 판단하는 경우를 점검하고 체크해야 한다.

주식 투자를 하는 사람을 보면 냉철하게 기업을 분석하거나, 합리적으로 경제 상황을 판단한다. 기술적 분석가의 경우 차트를 분석하고 그 결과에 따른다. 그들은 사전에 정해놓은 매매 규칙에 따라 사고판다. 가치투자자 역시 기업의 가치를 분석하고 저평가된 주식을 산 후 가격이 올라가기를 기다린다. 뇌의 시스템Ⅱ를 이용하는 것이다. 이렇게 가정하는 것이 전통 경제학에서 얘기하는 이성적이고 합리적인 인간이다. 하지만 앞서 살펴보았던 행동경제학의 사례처럼 인간은 비이성적이고 비합리적인 결정을 하고 있다. 시스템Ⅰ이 자기도 모르는 사이에 작동하고 있는 것이다. 내 의사와 상관없이 주식을 사고팔아 돈을 잃게 만든다.

도마뱀의 뇌를 봉인하라

아스피린을 하루에 한 알씩 먹으면 피를 묽게 하여 특히 남성의 심장 발작 위험을 줄여준다고 한다. 그렇다면 왜 우리 몸은 정확한 점성도를 가진 혈액을 생산하지 않는 것일까? 그 이유는 '진한' 피가 상처를 빨리 회복시키기 때문이다. 우리의 조상은 자주 상처를 입어야 했고, 대부분 심장병을 걱정할 필요가 없는 아주 젊은 나이에 생을 끝마쳤다. 우리의 피는 자주 상처를 입고 젊은 나이에 죽었던 고대의 환경으로부터 우리를 보호하도록 만들어졌기 때문에 아주 진하다. … 신체처럼 우리의 두뇌 또한 우리 조상이 살던 세상에 맞추어져 있다. 특히 우리의 도마뱀의 뇌는 식량을 성공적으로 찾아 돌아다니게 하고, 그래서 성공했던 행동을 반복하게 하는 과거 지향적인 체계를 갖고 있다. 이런 두뇌 덕에 우리의 조상은 생존하고 번식했지만, 이러한 과거 지향적인 결정은 현대의 금융시장에서는 유효하지 않다. 결국 도마뱀의 뇌 때문에 우리는 시장이 고점일 때 사고, 저점에서 파는 것이다.

〈비열한 시장과 도마뱀의 뇌〉의 일부분이다. 이 책의 저자 테리 번햄은 위의 내용처럼 피의 점성도를 예로 들어 시장과 환경의 변화를 신체가 따라오지 못했으며, 뇌도 따라오지 못했다고 주장한다.[65]

우리의 뇌는 현대 사회를 살아가는 데에 적합하도록 설계되어 있지 않다. 그래서 우리는 금융시장의 흐름과 정반대로 움직이려고 하며, 잘못된 판단으로 투자 기회를 놓치곤 한다. 돈을 벌기 위해서는 돈을 잃게 만드는 우리의 뇌를 이해해야 한다. 우리의 뇌는 조상이 열매를 수집하고, 동물을 사냥하고, 거처를 찾는 데에 유용했지만 시장을 항해하는 데는 오히려 방해가 되곤 한다. 테리 번햄은 이런 인간의 뇌를 '도마뱀의 뇌'라 부른다.

그는 인간의 뇌를 전두엽 피질과 도마뱀의 뇌로 구분한다. 뇌의

마법의 돈 굴리기

구조를 단순화시켜 설명하여 이해를 높이고자 한 것이다. 사람들이 추상적으로 인식하는 것들은 대부분 전두엽 피질에서 일어난다. 사람의 행동에 영향을 미치지만 덜 인지되고, 덜 추상적인 정신 영역을 도마뱀의 뇌라고 한다. 도마뱀의 뇌로 인해 사람들이 비이성적이고 비합리적인 행동을 한다는 것이다.

최근 몇 년간 학자들은 조상에게서 물려받은 환경과 우리가 현재 살고 있는 세계와의 차이를 이해할 때 인간의 비합리성이 설명된다는 사실을 증명했다. 한 예로 대부분의 사람이 건강에 나쁜 음식을 즐긴다. 왜 우리는 건강에 좋은 음식에서 기쁨을 누리지 못하는 걸까? 어떤 연구자는 우리 조상이 칼로리와 지방질이 모자라는 환경에서 살았다는 점을 지적한다. 그리고 칼로리와 지방 함유량이 높은 음식을 상대적으로 많이 섭취했던 조상이 경쟁자보다 잘 생존하고 번식할 수 있었다고 주장한다. 그러나 현대 사회에서 그런 식의 식생활은 더 이상 유효하지 않다. 포화 지방은 심장병을 야기한다. 그럼에도 불구하고 우리는 여전히 우리에게 이로운 음식이 아니라, 조상에게나 이로웠던 음식을 먹는 것에서 기쁨을 느낀다.

앞에서 얘기한 '시스템 I, 시스템 II'와 '도마뱀의 뇌, 전두엽 피질'은 아주 유사한 개념이다. 신경경제학에서 가져온 개념으로, 신경경제학은 비이성적인 인간 행동의 원인을 뇌를 통해 알아보는 학문이다.

신경경제학

신경경제학은 1994년 노벨경제학상을 수상하고 내쉬 균형을 발표한 존 내쉬 교수에게서 비롯되었다. 이후 내쉬의 후계자들은 인간이 비이성적인 결정을 내리는 원인을 찾기 위해 실험경제학을 발전시켰고, 한 걸음 더 나아가 신경경제학을 태동시켰다.

전통경제학은 인간을 합리적이고 이성적이라고 가정하고 자신의 이익을 극대화하도록 선택하는 경제 활동 주체로 간주했다. 하지만 신경경제학은 이 이론에 반하는 인간의 비합리적인 행동양식을 설명하기 위해 출발한 새로운 학문이다. 또한 신경경제학은 인간의 두뇌 활동을 연구하는 학문이다. 따라서 신경경제학자는 뇌가 의사결정에 미치는 영향과 사람들이 위험과 보상 사이를 어떻게 계산하여 선택에 이르는지 다양한 의사결정 과정을 신경생물학적으로 접근한다.[66]

기존의 경제학은 뇌를 '블랙박스'로 취급해왔다. 무엇인가 입력되면 무엇인가가 출력되지만 그 과정에 대해서는 묻지 않는다는 의미다. 컴퓨터를 사용하면서 그 안에 들어 있는 소프트웨어나 하드웨어가 어떻게 운영되는지 모르고 사용하는 것과 같다. 뇌라는 블랙박스를 열어 안을 보려는 것이 신경과학이고, 그 방법에 의지하는 것이 신경경제학의 특징이다. 행동경제학자도 신경경제학 연구에 참여하고 있으며, 많은 연구가 경제학자, 심리학자, 신경과학자 등의 공동연구에 의해 이루어지고 있다.[67]

신경경제학은 fMRI 같은 뇌 영상 장치뿐 아니라 뇌파, 호흡, 피

마법의 돈 굴리기

부, 얼굴 근육의 미세한 움직임 등 인체의 생리 현상을 분석해 두뇌 활동이 의사결정에 미치는 영향을 탐구한다. 신경경제학에 의해 밝혀지고 있는 영역은 주로 효용(보상), 불확실성 아래에서의 선택, 시간 선호, 협력 행동 등 행동경제학이 관심을 가져온 분야다.

'이익을 기대할 때'와 실제로 '이익을 얻을 때' 뇌의 다른 부위가 활성화된다. 측좌핵은 이익을 기대할 때 활성화되지만 손실을 예측할 때는 그렇지 않다.[68] 행동경제학 이론에서 사람은 이익과 손실에 대해 다르게 반응한다고 하는데, 그 원인이 뇌의 활동에 의한 것이라는 추측을 가능하게 한다.

뇌의 활동과 인간의 판단의 상관관계를 찾는 건 아주 어렵고 오래 걸릴 수 있다. 다만 행동경제학에서 밝혀낸 비이성적이고 비합리적인 인간의 행동이 뇌의 활동에 의한 것일 수 있다는 가능성이 중요하다. 즉 일부의 사람에게만 나타나거나 특정 시기에만 나타나는 것이 아니고, 보편적으로 모든 사람에게 나타날 수 있으며 그들의 돈을 잃게 할 수 있으니 늘 관심을 갖고 살펴봐야 한다는 것이다.

3 비효율적으로 움직이는 시장

인간의 행동은 심리적 편향에 좌우되어 자주 비이성적이고 비합리적인 경향을 보인다. 신경경제학자의 주장대로 심리적 편향의 원인은 뇌의 활동에 있을지도 모르겠다. 이런 비합리적인 투자자가 활동하는 투자시장은 어떨까? 시장은 합리적이고 효율적일까? 앞서 '지피지기면 백전불태'가 '자신'과 '상대편'을 잘 알면 백 번 싸워도 위태로울 것이 없다는 뜻이라고 얘기했다. 이제 투자자 '자신'에 대해서는 좀 알게 된 것 같다. 우리 혹은 우리의 투자를 위태롭게 하는 '상대편'인 투자시장을 알아보자.

효율적 시장 가설

효율적 시장 가설이란, 시장에 거래되는 가격은 모든 정보를 반영하기 때문에 시장은 효율적이며 저절로 최적의 균형 상태에 이른

마법의 돈 굴리기

다는 내용이다. 이 가설은 1960년대 이후 40여 년간 주류 경제학 분야에서 중요한 이론 중의 하나로 다뤄져 왔다.

하지만 시장이 효율적이라는 이 가설은 인간이 이성적이고 합리적이라는 가정만큼이나 잘 맞지 않는다. 워렌 버핏은 "시장이 '심심치 않게' 효율적인 양상을 보일 뿐인데, 시장주의자들은 '항상' 효율적이라고 주장한다"고 공격했다. 조지 소로스도 "난해한 방정식을 동원하는 효율적 시장론자들은 근대 이성에 근거한 학자라기보다 '바늘 끝에 천사 몇 명이 올라설 수 있는가'를 계산하는 중세 스콜라 학자와 닮았다"고 비판했다.[69]

시장은 때때로 효율적일지도 모른다. 하지만 습관처럼 호황과 불황을 반복하고 파괴적인 모습으로 경기를 변화시키기 일쑤다. 이러한 사례는 우리 주위에 널려 있다. 예를 들어 금융시장의 거품은 투자 역사 속의 여러 장소와 시간에 나타난다. 금융시장의 거품 현상 중 가장 유명한 사례는 17세기 네덜란드의 튤립 투기 현상이었다. 1635년 투기 열풍 속에서 튤립 가격은 암스테르담의 멋진 집 한 채 값보다 비쌌다.[70] 최근의 사례로는 2000년 초반 IT 버블로 인한 증시의 급등락과 2008년 금융위기 때 보았던 세계적인 부동산 가격 거품과 파생상품 시장의 과열 등을 들 수 있다.

시장이 효율적이냐 아니냐는 학계의 학자들 사이에서도 논쟁이 지속되고 있다. 효율적이라고 주장하는 쪽에서는 장기적으로 자산 가격이 평균에 수렴한다고 주장하기도 한다. 자산 가격은 본연의 가치에 비해 지나치게 상승했다가 급작스레 폭락하고 다시 상승하는 과정이 반복되면서 장기적인 평균에 수렴하기도 한다. 어떤 자산은 수년 혹은 그 이상의 기간 동안 매우 싸거나(저평가) 아주 비싼(고평가) 상태를 유지한다. 어느 순간 시장이 바뀌면서 제값(장기 평균)을 찾아간다. 이런 모습을 효율적이라고 주장한다면 꽤나 '길고', '거친' 효율이라고 할 수 있겠다.

반복되는 금융위기

시장의 비효율적인 모습은 자산 가격에 거품이 형성되고 또 붕괴되면서 나타나는데, 이를 금융위기라고도 부른다. 수백 년의 금융시장 역사에서 금융위기의 모습은 놀랍도록 비슷하다. 영어권 속담에 '역사는 반복된다'는 말이 있다. 금융위기의 역사 또한 반복된다. 위기의 모습은 똑같지 않더라도 상당히 비슷한 구조로 그려진다. 금융에서 역사의 반복은 사람들이 역사 속에서 배우지 않아서일 수도 있고 돈에 대한 인간의 탐욕이나 본성이 변하지 않기 때문일 수도 있다. 생존과 관계된 어떤 것이 인간의 두뇌나 유전자 어딘가에 새겨져 있어서 비슷한 행동을 반복하는 것일지도 모르겠다.

찰스 킨들버거가 〈광기, 패닉, 붕괴─금융위기의 역사〉에서 세계 10대 금융 버블로 꼽은 나라와 시기는 다음과 같다. 1636년 네덜란드 튤립 버블, 1720년 프랑스 미시시피 회사 버블, 1720년 영국 남해회사 버블, 1927~1929년 미국 대공황 시기의 주식 버블, 1970년대 멕시코 등 개발도상국에 대한 은행 여신 급증, 1985~1989년 일본 부동산 및 주식 버블, 1985~1989년 북유럽 3개국의 부동산 및 주식 버블, 1992~1997년 동남아 부동산 및 주식 버블, 1990~1993년 멕시코에 대한 외국인 투자 급증, 1995~2000년 미국 나스닥 주식 버블.[71]

그가 책의 개정판을 낸다면 2008년 미국에서 시작된 글로벌 금융 위기가 또 하나의 사례로 추가될 것이다.

튤립 광란 사태는 거품 경제의 원조 격이며, 거품의 형성과 붕괴의 역사를 다룰 때 늘 첫손에 꼽힌다. 튤립은 '모자이크 바이러스'에 감염되면 꽃 색깔에 변형이 일어나는데, 이런 희귀 튤립의 뿌리는 매우 높은 가격에 거래됐다. 희귀 뿌리의 수요에 비해 공급이 턱없이 부족해서 사람들의 소유 욕망을 더욱 자극했다. 1600년대 네덜란드 상류층은 이것을 자신들만의 독특한 징표로 삼았는데, 시간이 지나자 일반 귀족과 평민 사이에도 모방 소비가 일기 시작했다. 거품 형성의 시작이었다. 튤립 버블이 최고조에 이르렀을 때는 튤립 뿌리 하나가 대저택 값에 맞먹는 어처구니없는 경우도 있었다고 전해진다. 끝없이 지속될 것 같았던 튤립 버블은 결국 꺼지고 말았다. 어느 순간 튤립 값이 너무 비싸다는 사실을 사람들이 깨달았기 때문이다. 이 사태로 네덜란드는 심각한 경제 공황 사태를 맞아 큰 후유증에 시달렸다.

'무가치한 것'을 대상으로 한 비이성적 게임이 벌어진다는 것은 호황의 끝이자 폭락의 전조다. 이런 현상은 반복해서 찾아온다. 강세장은 처음에는 부드럽게 시작한다. 그러다가 상승 흐름이 도를 넘어 진행되고, 자산 가격을 비이성적으로 상승시킨다. 새로운 투자자와 새

자본이 유입되면서 공급과 수요의 균형이 파괴된다. 전 유럽에서 행운을 쫓는 사람들이 튤립을 얻기 위해 네덜란드로 모였고, 그 결과 가격 상승은 피할 수 없었다. 그들은 현금이 없으면 신용으로 튤립을 샀다. 유행도 바뀌었다. 어느 날은 빨간색 튤립, 다음 날은 노란색 튤립이 전성기를 맞았다. 또 핑크색 혹은 검은색의 표본종도 나타났다.[72] 이는 마치 오늘날 주식시장의 모습과 유사하다. 어느 때는 자동차 관련주가 인기를 끄는가 하면 다음에는 화장품주가 뜬다. 변동성이 큰 기술주를 선호하는가 하면, 어느 순간 안정적인 흐름을 보이는 식료품주가 선호된다. 주식시장에 붐이 일면 무관심하던 투자자가 주식을 시작하고 신용대출을 이용해 레버리지 투자를 한다.

거품은 빠르게 부풀어 올라 빛을 영롱하게 반사해 바라보는 사람을 황홀하게 하지만 한순간에 사라지고 만다. 바람이나 공기에 의해 짧은 시간 동안 유지될 뿐이다. 소문은 투기 불꽃에 기름을 붓고 대출과 파생상품을 통한 레버리지 투자가 확대되며, 원인이 분명하지 않은 공황이 발생한다. 또 투기 발생 초기에 수수방관하던 정부가 갑자기 대응에 나서 시장 상황을 더욱 악화시키는 처방을 내놓기도 한다.

공황을 거치면서 튤립 투기는 극단적인 튤립 혐오로 바뀌었다. 눈에 띄는 튤립은 모두 지팡이로 후려칠 정도였다고 한다. 이는 1929년 대공황 이후 주식에 대한 미국인의 혐오와 같은 것이었고, 1990년 후반 IT 버블이나 2008년 금융위기 이후 주식 투자자가 시장에 등을 돌린 것과 같은 모습이다. 금융 버블은 사회의 기존 질서

를 무너트리고 노동 의욕을 꺾어버린다. 또 인간에게 파멸을 가져다준다.[73]

튤립 투기의 갑작스런 종말은 많은 서민에게 회복할 수 없는 손실을 안겨주었다. 비극의 주인공 가운데 풍경화가 얀 반 고엔도 있었다. 그는 파국 하루 전에 거액의 돈을 주고 튤립 뿌리를 구입했다가 값이 폭락하는 바람에 이후 19년 동안 가난에 시달리다 숨을 거둬야했다.[74] 1826년 말 영국 신문 〈모닝 크로니클〉은 남미 신생국이 발행한 채권에 투자했다 빈털터리가 된 푸줏간 노동자의 자살 소식을 전했다. 2009년 1월에는 독일 재산 순위 5위의 거부가 자신의 주식 투자 실패로 회사가 부도 위기에 몰리자 자살했다는 기사가 올라오기도 했다.[75]

우리가 잘 아는 천재 물리학자 아이작 뉴턴은 과학자로서는 성공했지만 투자자로서는 실패했다. 그는 영국의 남해(사우스시, South Sea) 회사 주식에 잘못 투자하는 바람에 2만 파운드(약 20억 원)의 손해를 입었다. 이 때문에 그는 사우스시의 'S'자만 들어도 안색이 변했다고 한다. 당시 70대 후반으로 평생 모은 재산을 거의 날린 뉴턴은 "천체의 움직임은 계산할 수 있어도 인간의 광기는 도저히 측정할 수 없다"는 말을 남겼다. 〈로빈슨 크루소〉의 저자인 대니얼 디포 역시 남해회사 주식에 투자했다. 디포는 격일간지를 창간해서 무역의 중요성을 강조하고 주식시장에 관한 기사와 사설을 자주 실었지만 투자 실패로 재산을 전부 잃고 10년 뒤 가난과 무관심 속에 죽었다. 에디슨의 조카이고 '부자가 되는 방법'이라는 글을 기고했던 유스테이스 버

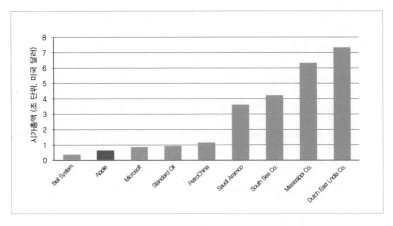

역사상 가장 큰 회사들[76]

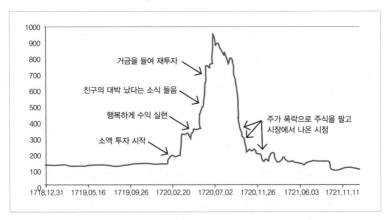

남해회사 주가(1718년~1721년)와 뉴턴의 투자[77]

젤도 엄청난 손실을 입고 스스로 목숨을 끊었다.[78]

1720년 영국의 남해회사의 규모(시가총액)는 4조 달러에 달했다. 같은 시기 프랑스의 미시시피 회사는 6조 달러가 넘었다. 역사상 가장

마법의 돈 굴리기

규모가 컸던 회사는 네덜란드의 동인도회사였다. 세계 최초로 증권 거래소에 상장된 이 회사의 규모는 1690년대 7조 4천억 달러였다. 미국의 애플사나 마이크로소프트사와 비교하면 이런 회사에 얼마나 많은 거품이 존재했는지 짐작이 간다.[79]

뉴턴이 주식 투자에 실패한 때로부터 200년 뒤 미국에서 유명인사가 주인공인 또 다른 실패 사례가 나온다.

1929년 10월 어빙 피셔는 "주가는 영원히 하락하지 않을 고지대에 도달했다"고 말해 증시의 지속적인 상승을 호언장담했다. 계량경제학의 창시자인 그는 당시 전 세계에서 가장 뛰어난 경제학자이자 예일 대학 교수였다. 그의 말이 나온 지 몇 주 뒤에 주가(다우존스 산업 평균 지수)가 하루아침에 30% 이상 곤두박질쳤다. 세계 증시 사상 최악의 폭락이었다. 1932년 7월에는 1929년 고점을 기준으로 90% 이상 폭락했다. 이로 인해 많은 미국 가정이 가난해졌고, 자살한 사람도 수천 명에 달했다.

1920년대 피셔는 카드 색인 시스템을 발명해 특허를 내고 회사를 차려 큰돈을 벌었다. 평범한 집안 출신이었는데 1929년 여름 그의 재산은 1,000만 달러에 달했다. 현재 가치로는 1억 달러(약 1천억 원)가 넘는 거액이었다. 증시의 상승을 믿었던 그는 아내, 동생, 친척들의 돈까지 끌어들여 주식에 투자했다. 그러나 1929년 닥친 주가 폭락으로 피셔는 완전히 몰락하고 전 재산을 날렸다. 이때 예일 대학이 은행에 저당 잡힌 피셔의 집을 사들여서 다시 그에게 임대해주었다. 그래서 그는 채권자가 집까지 찾아와 빚을 독촉해도 집에서 쫓겨나는 일만은 피할 수 있었다. 평소 분산투자를 주장했던 것과 달리, 피셔는 자신의 몰빵 투자가 실패하며 살던 집까지 잃었던 것이다.[80]

어떤 전문가는 10년 주기의 금융위기설을 이야기한다. 1987년 블랙먼데이, 1997년 아시아 외환위기, 2008년 글로벌 금융위기에 이어 2017년~2018년에 또 다른 금융위기가 닥칠 것이라고 한다. 어떤 이는 금융위기 7년 주기설을 주장하고, 경기순환과 관련해서는 8~10년 주기의 주글라 파동, 40개월 주기의 키친 파동, 50년 주기의 콘트라티예프 파동 등을 이야기하기도 한다. 어떤 이론이 정답인지는 알 수 없다. 이를 연구하는 학자나 전망을 내놓는 경제 분석가의 예측 역시 틀리기 일쑤인데, 개인 투자자가 이를 예측하고 이용하는 것은 불가능하다.

4 거품과 폭락의 반복

'제한적으로 합리적인' 투자자의 생태계인 금융시장이 급등과 폭락을 반복하며 '꽤 자주' 비효율적이라는 사실을 알았다. 도대체 왜 시장은 그렇게 급격하게 움직이는 것일까?

코스톨라니의 달걀

앙드레 코스톨라니는 헝가리에서 태어나 유럽 전역에서 활동한 투자가다. 그는 비영미권 출신 투자자 가운데 가장 유명한 인물로 '유럽의 버핏', '주식의 신'이라는 별명도 갖고 있다. 코스톨라니는 투자시장의 장기 변동을 강세장과 약세장으로 구분한다. 강세장과 약세장은 각기 세 가지 국면으로 구분할 수 있다. 조정 국면, 적응 국면(동행 국면), 과장 국면이다. 상승운동과 하강운동의 여러 국면이 서로 교대로 나타나기 때문에 원형으로 그려볼 수 있다. 이 원형

을 '코스톨라니의 달걀'이라고
부른다.[81]

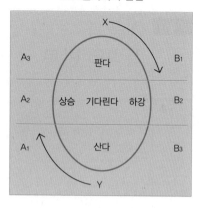

코스톨라니의 달걀

주식 가격이 바닥을 찍는 Y
지점의 다음인 A1 국면은 조정
국면으로 거래량도 적고, 주식
소유자의 수도 적다. 가격이
상승하는 A2 국면에서 거래량
과 주식 소유자의 수가 증가하
는 동행 국면이 펼쳐진다. 가
격이 더 상승하면 A3 과장 국면이 되는데 이때 거래량은 폭증하고
주식 소유자의 수도 많아져 X에서 최대점을 이룬다.

X에서 고점을 찍은 주가는 하락하기 시작한다. B1 국면에서 거래
량이 감소하고 주식 소유자의 수가 서서히 줄어드는 조정 국면이 시
작된다. 그리고 B2 국면에서 거래량은 증가하나 주식 소유자의 수는
계속 줄어드는 동행 국면이 된다. B3는 과장 국면으로 거래량은 폭
증하나 주식 소유자의 수는 적어지고 Y에서 최저점을 이룬다.

코스톨라니는 이런 모형을 이용해 가격과 투기의 순환을 설명했
다. 그는 자신의 책 〈돈, 뜨겁게 사랑하고 차갑게 다루어라〉에서 이
렇게 얘기한다.

주식시장의 변동은 대표적인 사이클 순환의 예다. 이런 예는 역
사상 수없이 찾아볼 수 있다. 주식이든 채권이든 원자재든 외환

이든 부동산이든 모든 사이클은 동일한 패턴에 따라 움직인다. 상승운동 및 하강운동은 인간 심리, 즉 놀라서 당황하거나 혹은 신이 나서 들떠 있는 심리 상태의 반영이다. 붐과 주가 폭락은 절대 분리할 수 없는 한 쌍이어서, 하나가 없는 다른 하나의 존재는 생각할 수도 없다. 400여 년에 이르는 주식시장의 역사는 바로 붐과 폭락의 반복 그 자체다. 그중 대부분은 잊혔으나 몇몇은 세계를 변화시켰고 역사에 기록되기도 했다.[82]

주식시장을 포함한 투자의 세계에서 가격의 상승과 하락은 반복된다. 그 사이클에서 하락은 코스톨라니의 달걀처럼 부드럽지 않고 늘 폭력적이고 급격하다. 왜 그럴까? 버블 차트와 민스키 모멘트를 통해 알아보자.

버블 차트

호프스트라 대학의 장 폴 로드리그 교수의 버블 차트는 호황과 불황 주기 동안 시장 참여자의 행동과 감정을 잘 보여준다.

로드리그 교수에 따르면 자본시장에는 세 그룹의 투자자가 있다. 스마트 머니(똑똑한 투자자), 기관 투자자, 일반 투자자다. 그는 세 그룹의 투자자와 연관 지어 버블의 단계를 아래와 같이 설명한다.

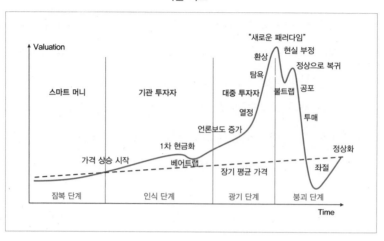

버블 차트[83]

- **잠복 단계(Stealth Phase)**

잠재적으로 장기적인 가격 상승이 예상되는 새로운 시장 상황을 알아챈 투자자가 투자를 시작한다. 이들 '스마트 머니'는 투자를 할 때 조용하고 조심스럽게 진행한다. 이들은 가격 상승을 예상할 수 있는 정보나 정보에 접근할 수 있는 기회가 많을 수 있다. 스마트 머니가 투자한 자산 가격은 점점 오르지만, 일반 대중은 거의 눈치 채지 못한다. 경제 상황이 나아지는 것이 확실해지고, 가격 상승에 대한 확신이 높아지면서 스마트 머니는 더 많이 투자한다.

- **인식 단계(Awareness Phase)**

이 즈음 기관 투자자가 투자를 시작한다. 많은 투자자가 가격 상승 분위기를 인식하기 시작하면서 추가로 돈이 투여되고 가격이 더

마법의 돈 굴리기

올라간다. 이때 '1차 현금화'가 일어나는데, 소수의 일반 투자자가 싸다는 이유로 매수했던 자산을 팔고 수익을 현금화한다. 또한 '베어트랩[184]이 발생하여 주가가 일시적으로 떨어진다. 스마트 머니는 기존 포지션을 강화하기 위해 이 기회를 활용하여 추가 매수한다. 언론은 자산 가격 상승을 알아채고 돈을 벌 수 있는 기회가 생겼다고 각종 매체를 통해서 시장에 알리기 시작한다.

• 광기 단계(Mania Phase)

언론을 통해서 많은 사람이 가격 상승을 알게 되고, 일반 투자자는 이 '일생일대의 투자 기회'에 달려든다. 가격 상승의 위험을 전혀 의심하지 않고, 단기 가격 상승 사례만을 믿고 덤벼든다. 이 단계는 논리나 이성이 끼어들 틈이 없다. 거의 심리 작용에 의해 판단하게 된다. 점점 더 큰 기대가 쌓이며 주식시장으로 유입된 돈은 자산 가격을 아주 높게 밀어올린다. 가격이 오를수록 더 많은 투자금이 들어온다. 일반 투자자가 이런 광란에 빠져드는 동안 스마트 머니뿐만 아니라 기관 투자자는 조용히 자산을 팔고 투자금을 회수한다.

펀더멘털에 대한 잘못된 견해와 자산 가격이 계속 상승할 것이라는 믿음으로 많은 투자자가 거액을 투자한다. 평범한 투자자의 '탐욕'이 시작되면서 시장은 점점 더 열광적인 모습을 보인다. 모두가 투자하려고 하고, 새로 들어온 투자자는 시장 상황을 전혀 이해하지 못한다. 자산 가격은 단순히 시장에 투입된 자금의 유동성의 힘에 의해 오른다. 특히 레버리지와 빚으로 과도한 유동성이 생긴다.

신용이 증가하면서 거품이 커지고, 많은 사람이 예상하는 것보다 더 길게 지속된다.

이때는 가격 상승이 지속되는 상황이 오래가지 않을 것이라는 많은 합리적인 평가가 무시된다. 어떤 지점부터는 새로운 펀더멘털로 가격이 계속 상승할 거라는 '환상'에 빠지며, 자산 가격이 '새로운 패러다임'에 도달한다고 생각한다. 그리고 이때 거품이 꺼지기 시작한다.

• 붕괴 단계(Blow-off Phase)

모두는 거의 동시에 상황이 변했음을 깨닫는다. 시장의 신뢰가 깨지고 가격 상승에 대한 예상이 변한다. 하지만 일부는 이것이 일시적인 하락이라고 말하고, 많은 투자자가 이 말을 믿는 '현실 부정'의 단계를 거친다. 이때 '불트랩'⁸⁵이 발생하고 잠시 주가가 올라간다. 그러나 이런 상황이 오래가지는 않는다. 상황이 바뀐 것을 안 많은 사람이 자산을 팔고 투자금을 회수하려고 하지만 매수자는 거의 없다. 모든 이가 가격이 더 하락할 것이라 예상하고 '공포'에 휩싸인다. 훨씬 전에 스마트 머니가 빠져나갔고, 나중에 진입한 일반 대중은 추락하는 자산을 '투매'하기 시작한다. 가격은 거품이 팽창했던 것보다 훨씬 빠른 속도로 떨어진다. 계속되는 매도 압력에 과도하게 돈을 빌려 투자한 투자자 대부분은 파산한다. 버블 붕괴의 결과로 시중의 통화는 부족해지고, 파산과 채무불이행으로 더 많은 자본이 사라진다. 자산 가격은 장기 평균 아래로 떨어지기도 한다. 사실은

　　　　　　　　　　　　　　　　마법의 돈 굴리기

이때가 중요한 매입 기회다. 그러나 일반 투자자는 이 시점을 일생 최악의 고통스러운 순간으로 생각하고 '좌절'한다. 그리고 이때 스마트 머니는 낮은 가격에 자산을 취득하기 시작한다.

로드리그 교수는 경기순환이 기술 혁신과 관련 있다고 주장하며 다음과 같이 얘기한다.

> 기술 혁신으로 새로운 시장이 생겨나고, 투자 증가와 고용 확대 등이 발생한다. 그 결과로 경제는 확장하는데, 어느 순간 기술의 성숙과 시장의 포화로 확장 속도는 느려진다. 경기가 침체 단계로 접어들면서 과잉 투자가 축소된다. 이때 일반 투자자와 높은 레버리지를 이용한 투자자가 파산한다. 중앙은행의 의무 가운데 하나는 이런 경기순환을 '자연스럽게' 발생하도록 하는 것이다. 그런데 연방준비제도나 중앙은행의 간섭이 시장 버블을 오히려 크게 키운다. 버블은 역사적으로 많은 상황에서 빈번하게 일어났음에도 불구하고 중앙은행은 조절을 제대로 못하고, 오히려 과도한 신용을 시장에 제공하여 일을 더 나쁘게 만든다. 단기 안정성을 위한 금전적 개입으로 오히려 장기적인 불안정성을 야기시키곤 한다. 500년의 경제 역사에서 버블은 반복되고 그 모습은 유사하게 진행된다.

민스키 모멘트

일반적으로 로드리그 교수를 비롯해 경제학에서는 투자를 경기 변동의 주 원인으로 본다. 이에 반해 하이먼 민스키[86]는 투자를 일으키려고 조달한 부채의 건전성과 사회 전체의 부채 축적에 초점을 맞춰 설명한다. 즉 투자 자체가 불안정성의 원인이라기보다는 그 투자를 위해 부채가 얼마나 동원됐는가를 불안정성의 원인으로 보는 것이다.[87]

호황이 장기간 지속하면 기업이나 금융회사는 미래 경기를 낙관적으로 본다. 실적이 좋아진 기업은 앞으로 더 좋아질 것이라 전망하고 돈을 빌려 설비 투자를 늘린다. 금융회사는 낮은 이자로 대출을 해주면서 시중에 돈이 풀린다. 늘어난 유동성으로 주식 등 위험자산의 매력도가 올라간다. 자산에 대한 투자수익률이 높아질 것이라는 낙관적인 환상이 생기며 투자가 왕성하게 일어난다. 점점 더 많은 사람이 투자에 나서면서 투자 자산의 수요가 증가한다. 이 수요로 인해 자산 가격은 더욱 올라간다. 많은 사람이 투자에 참여하는데 대출을 받아서라도 투자에 나서려 하고, 은행은 대출 자금을 모으기 위해 예금이자율을 올린다. 그러다가 어느 순간 신용 거품이 꺼지면서 이자를 갚지 못하는 상황이 발생하고 은행은 대출을 거둬들이기 시작한다. 기업과 투자자는 대출을 상환하기 위해 자산을 헐값에 판다. 이때 연쇄반응을 일으키며 자산 가격이 하락하는데, 이런 순간을 '민스키 모멘트'[88] 라 부른다.[89]

민스키는 경제 주체가 쌓아올린 부채의 정도에 따라 차입 구조를

마법의 돈 굴리기

3가지 유형으로 분류한다.

- 헤지 금융 : 본업이나 투자에서 얻은 현금 흐름으로 원금과 이자를 갚을 수 있는 경우
- 투기 금융 : 현금 흐름으로 이자는 갚아 나갈 수 있지만 원금을 갚아야 할 때가 되면 대출을 연장하거나 다른 대출을 일으켜야 하는 경우
- 폰지 금융[90] : 현금 흐름으로 원금은커녕 이자조차 갚지 못하는 그룹으로 자산 가격이 올라 원리금을 상환할 수 있으리라 낙관하여 무리하게 빚을 얻은 경우

민스키 모멘트[91]

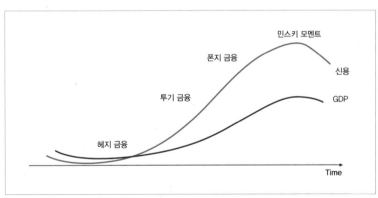

일반적으로 투자자와 금융회사 등의 경제 주체는 금융시장의 호황이 이어지면, 신용이 서서히 확대되면서 점차 헤지 금융에서 투기 금융, 그리고 폰지 금융의 상태로 위험을 높여간다. 어느 순간에 신

용 거품이 꺼지고 경제 상황이나 투자 심리가 바뀌면서 자산 시장이나 금융 시스템이 급속히 무너져 내린다.

민스키의 논리를 한마디로 요약하면, 자유 시장 경제에는 불안정성이 내재되어 있어 호황과 불황이 반복되고 동시에 금융시장에서 투기적 자산 버블의 발생과 폭락을 피할 수 없다는 것이다. 다만 민스키는 한 가지 대안을 제시했다. 시장 경제에 내재되어 있는 불안정성은 국가의 간섭과 금융시장에 대한 규제, 금융시장 내 부채 규모의 제한, 그리고 중앙은행의 존재 등을 통해 통제할 수 있다고 주장했다. 그리고 이 모든 것이 다 신통치 않을 경우 남은 유일한 방법은 위기를 지연시키려다 더 큰 위기를 맞지 말고, 작은 불황과 폭락을 주기적으로 유도하는 것이라고 했다.[92]

민스키의 주장대로 중앙은행의 경제 간섭을 통해 적절히 통제될 수 있다면 좋겠지만, 그리 쉬운 일은 아닌 것 같다. 노벨경제학상 수상자인 밀턴 프리드먼 교수는 중앙은행의 과도한 경제 조작을 비판하며 '샤워실의 바보'라고 빗대어 표현했다. 적절한 경제 조작으로 경제를 활성화시키겠다며 온수 꼭지를 열어젖혔던 중앙은행이 뜨거운 물(인플레이션)에 화들짝 놀라 다시 냉수 꼭지를 급히 열어젖힘으로써 경기 침체(디플레이션)와 실업을 일으킨다는 것이다.[93]

레이 달리오

레이 달리오는 브리지워터 어소시에이츠의 창립자이자 CEO이다. 이 회사는 1500억 달러(약 160조 원)에 달하는 천문학적 규모의 자산을 운용하고 있는 세계 최대의 헤지펀드다. 2010년에 이 회사가 올린 수익은 구글, 이베이, 야후, 아마존의 수익을 합한 것보다 많았고, 2011년에는 138억 달러를 벌어들여 조지 소로스를 제치고 헤지펀드 최대의 수익을 올렸다.

레이 달리오는 수백 년간의 경제사를 연구해보니 경제는 특정 루틴대로 움직이며 반복 흐름을 나타낸다고 말한다. 그의 교육용 동영상에서는 경제를 기계와 같다고 표현할 정도다.

달리오는 경제의 움직임을 크게 세 가지 요인으로 설명한다. 생산성 증가율 추세, 단기 부채 사이클, 장기 부채 사이클이 그것이다.

첫 번째 생산성 증가율은 기술 진보 덕에 발생하는데, 장기적으로 경제가 성장하고 확대하는 데에 중요한 요인이다. 두 번째 요인

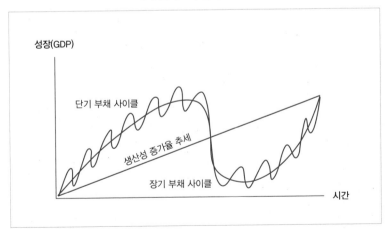

레이 달리오의 경제 사이클

은 5~10년 단위로 나타나는 단기 부채 사이클이다. 중앙은행이 신용을 축소하고 확대할 때 나타나며 경기 순환 주기로도 알려져 있다. 신용과 자금이 실제 경제 생산보다 빠르게 증가할 때 물가는 상승하고, 중앙은행은 금리를 인상하고 신용을 축소하여 불황으로 이어진다. 물가가 안정될 때 중앙은행은 금리를 인하하고, 경제성장을 촉진하기 위해 신용을 확대한다. 세 번째는 75~100년 단위인 장기 부채 사이클에 대한 것이다. 부채는 순환 주기 중 부채 차입 단계에서 수입보다 지속적이고 빠르게 증가한다. 가계와 기업은 자금을 차입하고 지출한다. 누군가의 지출은 또 다른 누군가의 소득이기 때문에 전체 지출은 증가한다. 이와 함께 자산 가격도 상승한다. 소득과 자산 가치의 증가로 기업과 가계는 차입을 늘리고, 대출 기관은 대출에 열을 올린다. 이런 상황이 반복적으로 지속된다. 이 단계에서 일부 소득과 자산 가치 증가는 환상에 불과하고 거품이 발생한다. 부채의 증가는 미래의 부를 가져오는 효과를 가지고 있다. 이 과정이 장기간 지속될 수는 있지만 영구적일 수 없다. 이 과정은 어느 순간 벽에 부딪히고 금융시장의 폭락을 초래한다.[94]

달리오는 전통 경제학에서 가르쳐주지 않는 실제 경제 흐름을 일반 투자자에게 설명한다는 취지에서 '경제 기계가 작동하는 법'이란 제목의 30분짜리 경제 교육용 비디오를 유튜브에 올리기도 했다. 그가 경제를 이해하기 위해 사용해온 템플릿을 공개했는데, 경제학의 기본 개념인 '신용', '부채', '이자율' 등의 주제를 다룬다. 또한 경제가 작동하는 기본 원리와 경제 정책이 어떻게 영향을 미치는지, 그리고 경기 순환은 왜 일어나는지 설명한다.

미연방준비제도 의장을 역임한 폴 볼커는 "레이 달리오의 '템플릿'은 전통적인 방법이 아니라서 어색하지만, 경제가 실제로 어떻게 작동하는지 잘 설명해준다"고 했다. 마이크로소프트의 빌 게이츠는 "이 동영상은 투자자뿐 아니라 일반인 모두에게 도움이 될 것입니다. 이 가치 있는 동영상 시청에 30분만 투자하세요"라고 말했다. 동영상의 원본과 한국어 자막 버전이 유튜브에 있으니 시간을 내서 꼭 보기 바란다.[95]

캘리포니아 대학의 경제학자 악셀 레이온후프트는 "현실 세계
는 '매우 복잡한 상황에 직면해 있는 정말 단순한 사람들'로 표현
하는 것이 보다 정확할 텐데도 전통 경제학은 '믿을 수 없을 정도
로 단순한 상황에 너무나 머리 좋은 사람들'로 모델화하고 있다"
고 말했다.[96]

행동경제학이나 신경경제학을 통해 본 투자자들은 비합리적
이고 비이성적이다. 이런 특징은 일부 사람, 특정 시기에만 나타
나는 것이 아니고, 보편적으로 모든 사람에게 나타날 수 있으며
그들의 돈을 잃게 한다.

이런 구성원들로 이루어진 투자시장 역시 비효율적이며 거품
과 폭락을 반복해왔다. 경기나 신용의 사이클, 상승과 하락의 시
점을 예측하는 것은 학자나 전문가들에게도 어려운 일이다. 투자
시장과 주가 움직임의 메커니즘을 완벽히 알기란 영원히 불가능
하지 않을까? 이렇듯 '복잡한' 투자시장에서 개인 투자자가 살아
나갈 방법은 무엇일까?

'투자를 해야 하는 것'은 '운전을 해야 하는 것'과 비슷하다. 운
전(투자)을 안 하고도 살 수는 있지만, 많은 것을 손해 볼 수도 있
다. 사고(손실) 없이 목적지(수익)까지 안전하게 가기 위해 좋은 운
전 습관(잃지 않는 투자법)을 배워야 한다.

3장

장

자산배분이
답이다!

전문가의 예측은
그들의 생각일 뿐

투자자는 심리에 휘둘리고 '복잡한' 시장은 거품과 폭락을 반복한다. 과연 개인 투자자가 살아남을 수 있을까? 전문가에게 도움을 구해야 하는 게 아닐까? 금융시장에는 많은 전문가가 있다. 이들은 경제 환경을 분석하고 기업의 주가를 예측한다. 또한 투자 상품을 안내해주고 가입을 권유한다. 이런 전문가의 도움을 받으면 참편리할 것 같다. 이들을 믿고 투자하면 되지 않을까?

전문가 예측은 믿을 만한가?

2010 남아공 월드컵의 스타는 독일 조별 리그전부터 결승전까지 8경기 승패를 100% '예측'해서 유명해진 문어 '파울'이다. 독일 오베르하우젠 수족관은 파울이 자연사한 후 비석 모양의 조형물을 수족관 뜰에 세워주기까지 했다. 반면 세계적인 스타인

'축구 황제' 펠레의 예측은 여느 월드컵과 마찬가지로 낙제점을 면치 못했다. 그가 월드컵 우승 후보로 꼽은 팀은 꼭 초반 탈락하는 징크스 덕분에 그의 예측은 '펠레의 저주'라고도 불린다.[97]

투자의 영역에서도 사람보다 나은 동물 이야기가 있다. 2000년 유럽판 월스트리트저널은 흥미로운 기사를 실었다. 1999년 7월부터 1년간 4번에 걸쳐 투자 전문가 그룹과 아마추어 주식 투자자 그룹, 그리고 원숭이 등 세 그룹의 추천 종목 수익률을 비교한 결과 원숭이가 선두를 차지했다는 것이다. 원숭이는 다트 던지기로 종목을 골랐는데 수익률을 점수로 환산한 결과 원숭이가 마이너스 11.4포인트로 가장 성적이 좋았고, 전문가 그룹은 마이너스 13.6포인트, 아마추어 그룹은 마이너스 124.6포인트를 기록했다.

금융시장에서 가장 유명한 최악의 예측은 1929년 10월 어빙 피셔가 "주가는 영원히 하락하지 않을 고지대에 도달했다"고 한 말이다. 당시 세계적으로 유명한 경제학자이자 예일 대학 교수였던 피셔가 이 말을 한 직후 주식시장이 하락하기 시작해 90%나 폭락했다. 이로 인해 수많은 업적에도 불구하고 예측 실패의 대표 사례로 언급되는 불명예를 안게 됐다.

예측을 주업으로 하는 주식 분석가(애널리스트)의 예측 능력은 어느 정도일까? 애널리스트와 기상예보관을 비교 연구한 결과, 예측 능력에 대한 애널리스트의 자부심은 기상예보관보다 훨씬 높았지만 실제 성적은 오히려 뒤떨어졌다. 프랑스의 계량과학자 장 필립 부쇼

는 애널리스트 2000명이 수행한 경기 예측을 분석했는데 그들의 예측은 모두 실패했다.[98]

심리학자 필립 테틀록은 다양한 분야의 전문가에게 향후 5년간 일어날 정치, 경제, 군사 사건의 가능성을 판단해달라고 요청했다. 그는 300명의 전문가로부터 27,000개의 예측치를 수집했는데, 박사학위 소지자든 대학 졸업자든 예측 결과에는 거의 차이가 없었다. 빼어난 저서를 내놓은 교수도 신문기자보다 나을 것이 없었다. 테틀록이 분석을 통해 얻은 결론은 명성이 오히려 예측력을 떨어뜨린다는 것이다. 이들의 예측이 실패하는 이유는 대부분 신념이나 자부심과 관계가 있다고 한다.[99]

최근에도 이런 사례는 얼마든지 찾을 수 있다. 2016년 6월 영국의 유럽연합 탈퇴(브렉시트, Brexit)에 대한 국민투표가 있었다. 개표가 진행되는 날까지도 많은 전문가는 '영국이 EU에 남을 것이다'고 예측했고, 각종 보고서와 언론에서는 '브리메인(britain+remain)'이란 신조어를 사용했다. 하지만 전문가의 예측은 보기 좋게 빗나갔다. 영국 현지 여론조사도 영국의 잔류 의견이 더 많았다. 그들의 예측 역시 실패한 것이다.[100] 같은 해 11월에 있었던 미국 대선 결과도 많은 이의 예측을 벗어났다. 대선이 끝나고 트럼프의 당선 이유를 설명하는 보고서가 많이 나왔지만, 대선 직전까지도 대부분이 힐러리의 당선을 예상했다. 이번 미국 대선의 진정한 실패자는 힐러리가 아니라 언론과 여론조사 기관일지도 모른다는 기사가 나올 만도 하다.

우리나라의 경우도 사정은 마찬가지다. 2014년 2월 신한금융투자와 금융 정보업체 톰슨로이터의 보고서에 따르면, 주요 45개국의 기업 이익 추정치 정확도를 분석한 결과 한국은 전체 36위에 그쳤다. 우리나라보다 순위가 아래에 있는 나라 중 4개국은 심각한 재정 위기와 국가 채무에 시달리고 있는 포르투갈, 그리스 등이었기 때문에 한국은 41개국 가운데 거의 꼴찌였다.[101]

나심 니콜라스 탈레브는 "경제학자나 전략가(이코노미스트)들은 전혀 위험을 감수하지 않으면서 시장 전망을 발표하는 사람들이므로, 실제로 검증 가능한 사실보다 순전히 말솜씨로 출세가 좌우되는 일종의 연예인이었다"고 비평한다.[102]

애널리스트 예측의 한계

금융투자협회의 분석 결과에 따르면 국내 애널리스트의 투자 의견은 매수가 79.3%, 보유가 14.0%인 반면, 매도 또는 비중 감소 의견은 0.2%에 그쳐 매수 의견에 편중된 것으로 분석됐다. 반면 외국계 증권사의 매도 또는 비중 감소 의견 비중은 16.8%로 상대적으로 높았다.[103] 매도 의견이 거의 없다는 것은 매도 의견이 나올 것 같은 종목을 아예 분석하지 않았거나, 투자자나 분석 대상 기업의 눈치를 보느라 매도 의견을 내지 못했을 수 있다. 펀드매니저나 기관 투자가들 앞에서 '을'의 입장인 애널리스트로서는 고객이 선호하는 내용 위주로 분석할 수밖에 없을지도 모른다.[104]

애널리스트의 행동경제학적 편향에 관한 국내 연구에 따르면, 관대화 편향에 따른 오류 때문에 애널리스트의 이익 추정치는 실제 이익에 비해 과다하다고 한다. 또한 주당순이익을 추정할 때 전월에 본인이 추정한 값이 강한 기준점 역할을 하여 새로운 분석 결과가 충분히 반영되지 못할 수 있다. 이는 기준점 효과와 최근성 편향, 과신 편향 등의 영향으로 볼 수 있다. 부정적 뉴스 등으로 이익 추정을 하향 조정할 필요가 있을 경우 과소 반응을 하고, 반대로 이익 추정을 상향 조정할 경우 과잉 반응한다. 즉 경제 상황이 나쁘게 변할 경우, 이러한 정보가 충분히 반영되지 않은 이익 추정치가 발표될 수 있다. 즉 애널리스트의 심리적 편향에 따라 매수 위주의 투자 의견이 나올 수 있다.[105]

금융투자협회의 또 다른 분석 결과, 2010년 국내 증권사가 분석한 종목은 885종목으로 상장 종목(1,850개)의 48% 수준으로 일부 종목에 편중되어 있다.[106] 이렇게 분석 종목이 적은 이유는 무엇일까?

애널리스트는 그들의 경력을 관리할 필요가 있다. 성과가 악화될 가능성이 큰 기업에 대한 그들의 예측이 부정확할 경우, 명예가 훼손될 가능성이 있기 때문에 대상 기업의 정보 수집에 많은 노력을 기울인다. 설사 정확하게 분석했다고 하더라도 그 결과가 '매도'일 경우에 매도 보고서를 내기는 어렵다. 많은 투자자가 투자한 기업에 매도 의견을 낸다면 투자자의 항의와 원성을 감당하기 어려울 것이다. 즉 분석 수요 요구가 많은 큰 기업의 경우 오히려 보고서가 더 적어질 수 있는 것이다.[107]

2003년 버크셔 헤서웨이 연례회의에서 '투자 지식을 어떻게 쌓느냐'는 질문에 버크셔의 회장인 워렌 버핏은 일간지, 연례보고서, 사업보고서, 경제 잡지 등 다양한 자료를 읽는다고 했다. 부회장인 찰리 멍거는 이렇게 덧붙였다. "저는 애널리스트 리포트를 전혀 읽지 않습니다. 만약 제가 읽는다면 웃기 위해서 읽을 겁니다. 왜 사람들이 그런 걸 읽는지 모르겠네요."[108] 그들은 애널리스트 보고서의 한계점을 잘 알고 있었던 게 아닐까.

버크셔의 두 거장에게는 애널리스트 보고서가 필요 없을지 모르지만, 많은 개인 투자자는 애널리스트 보고서를 투자에 참고하고 있다. 다만 애널리스트의 보고서를 읽을 때는 주의해야 한다. 애널리스트의 매수 추천에 의존해 투자 결정을 하고 있다면 특히 주의해야 한다. 국내의 경우 매수 추천에 편중되는 관대화 편향이 해외보다 강하므로 더욱 주의할 필요가 있다. 애널리스트의 이익 추정치를 보수적으로 평가하고, 다양한 애널리스트의 정보를 비교할 필요가 있다. 또한 애널리스트가 분석하지 않는 기업이라면 그 이유가 무엇인지도 꼼꼼히 살펴보는 등 주의를 기울여야 한다.

정육점 주인과 영양사

'정육점 주인과 영양사'라는 제목의 유튜브 영상이 있다. 2분 남짓한 영상의 내용을 요약하면 이렇다. 정육점에 들어가 저녁 요리를 추천해달라고 하면 정육점 주인은 당연히 '고기'를 추천한다. 반면 영양사에게 추천해달라고 하면 건강에 좋은 균형 잡힌 식단을 추천한다. 정육점 주인은 금융 상품을 판매하는 중개인을 상징한다. 정육점 주인이 고기를 추천하듯, 중개인은 자신에게 판매 수수료가 많이 남는 금융 상품을 추천할 수밖에 없다. 반면 상품 판매에 대한 별도 수수료 없이 상담료만 받는 독립 재무상담사의 경우, 영양사가 건강에 좋은 식단을 추천하듯 다양한 금융 상품을 균형 있게 제시할 수 있다.[109]

투자자와 이해가 상충하는 중개인이나 금융회사는 정육점 주인이 '늘' 고기를 추천하듯, 투자에 좋지 않은 잡음을 보내기도 한다. 미국 기업 엔론은 2000년 기준 연 매출이 1,010억 달러에 달하는 거대 에너지 기업이었다. 장부를 조작했던 이 주식에 대해 2001년 3월부터 파산한 2001년 12월 직전까지 메릴린치, 골드만삭스, JP모건, 뱅크오브아메리카, 리먼브라더스 등 미국의 대형 금융회사 대부분이 매수 혹은 보유 의견을 제시했다. 이런 예는 숱하게 많다.[110]

독립 재무상담사가 이상적으로 운영될 경우 투자자는 도움을 받을 수 있을 것이다. 아쉽게도 우리나라는 제도나 법률 등의 영향으로 아직까지 독립 재무상담 활동이 부족한 실정이다. 또한 대부분의 투자자가 상담은 공짜라고 인식하는 점도 독립 재무상담이 활성화되지 못하는 이유이기도 하다. 장기적으로 투자자의 권리와 이익을 보호하고 공정한 재무상담이 이뤄지기 위해서는 이런 제도와 문화가 정착될 필요가 있다.

투자자와의 이해 상충으로 잘못된 정보를 내보내는 곳은 금융회사만이 아니다. 2008년 금융위기의 원인 중 하나는 주택저당증권

(MBS)과 이를 묶어 만든 부채담보부증권(CDO)이다. 좀 더 정확히 말하면 이 상품들의 신용에 최고등급(AAA)을 매긴 신용평가사가 문제였다.

신용평가사는 MBS 수천 종에 AAA 등급을 매겼었다. AAA는 세계에서 가장 튼튼한 재정을 확보한 정부나 최고로 잘나가는 기업에만 매기는 등급이다. 투자자는 AAA 등급을 받는 MBS에서 지급 불능(부도) 사태가 일어나리라고 생각하지 않았기에 안심하고 투자했다. 신용평가사가 부여하는 등급은 부채에서 지급 불능 가능성을 예측하는 것이라 할 수 있다. 세계 3대 신용평가사 중 하나인 S&P는 CDO에 AAA 등급을 매겼다. AAA 등급은 해당 증권이 5년 안에 지급 불능이 될 가능성이 0.12%(850건 가운데 1건)밖에 되지 않는다는 뜻이다. 하지만 실제로는 S&P가 AAA 등급을 매긴 CDO 가운데 28%가 지급 불능이 되었다. 이 말은 CDO의 실제 지급 불능률(부도 가능성)은 S&P 예측보다 무려 200배 이상 높았다는 뜻이다. 그야말로 완벽한 예측 실패다.

신용평가사로서는 예측 모델에 결함이 있다는 사실을 인정하고 실패를 온전히 자기네 몫으로 받아들여야 마땅했다. 하지만 그들은 의회 청문회에서 책임을 지지 않으려고 어떻게든 발뺌했고 운이 나빴다는 주장만 되풀이했다. 운이 나쁜 게 전부일까? 신용평가사는 CDO를 발행하는 금융회사로부터 돈을 받는다. 그것도 CDO를 평가할 때마다 매번 받았으므로 CDO가 많을수록 돈을 많이 버는 것이다.[111]

신용평가사의 '신용'이 의심되는 경우는 국내에서도 발생했다. 2014년 6월 금융감독원은 한국기업평가, 한국신용평가, NICE신용평가에 중징계를 내렸다. 금감원의 특별감사 결과, 동양 계열사의 신용등급을 법정관리 신청 전후 B~BBB급에서 D로 급격히 하향하는 등 신용평가 업무가 부적절하게 이뤄졌다고 판단한 것이었다. 특히 신용평가사가 신용평가 업무를 수주하기 위해 관행적으로 대상 기업에 우호적인 평가를 내리는 등 평가 독립성이 훼손된 정황도 다수 포착한 것으로 알려졌다. 신용평가 대상 기업에게 돈을 받아야 하니 공정하지 못했다는 것이다. 실제 LIG건설과 웅진그룹 CP 발행 사건 등의 부실 평가도 이와 무관치 않다는 지적이다.[112]

2 | 나에게 맞는 맞춤형 투자 분석 기법

아무래도 전문가의 말을 전부 믿을 수는 없을 것 같다. 투자의 정글에서 살아남으려면 우리 스스로 무기를 갖출 필요가 있다. 어떤 무기가 있을까? 이들 중 어떤 것이 개인 투자자에게 적합할까? 몇 가지 투자 방법을 간단히 소개하고 장단점을 비교해보겠다.

기본적 분석 투자 vs. 기술적 분석 투자

기본적 분석 투자란 투자 대상의 내재 가치를 투자자의 정해진 계산 방식으로 분석한 후 시장 가격과 비교하여 투자 여부를 판단하여 매매하는 방식이다. 내재 가치 분석은 수치로 쉽게 표시할 수 있는 부문을 분석하는 정량적 분석과 CEO의 능력 등과 같이 수치로 계산하기 힘든 부문을 분석하는 정성적 분석으로 나뉘는데, 정성적인 부문이라도 미리 정한 기준에 따라 수치화하여 표시하는 경우가 많다. 운용에 있어서는 기본적 분석 투자에 100% 가까이 크게 의존하는 투자를 가치투자라고 부르기도 한다.[113]

기본적 분석이 어려운 몇 가지 이유가 있다. 먼저 재무제표를 이해할 수 있는 회계 지식이 필요하고, 경영 환경을 이해해야 하며, 회사별로 변화를 지속적으로 관찰해야 한다. 또한 분석해야 할 회사가 너무 많고, 분석에 상당한 시간과 노력, 비용을 투입해야 한다. 특히 개인 투자자나 직장인의 경우 관심이 있거나 친숙한 일부 회사만 분석함으로써 투자 대상이 좁아지는 한계가 있다. 기본적 분석에 근거한 가치투자는 인내해야 하는 방법이라 실천이 꽤 어렵다고 알려져 있다. 가치와 가격의 괴리는 수년 이상 지속되기도 한다.

경제학자 케인스는 주식 가격을 '미인 선발 대회'와 같은 것이라고 했다. 내가 심사위원일 때 내 생각에 가장 예쁜 사람을 뽑아도 다른 사람이 뽑지 않으면 그 후보는 탈락한다. 이때 내 심사 능력이 떨어지는 것으로 보인다. 결국 다른 사람이 뽑을 것 같은 사람을 선택한다. 주가 역시 마찬가지다. 내가 생각하기에 좋은 주식, 저평가 가치주를 고르더라도 사람들이 그 주식을 사지 않으면 가격이 오르지 않는다. 케인스는 가치투자 방식이 특별히 옳다고 믿지 않았다.

기술적 분석은 사람들의 심리와 본성을 이용하는 투자 방법이다. 기술적 분석 투자란 가격 또는 거래량 등을 계량화, 차트화로 단순화한다. 이로부터 과거의 일정한 패턴이나 추이를 발견하여 이러한 패턴이나 추이의 연결 선상에 있는 미래 주가를 예측한다. 이에 따라 발생하는 매수나 매도 신호에 따라서 매매하는 방식이다. 대부분

차트로 표현되기 때문에 흔히 '차트 분석'이라고 하고, 차트에 나타나는 패턴을 분석하기 때문에 '패턴 분석'이라고 부르기도 한다.

선천적으로 인간의 두뇌는 단순한 패턴을 인지해 판별하는 능력을 가지고 있다. 이러한 능력은 선사시대의 인류가 맹수를 피해 식량과 주거지를 찾아내고, 훗날 농작물을 재배하는 농경 사회로 나아가도록 했다. 미국 다트머스 대학의 심리학 교수 조지 월퍼트는 인간이 왜 예측 불가능한 상황에서도 패턴을 찾아내려고 하는지를 연구했다. 연구를 통해 월퍼트 연구진은 뇌의 좌반구에 존재하지 않는 경우에도 패턴을 찾아내도록 만드는 인자가 존재한다는 것을 알아냈다. 그리고 이 인자에 '해석자(interpreter)'라는 이름을 붙였다. 해석자는 실제로 패턴이 존재할 경우에는 유리하게 작용하겠지만 그 반대의 경우에는 우리에게 혼란만 가중시킬 수 있다.[114]

기술적 분석에 대한 신뢰는 경제학보다 심리적 요인에 가깝다. 심리학에 따르면, 인간의 뇌는 복잡한 문제에서 벗어나려는 경향이 있다. 뇌는 차트 패턴이 우연히 나타난 것이라고 믿고 싶어 하지 않는다. 그래서 각종 이론과 수식으로 포장된, 단순한 기하학적 패턴을 믿음으로써 마음의 안정을 얻는다.[115]

뇌의 작용 혹은 심리적 요인 덕분에 기술적 분석은 친숙하고 그럴싸해 보인다. 하지만 이를 비판하는 사람은, 패턴은 우연의 산물이라고 주장한다. '해석자'가 없는 패턴을 만들어낸 경우라는 것이다. 직장인 투자자는 차트를 계속 볼 수 없다는 한계도 있으며, 수많은 종목의 차트를 점검하는 것 역시 거의 불가능하다.

기본적 분석과 기술적 분석 모두 장점과 단점을 갖고 있다. 어느 한쪽이 더 나은지는 아직까지 밝혀지지 않았다. 아마 더 나은 방법이 있다면 이미 다들 그 방법을 선택했을 것이다. 시장에는 여전히 각각의 방법을 사용하는 투자자가 존재하고 어느 때는 이쪽이, 다른 때는 저쪽이 우세한 성과를 보인다. 세계적인 투자의 거장들 역시 다 같은 방법을 사용하지는 않는다. 어느 방법이 낫다는 주장은 불필요하다. 단지 자신이 잘할 수 있는 방법을 이용해서 돈을 벌면 된다.

모멘텀 투자 vs. 가치투자

또 다른 이름으로 투자 스타일을 나눠보면 크게 모멘텀 투자와 가치투자로 구분할 수 있다. 모멘텀 투자란 시장 분위기와 뉴스, 테마, 종목 정보, 투자 심리, 수급, 가치 판단, 기술적 분석 등의 요소를 재료로 하며, 투자자의 직관이나 영감으로 재료를 종합하여 자산 가격을 전망하고 이에 따라 투자하는 것을 말한다. 퀀텀펀드라는 유명한 헤지펀드의 창립자인 짐 로저스와 조지 소로스가 언론에 자주 등장하는 대표적인 모멘텀 투자자라 할 수 있다. 판단에 필요한 모든 요소를 종합하여 결국 투자자의 직관으로 투자 의사결정을 내리는 모멘텀 투자는 사람의 본성에 지배받을 가능성이 높다.

모멘텀 투자가 자산 가격의 상승과 하락을 전망하여 매수하거나 매도하는 방식이라면 가치투자는 자산 가격을 전망하지 않는 대신 자산의 가치를 분석하고 전망하며, 자산 가치 대비 현재 시장 가격이 충분히 낮을 경우 매수하고 가치 대비 가격이 높다고 판단될 경우 매도하는 방식이다. 가치투자자에게 올해 연말 주가가 얼마인지와 같은 전망은 별 의미가 없다. 가치투자자에게는 투자 자산의 가치가 시간이 지나면서 어떻게 바뀔 것인지가 중요할 뿐이다. 전설적인 펀드매니저인 피터 린치와 오마하의 현인 워렌 버핏이 언론에서 가장 많이 접하는 가치투자자다.[116]

모멘텀 투자는 추세 추종 전략이 기본이 된다. 시장 상황에 민감하고 투자 타이밍이 중요하다. 계속 시장 상황을 지켜볼 수 없는 직장인에게는 쉽지 않은 방법이다. 많은 초보 투자자가 쉽게 접하는 방법이고, 이로 인해 실패하기도 한다. 소위 작전주, 테마주 등 개미들(개인 투자자)을 이용해 단기적으로 돈을 벌려는 이들이 주로 사용하는 방법이기도 하다.

가치투자 역시 쉽지 않다. 가치투자는 추세 반전 전략이 기본이된다. 즉 가치에 비해 가격이 낮아야 투자를 실행한다. 시장 분위기가 나빠지고 사람들이 주식을 외면할 때 낮아진 가격에 주식을 산다. 가치투자는 남과 다르게 행동해야 하기 때문에 실천하기가 매우 어렵다. 인간의 기본 심리인 군중 심리나 편승 효과를 이겨내야 한다. 앞서 행동경제학에서 살펴보았듯이 남과 다르게 행동하는 건 쉽지 않다. 또한 가치투자는 장기투자를 기본으로 한다. 가치가 제대로 평가받기 위해서는 생각보다 긴 시간이 걸릴 수 있다. 그 시간 동안 시장의 외면을 견뎌야 한다.

가치투자를 하려면 투자하고자 하는 기업의 적정 가치를 판단해야 한다. 가치가 가격에 비해 낮을 때 투자하고, 그 반대일 때 회수해야 한다. 하지만 적정 가치를 찾는 게 쉽지 않다. 사업보고서를 분석하고 EPS(주당순이익), PER(주가수익배수), BPS(주당순자산), PBR(주가순자산배수), ROE(자기자본이익률) 같은 투자 지표를 보기도 한다. 이 역시 초보 투자자에게 결코 쉬운 일이 아니다. 주식시장에 상장되어 있는 회사에 다니고 있다면, 본인이 다니는 회사의 가치 분석을 해보길 바란다. 많은 공부가 필요함을 알 수 있다.

모멘텀 투자와 가치투자 중 무엇이 정답인지는 모른다. 많은 투자의 대가들 역시 각자 자기만의 방식으로 투자하고 있다. 어떤 방식이든 투자자 본인이 제대로 이해하고 수행하게 될 때까지는 섣불리 많은 금액을 투자하지 않는 것이 좋다.

탑다운 투자 vs. 바텀업 투자

앞서 이야기한 투자는 바텀업 투자 방법이라고 할 수 있다. 바텀업(bottom-up) 투자 전략은 기업의 미래 현금 흐름을 분석하고 적절한 할인율을 적용해 현재 기업 가치에 비해 저평가된 주식을 발굴하는 방식이다. 즉 바텀업 투자 전략은 개별 기업의 분석에서 개별 산업, 그리고 거시경제 전체로 올라가는 '상향식 투자'라고 할 수 있다. 반면 탑다운(top-down) 투자 전략은 한 나라의 경제 구조와 경제 정책의 방향부터 시작해 경기 변동, 그리고 주도 산업과 스타일까지 검토한 후 투자하는 것이다. 즉 거시경제부터 분석한 다음 개별 산업과 개별 기업으로 내려가면서 분석하는 것으로 '하향식 투자'라고도 한다.[117]

기본적 분석이나 기술적 분석 등을 이용하는 바텀업 투자는 개인 투자자에게 쉽지 않은 투자법이다. 재무제표 분석을 이용해 저평가된 기업을 찾거나, 차트 분석을 이용해 주가가 많이 올라간 대상을 찾는 등 개별 회사를 찾아야 하는데 많은 시간을 투자해야 한다. 원하는 성과가 나오기 위해서는 다양한 심리적 한계에 부딪힌다. 특히 2008년 금융위기 등 빈번한 금융 환경 불안정 시기에 기업의 가치와 무관하게 시장 전체가 폭락하는 경우가 생기곤 한다.

탑다운 투자는 개별 종목의 등락에 따라 일희일비하지 않을 수 있다. 개별 회사를 분석하기 위해 복잡한 회계 장부를 들여다보지 않아도 된다. 탑다운 투자는 바텀업 투자자가 겪는 심리적 갈등을 훨씬 줄일 수 있으며, 투자에 대해 고민할 시간을 줄여준다. 탑다운 투자는 세상을 넓게 바라보는 사고방식에서 비롯되었다.[118] 바텀업 투자자가 좋은 주식, 싼 주식을 찾을 때 탑다운 투자자는 주식뿐만 아니라 채권, 원자재 등 다양한 자산군을 바라보고, 국내뿐 아니라 해외에도 투자한다. 탑다운 투자는 서로 반대 방향으로 움직이는 자산에 적절히 분산투자함으로써 경제 위기 시에도 안정적인 수익률을 올릴 수 있는 것이다.

탑다운 투자에서 높은 수익을 올리기 위해서는 여러 가지 경제지표를 살펴봐야 한다. 핵심적인 경제지표와 그 경제지표가 왜 중요한지 공부해야 한다. 세계 최대 채권운용사 핌코의 수석부사장인 앤서니 크레센치는 그의 책 〈Top Down 투자 전략〉에서 40가지 경제지표를 소개하며 성공적인 투자를 위해서는 이들 지표를 모두 추적해야 한다고 했다. 같은 책의 번역본에서 홍춘욱 박사는 한국의 탑다운 투자자가 눈여겨봐야 할 거시 지표로 5가지를 제시했다. '달러/원 환율, 한국 경상수지, 한국 수출단가지수, 미국 투자부적격 등급 채권 가산금리, 미국 신규 실업수당 신청자 수'가 그것이다.[119] 앤서니 크레센치에 비해 그 숫자를 많이 줄여주긴 했지만 초보 투자자가 다양한 경제지표를 이해하기는 쉽지 않다. 또한 어떤 경제지표를 중시할 것인가는 더 어려운 문제다. 투자가 본업이 아닌 개인 투자자가 지속적으로 경제지표를 살펴보고 그에 대응하는 것 역시 실행하기가 만만치 않다.

탑다운 투자의 핵심은 분산투자다. 다양한 자산에 자금을 나누고, 다양한 나라에 투자하는 것이다. 한국의 투자자들 역시 한국 경제의 특성에 적합하게 자산을 배분해 분산투자하면 된다. 이 책의 후반부에서 얘기할 자산배분 투자 전략 역시 탑다운 투자의 한 방법이다. 어려운 경제지표를 보지 않고 시작할 수 있는, 초보 투자자가 실천할 수 있는 투자 방법을 안내하고자 한다.

집중투자 vs. 분산투자

집중투자와 분산투자는 서로 정반대 개념이다. 집중투자란 소수의 종목에 '집중'해서 투자해야 더 높은 수익을 올릴 수 있다는 이야기다. 반대로 분산투자란 '분산'해서 투자해야 위험을 낮추어 안정적인 투자 결과가 나온다는 것이다. 집중과 분산, 과연 어떤 방법이 더 나을까?

〈집중투자〉의 저자는 머리말에서 이렇게 말한다. "집중투자는 누구나 쓸 수 있는 기법이 아니다. … 집중투자는 철저하게 조사하고 분석하려는 사람에게만 적합한 기법이다. 투자가 본업이 아닌 사람이라면 시간이 부족하므로 인덱스펀드나 유능한 집중투자 펀드매니저를 찾아보는 편이 훨씬 나을 것이다."[120]

워렌 버핏 역시 집중투자와 분산투자에 대한 관점을 밝혔다. 2008년 경영대학원 학생들에게 분산투자에 관한 질문을 받았을 때, 버핏은 분산투자에 두 가지 관점이 있다고 대답했다. "자신감 넘치는 투자 전문가에게는 과감한 집중투자를 권하겠습니다. 그러나 나머지 모든 사람에게는 철저한 분산투자를 권합니다. 투자 전문가에게는 분산투자가 이치에 맞지 않습니다. 1위 선택 종목이 있는데도 20위 선택 종목에 투자하는 것은 미친 짓입니다. 찰리와 나는 주로 5개 종목에 투자했습니다."[121]

밸류리더스의 신진오 회장은 번역서 〈집중투자〉의 감수의 글에서 이렇게 얘기한다. "집중투자가 유리한지 분산투자가 유리한지는 투자자들 사이에서 빈번하게 논의되는 주제입니다. 이런 논의는 다른 투자자가 소수 종목으로 엄청난 투자수익률을 거두는 모습을 보면서 '나도 잘나가는 종목에 집중투자를 했더라면 좋았을걸' 하는 사후확신 편향에서 비롯되는 경우가 대부분입니다. … 이런 논의는 부러움과 탐욕의 산물입니다. 집중투자를 한다고 해서 누구나 높은 수익률을 얻을 수는 없습니다."[122]

집중투자냐 분산투자냐의 선택은 투자자 본인에게 달려 있다. 앞서 살펴본 다양한 투자 방법 역시도 자신의 기질에 맞는 방법이 있듯, 집중투자로 높은 수익을 원할 수도, 분산투자로 덜 위험한 방식을 선호할 수도 있을 것이다. 다만 독자가 초보 투자자거나 직장생활을 병행하고 있다면, 그리고 아직까지 투자에 확신이 없거나 분명한 본인의 성향을 못 찾았다면 투자의 대가들이 말하는 것처럼 분산투자로 시작하기를 권한다. 투자 경험이 쌓이고 투자에 확신이 들면 그때 집중투자를 해도 늦지 않다.

마법의 돈 굴리기

실패하지 않는
투자 리스크 관리

몇 가지 투자 방법을 간단히 살펴봤다. 투자 방법은 공격용 무기라고 할 수 있다. 무기만으로 전쟁을 치를 순 없다. 공격과 방어가 반복되어야 하는 전쟁에는 '방패'가 필요하다. 투자를 위한 방패는 없을까? 적의 칼과 화살을 막을 방패가 준비되어야 한다. 죽지 않아야 내 칼과 화살을 사용해볼 수 있을 테니까. 투자에서 아주 중요한, 잊지 말아야 할 '방패'를 소개한다.

위험 관리의 필요성

나는 신이 존재하는지 알지 못한다. 그러나 나는 신이 존재하지 않는다고 해도 내가 무신론자가 됨으로써 얻을 수 있는 이득이 전혀 없다는 것을 안다. 한편 나는 신이 존재한다면 무신론자들이 큰 손해를 볼 것이라는 것을 안다. 그러므로 신에 대한 나의

믿음은 정당하다.[123]

이 글은 철학자이자 수학자였던 블레즈 파스칼이 했던 얘기로 '파스칼의 내기'라는 이름으로 알려져 있다. 신의 존재는 증명할 수 없는 불확실한 영역이다. 파스칼은 '신의 존재'라는 불확실성에 대해 각각의 가능성(확률)을 따져보고, 전체 위험 관리 차원에서 신을 믿을지를 결정한다. 신이 없다면 신을 믿거나 말거나 차이가 없다. 어느 쪽이든 '위험'하지 않다. 하지만 신이 있다면 얘기는 달라진다. 신이 있는데도 신을 믿지 않았다면 어떤 식으로든 손해를 볼 수 있다는 것이다. 이것이 '위험'이다. 이런 위험을 관리하기 위해 신을 믿겠다는 논리다.

시장의 폭락이 언제, 얼마나 일어날지 예측할 수는 없으나 발생한다는 건 확실하다. 폭락에 따른 손실을 완화할 수 있어야 하고, 그러기 위해 보험에 가입해야 한다는 말이다. 실제로 이런 위험에 대비할 수 있는 보험 상품은 없다. 하지만 손실에 대비할 수 있는 투자 방법은 있다. 자산배분 전략을 이용한 분산투자다. 어떻게 위험이 관리되는지는 차차 살펴보자.

안전한 울타리, 헤지

헤지(hedge)란 위험을 피하기 위한 일종의 안전장치다. 예를 들어 배추 도매상 이씨와 농부 박씨가 있다고 하자. 현재 배추 가격은 1

포기당 1,000원인데 6개월 후 수확할 때의 가격이 어떻게 될지 알 수 없다. 이씨는 배추를 너무 비싸지 않은 적정한 가격에 공급받고 싶어 한다. 반면 박씨는 배추 값이 떨어지면 큰 손해를 보기 때문에 너무 싸지 않은 안정적인 가격으로 팔고자 한다.

이런 상황을 다르게 표현하면 이씨와 박씨는 '가격 변동 위험에 노출되었다'고 한다. 두 사람은 현재 가격인 포기당 1,000원이 적정하다고 생각해서, 6개월 후에 수확할 배추를 포기당 1,000원에 인수하기로 미리 계약한다. 이 계약을 통해 이씨와 박씨는 6개월 후의 배추 가격이 어떻게 되건 1,000원으로 거래하기로 했기 때문에 '가격 변동 위험'에서 벗어났다. 이렇게 위험을 피하거나 관리하는 행위를 다른 용어로 '헤지'라고 한다.

헤지라는 단어는 위험을 상쇄시킨다는 의미로 금융 분야에서 많이 사용하는 단어다. 어원은 늑대로부터 양을 보호해주는 울타리를 말하며, 사전에서는 '울타리', '대비책' 등으로 나와 있다. 일상생활에서 자주 쓰는 단어는 아니지만, 뉴스나 신문 등에서도 자주 사용되는 단어니 익숙해지자.

인터넷을 사용하다 보면 다양한 바이러스에 감염되어 컴퓨터가 고장이 나곤 한다. 단순히 특정 프로그램만 고장 내는 형태가 있는가 하면, 메모리와 하드디스크를 파괴해 못 쓰게 하는 녀석도 있다. 바이러스 때문에 골치 좀 썩어본 독자라면 얼마나 스트레스 받는 일인지 충분히 이해할 것이다. 바이러스를 방어하는 가장 좋은 방법은 랜선을 빼버리고 인터넷 접속을 끊는 것이다. 바이러스가 침투할 경로를 원천 차단하는 것이다. 하지만 이는 본질을 흐리는 방법이다. 인터넷 접속을 차단하면 컴퓨터의 쓸모가 급격히 떨어질 뿐이다. 인터넷 사용은 해야겠고 바이러스는 막아야 하겠기에 백신 프로그램을 사용한다. 백신 프로그램이 완벽하지는 않다. 하지만 어느 정도 보호되는 환경에서 인터넷을 사용할 수 있다.

백신 프로그램이라는 헤지(울타리)를 통해 위험을 관리하며 인터넷을 사용하는 것처럼 투자 역시 자산배분으로 위험을 관리하며, 부를 늘릴 수 있다.

행동 장치 만들기

트로이 전쟁이 끝난 후, 고향으로 돌아가던 오디세우스는 세이렌 섬을 지나가게 되었다. 반은 여자, 반은 새의 모습을 한 마녀 세이렌은 아름다운 노래를 불러 선원을 유혹하는데, 그 섬에 다가간 배는 암초에 부딪혀 가라앉게 되고 결국 모두 죽게 된다. 여신 키르케는 오디세우스에게 이러한 위험을 알려주고 그에게 한 가지 해결 방법을 제시한다.

키르케의 충고를 들은 오디세우스는 세이렌에게서 살아남는다. 그는 자신을 가죽 끈으로 돛대에 묶게 하고, 배 위에 있는 다른 선원에게는 귀에 밀랍을 넣으라고 명령하여 유혹당하지 않도록 했다. 오디세우스는 세이렌의 매혹적인 노랫소리를 들을 수 있었지만, 배와

마법의 돈 굴리기

부하들을 조절할 수 없게 해놓았기 때문에 죽음의 해안에 접근하지 않을 수 있었다.[124]

그리스 신화에 나오는 오디세우스와 세이렌의 이야기다. 이 얘기는 자기 조절의 중요성을 직관적으로 설명해준다. 오디세우스는 그가 할 수 있는 선택권을 제한해둔 덕분에 목표를 이룰 수 있었다. 오디세우스는 자신의 손을 묶어 원하는 것을 얻었다. 오디세우스가 세이렌의 유혹에 넘어갈 것을 대비해 자신의 몸을 묶도록 한 행동을 심리학에서는 '행동 장치'라고 한다. 행동 장치는 원하는 결과를 얻기 위해 스스로 행동에 제약을 가하는 것을 말한다.

〈부자들의 생각법〉의 저자 하노 벡은 행동 장치를 활용하는 방법으로 연금 상품을 이용해보라고 권한다. 연금 상품은 해지가 아주 까다롭기 때문이다. 그리고 그는 집을 사라고 권한다. 집을 사는 것은 분산투자 관점에서 보면 어리석은 짓일 수 있다. 일반인의 경우 집을 사기 위해 전 재산을 투입해야 한다. 전 재산을 한 가지 대상(집)에 넣어두면 아주 위험할 수 있다. 또한 집을 사면 재산의 유동성이 낮아진다. 또 다른 투자처가 있어도 투자할 여력이 없어지는 것이다. 이런 단점에도 불구하고 돈을 묶어둘 수 있다는 장점이 있다. 돈을 집에 묶어두면 더 이상 그 돈에 손대기가 어렵다.[125]

대부분의 사람은 모은 돈만으로 집을 살 수 없다. 이럴 경우 대출을 이용하게 된다. 이때의 대출 역시 행동 장치로써 역할한다. 대부분의 사람은 빚을 부담스럽고 무서워한다. 심리적인 영향 탓에 월급이 들어오면 빚을 먼저 갚고 소비를 한다. 즉 소비를 줄여주는 효과를 하는 것이다. 부자가 되는 방법으로 저축을 먼저 한 후 소비를 하라고 하지만, 이 방법은 실패할 가능성이 높다. 대출을 대할 때와 저축을 대할 때의 심리가 전혀 다르기 때문이다. 이런 심리적인 차이 때문에 행동이 달라지는 것이다.

투자자의 행동 장치로 장기투자와 분산투자를 권한다.

• 장기투자

투자 기간이 짧을수록 고통이 크다. 연 수익률 15%, 수익률 변동성 10%인 주식이 있다고 치자. 이 주식이 1초 뒤 지금보다 상승할 확률은 50.02%에 불과하다. 하지만 한 달 후의 상승 확률은 67%, 1분기 후엔 77%, 1년 뒤에는 93%까지 올라간다. 단기적으로는 확률이 낮지만, 장기적으로는 플러스 수익이 날 가능성이 높아지는 것이다.[126]

이 주식에 투자한 투자자가 매일 8시간 동안 분 단위로 수익률을 확인했다면 매일 241번 기쁨을 느끼고, 나머지 239번은 고통을 느낄 것이다. 분 단위로 확인하는 사람은 없으니 한 달에 한 번 확인한다고 치자. 12개월 동안 이 주식을 갖고 있었다면 8번은 주가 상승으로 행복했을 것이고, 나머지 4번은 주가 하락으로 스트레스를 받았을 것이다. 1년에 한 번 성과를 확인하고 20년을 갖고 있었다면, 19번은 기뻤을 것이고, 하락으로 고통받은 건 단 한 번이었을 것이다.

투자 기간이 길수록 고통받는 횟수는 상대적으로 적어진다. 덜 힘들게 투자할 수 있는 것이다. 주가의 하락은 고통을 준다. 이런 고

마법의 돈 굴리기

통스런 감정은 손실 회피 편향과 매몰 비용의 오류 등 비이성적 판단을 하게 하여 투자의 실패 가능성을 높인다. 사고파는 기간이 길수록, 투자 기간이 길수록 유리하다. 투자 기간을 길게 가져감으로써 세이렌의 유혹에서 벗어날 수 있는 것이다. 장기투자는 우리를 투자 실패에서 구해줄 행동 장치다.

리처드 번스타인은 〈소음과 투자〉에서 5가지 유형의 주식에 대해 미국 시장의 1970~2000년까지 30년간의 수익률과 손실 확률을 조사했다. 한번 사면 투자 단위만큼 각각 1년, 5년, 10년이 지난 후에 팔았다고 가정한다. 손실 확률은 팔 때 수익이 마이너스인 경우를 말한다.[127]

구분	1년 단위 투자 시		5년 단위 투자 시		10년 단위 투자 시	
	연 환산 수익률 (%)	손실 확률(%)	연 환산 수익률 (%)	손실 확률(%)	연 환산 수익률 (%)	손실 확률(%)
S&P500	15.6	16.7	14.4	2.0	14.5	0.0
가치주	15.5	14.9	15.0	0.3	15.5	0.0
성장주	16.5	17.0	15.4	7.0	15.7	0.0
해외 주식	15.7	21.6	15.9	0.3	15.9	0.0
소형주	17.5	23.0	18.3	1.3	18.1	0.0

검증 결과 가장 눈에 띄는 부분은 손실 확률이다. 연 수익률은 대부분의 주식과 투자 기간에 걸쳐 14~18%로 큰 차이가 없다. 하지만 투자 기간이 길수록 손실 확률은 급격히 떨어진다. 어떤 주식이

든 1년 투자 시 14~23%가 손실이 났다. 하지만 투자 기간이 길수록 손실 확률이 낮아졌고, 10년 투자 시 모든 주식의 손실 확률이 0으로 떨어졌다. 장기투자의 장점이 바로 이것이다. 수익률은 손해 안 보고, 손실 확률만 낮아지는 것이다. 10년이 길면 5년만 투자해도 손실 확률이 0.3~7%로 많이 낮아진다.

몇 가지 오해할 만한 내용은 짚고 가자.

먼저 성장주는 메릴린치 계량전략 성장주 펀드 지수로, 대형 성장주 펀드 9개의 투자 총수익을 측정했다. 가치주의 경우 같은 회사의 가치주 펀드 지수를 사용했다. 성장주와 가치주 수익률이 S&P500보다 높다고 해서 그런 펀드가 더 좋다고 단정지으면 안 된다. 대표 선수로 뽑힌 9개가 그랬다는 것이니 오해가 없어야겠다. 또한 펀드 지수의 수익률일 뿐 실제 그 펀드에 가입한 투자자 입장에서 펀드의 운영 수수료 등을 빼고 나면 실제 수익률은 더 떨어진다는 점을 알고 가자.

두 번째는 조사 대상 모두 특정 성격의 지수다. 개별 주식이 아니다. 개별 주식을 10년 들고 있으면 손실이 안 나는 것으로 오해하면 절대 안 된다. 개별 주식이 장기적으로 살아남을 확률은 아주 낮다. 반면 지수는 장기적으로 상승할 확률이 하락할 확률보다 높다. 개별 회사는 부도가 나서 사라지거나, 남아 있더라도 실적이 나빠져 지수에서 빠진다. 그 빈자리를 새로운 실적 좋은 회사가 채우는 것이다. 그러니 개별 회사가 오래가지 못해도 지수는 장기적으로 상승할 수 있는 것이다.

마법의 돈 굴리기

세 번째는 인플레이션이 반영되면 결과가 조금 달라질 수 있다. 아쉽게도 리처드 번스타인에게 인플레이션이 반영되었는지 물어보지는 못했지만, 대략적인 수치를 봤을 때 미반영한 결과로 보인다. 물론 물가상승분을 제거하더라도 장기투자에 따른 손실 확률이 급격히 줄어든다는 점은 달라지지 않는다.

• 분산투자

투자의 핵심을 한 문장으로 표현하면 '싸게 사서 비싸게 팔아라'일 것이다. 이 문장을 두 개의 질문으로 나누어보면, '지금은 싸지만 나중에 비싸질 대상이 무엇인가?'와 '언제 사서 언제 팔아야 하는가?'로 나눌 수 있다. 투자업계에서는 이들을 '종목 선택'과 '매매 타이밍'이라고 부른다. 대부분의 투자 관련서가 이 두 가지를 다룬다.

그런데 '종목 선택'과 '매매 타이밍' 외에 한 가지 방법이 더 있다. '분산투자'가 그것이다. 분산투자라는 말은 한 가지 투자 자산에 모든 자금을 투자하지 마라는 것을 의미한다. 한 회사나 한 산업, 또는 한 나라에만 투자하는 것은 좋지 않다. 주식(혹은 부동산)에만 투자하거나 한 시점에 전부 투자하는 것도 좋지 못한 방법이다. 분산투자는 요즘 나온 개념이 아니다. 인류 역사에서 아주 오랫동안 전해져온 지혜다.

"모든 계란을 한 바구니에 담지 말라."

출처가 알려지지 않은 이 말은 가장 유명한 분산투자 격언이다. 한 바구니에 담으면 그 바구니를 떨어뜨렸을 때 모든 계란이 깨진다. 모든 계란을 잃지 않기 위해서는 바구니를 나눠 담아 위험을 분산하라는 뜻이다.

구약성서 〈전도서〉에는 "당신의 몫을 일곱이나 여덟 가지 정도로 나누도록 하라. 왜냐하면 이 지구상에 어떠한 불행이 닥칠지 알지 못하기에"라는 말로 분산투자를 권유한다.

권오상은 그의 책 〈돈은 어떻게 자라는가〉에서 이렇게 이야기한다. "재산이 어느 정도 있는 사람이라면 관심거리는 딱 두 가지다. 더 불리는 방법과 잃지 않고 지키는 방법. 우리는 통상 전자의 경우처럼 재산을 불리는 것이 투자라고 생각하지만, 사실 인류 역사의 대부분의 기간 동안 투자란 후자의 관점을 의미했다. … 여기서 몇 가지로 나누는 것이 맞느냐, 또는 그 비율을 어떻게 하는 것이 좋으냐 하는 것은 핵심이 아니다. 중요한 것은 이러한 다각화를 통해 재산을 불리겠다는 것이 아니라 완전히 파산해 버리는 일, 즉 생존이 불가능해지는 상황을 피하는 것이 현명한 생각이라는 것이다."[128] 저자의 주장에 깊이 공감한다. 분산투자는 생존을 위한 것이다.

> 모든 이로 하여금 자신의 돈을 세 부분으로 나누게 하되, 3분의 1은 토지에, 3분의 1은 사업에 투자케 하고, 나머지 3분의 1은 예비로 남겨두게 하라. – 탈무드(B.C.1200~A.D.500년경)[129]

2천 년 전에 나온 탈무드에 있는 구절이다. 유대인의 오랜 지혜를 모은 책에 이런 구절이 있다는 것은 자산배분에 대한 경험과 지혜가

마법의 돈 굴리기

탈무드보다 더 오래되었다는 것을 말한다. 이 말을 한 사람이 누구든 그는 위험과 수익, 자산배분의 효과를 잘 알고 있었을 것이다.

1600년에 나온 윌리엄 셰익스피어의 희곡 〈베니스의 상인〉에도 이런 구절이 나온다. "내 물건을 한 배에만 실은 게 아니고, 거래처도 한 군데가 아니거든. 또 전 재산이 금년 한 해의 운에 달려 있지도 않다네."[130] 이 대사의 주인공 역시 분산투자에 대해 잘 알고 있었다. 실제로도 셰익스피어는 연극으로 번 돈을 여러 극장과 집, 건물, 토지 등에 분산해 투자했다고 한다.[131] (만약 당시에 주식이 활성화되어 있었다면 주식에도 분산해 투자하지 않았을까?)

분산투자는 자산을 분산해서 투자하는 것이라고 했다. 분산투자의 구체적인 실행 방법으로 '자산배분 전략'[132]이 있다. 이 책은 투자 포트폴리오를 운영하는 방법인 자산배분 전략을 이야기한다. 포트폴리오란 여러 가지 투자 자산을 섞어놓은 것을 말한다. 원래는 '서류가방'이나 '자료수집철'을 뜻하는 말이었으나 금융 투자에서는 '투자 자산들의 묶음'을 이야기한다. 내 투자 포트폴리오란 내가 투자한 주식, 채권, 부동산 등을 모아서 관리한다는 것이다. 개별 자산의 수익과 위험도 중요하지만, 투자자 입장에서는 포트폴리오 전체의 수익과 위험 관리가 더 중요하다.

4 잃지 않는 자산배분 투자

1952년 해리 마코위츠는 〈포트폴리오 선택〉이라는 논문을 발표했다. 이 논문에서 그는 다른 형태의 수익률을 보이는 투자 상품을 결합한 결과, 전체 포트폴리오의 변동성이 감소함을 보여주는 수학적 모델을 처음으로 공개했다. 그는 오늘날의 금융과 투자 관리 영역에 미친 영향력이 엄청나기 때문에 '현대 포트폴리오 이론의 아버지'라 불리며, 1990년 노벨경제학상을 수상했다.

현대 포트폴리오 이론의 관심의 초점은 개별 증권이 아닌 전체 포트폴리오에 있다. 이와 함께 분산투자의 개념도 다시 정립되었다. 최적의 분산투자는 단순히 계란을 옮길 때 많은 바구니를 사용하라는 식의 개념을 넘어선 것이다. 다른 것과 분명히 구별되는 바구니를 찾는 것이 더욱 중요하다. 각 바구니의 독특한 수익률 움직임이 다른 바구니의 움직임과 다름으로 인해 전체 포트폴리오의 변동성을 낮추기 때문이다. 이것이 분산투자의 핵심이다.[133]

마법의 돈 굴리기

투자의 사분면

로저 깁슨은 그의 책 〈재무상담사를 위한 자산배분 전략〉에서 투자의 형태를 네 가지로 나누어 얘기한다.[134] 성공적인 매매 타이밍 예측이 가능한가? 그리고 우수한 종목 선택이 가능한가? 두 가지 질문으로 투자의 사분면을 나눈다.

	성공적인 매매 타이밍 예측 가능	성공적인 매매 타이밍 예측 불가능
우수한 종목 선택 가능	1사분면	2사분면
우수한 종목 선택 불가능	3사분면	4사분면

1사분면은 매매 시점도 예측 가능하고, 좋은 주식도 고를 수 있는 경우다. 이게 가능할까? 가능하다면 더할 나위 없겠지만 신의 영역이 아닐까? 2사분면은 매매 시점 예측은 불가능하지만 좋은 주식을 고를 수 있는 경우다. 가치투자자가 여기에 속한다. 언제 시장이 좋아질지 모르지만 저평가된 가치주를 골라서 기다리는 전략을 취할 수 있다. 3사분면은 기술적 분석가나 모멘텀 투자자에게 해당한다. 시장의 흐름을 읽고 매매 시점을 예측하여 투자에 활용하고자 하는 경우다. 마지막 4사분면은 좋은 주식을 고를 능력도 부족하고 매매 시점 예측 능력도 없는 경우다. 초보 투자자 대부분이 이 4사분면에 속한다. 이들을 위해 자산배분 전략을 권한다.

좋은 주식을 고를 능력이 없으므로 지수에 투자해야 한다. 지수란 특정 주식의 모음을 말한다. 예를 들어 미국 주식시장의 상위

500개 주식의 움직임을 묶은 지수인 S&P500 지수가 있다. 우리나라에는 코스피 시장의 상위 200개 주식을 묶은 코스피200 지수가 있다. 이런 지수를 사고팔 수 있게 지수(인덱스)펀드와 ETF가 있다. 어느 주식이 좋은지는 몰라도 미국 주식 혹은 한국 주식에 투자할 수 있는 것이다. 이러한 지수는 주식뿐만 아니라 채권, 금, 원유, 농산물 등 다양한 투자 대상에 투자할 수 있게 개발되어 운용되고 있다.

시장의 움직임을 예측해서 매매 타이밍을 맞추기란 불가능하다. 어떤 지수에 투자하기로 결정했더라도 언제 팔고 사야 할까? 자산배분 전략에서는 시장 예측에 따른 매매가 아닌 자산 재분배(리밸런싱)로 매매 시점을 잡으라고 권한다. 이 부분은 뒤에서 자세히 다룬다.

연기금도 자산배분을?

1991년 브린슨, 싱어, 비아우어가 미국 82개 대형 연기금의 1977~1987년 수익률을 조사했다. 그 결과 전체 수익률의 91.5%는 자산배분 정책에 따른 것으로 종목 선택은 4.6%, 매매 타이밍은 1.8%의 영향을 미쳤다.[135]

예일대 경영대학원의 명예교수 이봇슨과 모닝스타의 카플란은 94개의 다양한 액티브 펀드와 58개의 연금 펀드를 함께 분석했다. 2000년 발표한 연구 결과, 전체 투자 기간에 따른 수익률의 90% 이상을 자산배분이 설명했고, 펀드끼리의 수익률 차이의 40%가 자산배분의 결과라고 한다.[136]

마법의 돈 굴리기

EDHEC 경영대학의 재무학 교수 파보찌 등이 2007년 섹터, 스타일, 지역별로 나누어 분석한 결과에 따르면, 시간 경과에 따른 수익률 변화의 90%, 펀드 간 수익률 차이의 33~75%가 자산배분 정책에 의해 결정된다고 주장했다.[137] 이와 같이 다양한 연구 결과, 종목 선택이나 매매 타이밍보다 자산배분 정책이 포트폴리오의 투자 결과에 중요한 영향을 준다는 것을 확인할 수 있다.

다행히 자산배분이 유용한 투자 전략임을 확인할 수 있는 곳은 연구보고서 외에 또 있다. 바로 연기금이다. 연기금이란 연금과 기금을 합쳐 부르는 것인데, 연금이란 노후 소득 보장을 위해 근로 기간에 기여금을 내고 일정한 연령에 도달하면 급여를 받는 제도고, 기금이란 특정 목적의 자금을 마련하기 위해 정부나 대학 등이 조성하는 자금을 말한다. 우리나라에는 국민연금기금, 공무원연금기금, 우체국보험기금, 사학연금기금 등이 있다. 해외의 현황을 보면 자산 크기 순으로 일본의 공적연금펀드(GPIF), 노르웨이의 국부펀드(GPF)가 있고, 그 다음이 500조 원 규모인 우리나라의 국민연금(NPS)이다.

이들 연기금은 그들의 목적 또는 자산운영의 목적을 달성하기 위해 자산운용 정책에 따라 자산배분을 수행한다.[138] 중장기적인 계획 아래 적정한 목표수익률을 산정하고 이를 실현하기 위해서 노력한다. 장기적으로 운영되는 연기금의 특성상 가장 중요한 것이 위험 관리며 이를 분산투자를 통해 구현하고 있다. 저런 엄청난 규모의 돈을 운용하는 기관에서 아무 이유 없이 자산배분을 수행하는 것은 아니지 않을까? 국내외의 연기금이 순수한 설립 목적 이외의 정치적인 이슈로 가끔 언론에 올라오긴 하지만, 자산운용 수준은 높다고 봐야 하지 않을까?

물론 연기금도 과거의 실적은 그리 훌륭하지 못했다. 연기금의 역사가 가장 긴 미국의 경우를 살펴보면, 주식과 채권만으로 자산배분을 하거나 주식 내에서 섹터별 비중을 구하는 수준이었다. 당연히 성과도 좋지 못했다. 그러다가 1985년 예일대 기금 운용을 데이비드 스웬슨이 맡으면서 상황이 바뀌었다.

예일대 기금 최고투자책임자인 데이비드 스웬슨은 기대수익률이 높고 전통적인 자산(주식, 채권)과의 상관관계가 낮게 나오는 자산을 포트폴리오에 포함시킬 필요를 느꼈다. 다양한 자산을 포함시켜 자산배분 전략을 수행한 결과, 30년간 강세장과 약세장을 통틀어 연평균 13.9%의 수익률을 달성했고, 10억 달러였던 펀드 규모를 239억 달러가 넘는 자산으로 키웠다.[139] 기관 투자계의 워렌 버핏이라고 불리는 스웬슨이 이끌고 있는 예일대 기금은 미국 내 대학 기금 중 규모로는 두 번째지만 명성으로는 타의 추종을 불허한다. 그의 등장 이후 세계의 많은 연기금이 폭넓게 자산을 배분하여 운용함으로써 수익률을 높이고 있다.

종목 선택과 마켓 타이밍은 무용지물인가?

몇 세기 동안 뉴턴의 자연법칙은 아무런 의심 없이 받아들여졌다. 우주는 원인과 결과라는 결정론적인 법칙을 따랐다. 그러나 아인슈타인의 연구가 이러한 세계관을 종식시켰다. 현대 물리학은 시간과 공간의 개념을 변화시켰다. 이제 모든 것은 다른 모든 것에 대해 상대적이라는 맥락에서 세상을 보게 되었다. 하지만 아인슈타인의 연구가 뉴턴의 물리학 법칙을 무용지물로 만들지는 않았다. 단지 뉴턴의 기계론적인 법칙이 제한된 상황에서만 적용된다는 사실을 밝혀냈던 것이다.[140]

같은 맥락으로 전통적인 투자 방식인 종목 선택과 마켓 타이밍은 무용지물이 아니다. 여전히 유효하며 많은 사람이 이들 투자 방식으로 투자하고 있으며 높은 성과를 내기도 한다. 기본적 분석이나 기술적 분석을 이용한 투자 역시 마찬가지다. 모멘텀 투자, 가치투자 역시 같은 관점에서 유효하다고 볼 수 있다.

다만 자산배분 전략의 효과를 이해하고, 다른 투자 대상과의 관계를 활용하면서 전통적인 투자 방법을 수행한다면 전체 포트폴리오의 관리 차원에서 더 나은 투자 성과를 만들어낼 수 있다. 초보 투자자의 경우 확률적으로 더 좋은 성과를 보이는 자산배분 전략으로 먼저 투자하기 바란다. 투자에 대한 관심과 지식이 늘어난 이후 초보 딱지를 벗으면 자산배분 전략에 추가하여 종목 선택이나 마켓 타이밍 전략을 병행해 사용할 수 있을 것이다.

직업이 있는 개인 투자자는 투자에 많은 시간을 낼 수 없다. 어쩔 수 없이 전문가의 도움을 받을 수밖에 없다. 그들의 말을 참고할 필요는 있으나, 그들의 투자 권유를 전적으로 따라하는 것이 항상 좋은 결과를 가져온다고 보장할 수는 없다.

거품과 폭락이 반복되는 험한 금융시장에 투자 실패를 막아줄 방패가 있다는 건 다행스러운 일이다. 투자와 관련된 판단을 할 때 늘 위험 관리 관점에서 바라봐야 한다. 컴퓨터에 백신 프로그램을 설치하듯 투자 위험으로부터 내 자산을 지켜줄 울타리(헤지)를 만들어놓자. 이를 실천할 수 있는 행동 장치를 마련하는 것이 핵심이다. 아무리 좋은 규칙도 지키지 않으면 의미가 없다. 투자자의 성공 투자를 위한 행동 장치로써 장기투자와 분산투자를 추천했다. 장기투자는 시간의 힘으로 투자 실패의 가능성을 낮춰주고 투자자의 고통을 줄여준다. 분산투자란 자산을 나누어 위험을 낮추는 것으로써 아주 오래된 인류의 지혜다.

자산배분 투자 전략은 분산투자의 한 가지 실천 방법이다. 대형 연기금이 실제로 자산배분 전략을 사용해 투자 포트폴리오를 운용하고 있다. 이제 개인 투자자가 계란(투자금)을 여러 바구니(투자대상)에 나누어 담는 방법을 알아볼 차례다.

레버리지
투자

레버리지는 '지렛대'라는 뜻이다. 지렛대는 작은 힘으로 무거운 물건을 들어올릴 때 사용한다. 금융에서 쓰이는 레버리지는 적은 자금으로 큰 규모의 투자를 하는 것을 말한다. 이때 타인의 자금, 즉 '빚'이 지렛대 역할을 해준다. 예를 들어보자. 내가 가진 자금이 1억 원 있고, 거주 목적으로 3억 원 하는 집을 사고자 한다. 부족한 2억 원은 은행 등 금융회사의 대출을 이용하게 된다. 이때 대출이 지렛대 역할을 해준 것이다.

전세 레버리지 : 갭 투자

이번에는 투자 목적으로 집을 산다고 가정하자. 보유 자금이 1억 원 있고, 매매가가 3억 원이라고 할 경우 이번에는 전세를 레버리지로 이용할 수 있다. 즉 전세를 끼고 집을 사는 경우다. 전세가가 2억 원인 집을 살 경우 실제 필요한 돈은 1억 원만 있으면 된다. 이때 전세금은 대출금과 마찬가지 효과를 내는데, 전세금은 대출이자가 나가지 않는다는 장점이 있다. 아주 큰 장점이다. 그렇다면 전세 끼고 집을 사는 게 좋은가? 위험 관리 측면에서 가능성(확률)을 나누어 분석하자. 투자 목적인 매매가가 오를 경우와 하락할 경우로 나눠 살펴본다.

먼저 매매가가 3억에서 3억 3천만으로 오른 경우, 3천만 원이 올랐으니 집값 상승률은 10%이다. 이때 투자수익률은 투자 원금 1억 원 대비 3천만 원이 오른 것이므로 30%의 수익률이 된다. 반대로 집값이 하락할 경우를 보자. 매매가가 3억에서 2억 7천만 원으로 하락했다면 집값 하락률은 −10%다. 하지만 투자자 입장에서는 원금 1억 원에 대해서 3천만 원이 손실 난 것이므로 수익률은 −30%가 된다. 집값이 ±10% 변할 때 갭 투자의 투자 수익은 ±30% 변한다. 즉 변동성(위험)이 매우 큰 투자 방법임을 반드시 알아야 한다.

매매가 대비 전세가의 비율을 전세가율이라고 한다. 최근 일부 지역에서 전세가율이 90%가 넘는 경우가 발생하고 있다. 이런 경우 매매가 3억이면 전세가 2억 7천만 원이라는 얘기다. 즉 3천만 원만 있으면 투자 목적으로 집을 살 수 있다. 매매가 10% 오르면 3억 3천만 원이 되니, 3천만 원이 오른 것이다. 원금(3천만 원) 대비 수

마법의 돈 굴리기

익(3천만 원)이 100%이다. 반면 집값이 하락할 경우 10% 하락이면 매매가가 2억 7천만 원이 되니 손실액이 3천만 원이 된다. 즉 매매가에서 전세금을 빼고 나면 남는 돈이 없다. 투자금을 다 날려 100% 손실 났다는 말이다.

만약 집값이 2억 6천만 원으로 4천만 원이 떨어졌다고 해보자. 2억 7천만 원에 전세 살던 세입자는 집값이 낮아졌으니 전세가를 낮춰달라고 요구할 것이다. 현재 집값(2억 6천만 원)의 90% 수준으로 전세가를 맞춘다고 했을 때, 전세금은 2억 3,400만 원이 된다. 즉 세입자에게 3,600만 원을 주고 전세 계약서를 다시 써야 한다. 세입자에게 줄 돈은 대출이라도 받아서 전세가가 낮아진 만큼을 메워야 한다. 투자한 원금(3천만 원) 이상의 손실이 발생할 수 있는 것이다. 투자금 이상으로 손실이 발생할 수 있는 금융 상품을 '파생상품'이라 한다. 파생상품으로 주로 알려진 것은 선물, 옵션 등으로 매우 위험한 상품으로 인식되고, 금융 당국에서도 투자 위험을 지속적으로 고지하고 있다. 그런데 소위 '갭 투자'라 불리는 전세 끼고 집을 사는 경우 파생상품 못지않게 위험하지만, 그 위험성이 별로 알려져 있지 않은 듯하다.

레버리지 투자는 오를 때 더 없이 좋지만, 하락할 때는 심리적으로 견디기 어려운 손실을 보인다. 앞에서 살펴본 손실 회피 편향 등의 심리적 한계로 인해 일시적인 손실 발생으로 매도하는 등 비합리적인 판단을 내릴 가능성이 높다. 이렇듯 레버리지 투자는 매우 변동성이 큰 투자로 위험하다고 봐야 한다. 과거처럼 지속적으로 집 가격이 오르던 시기에는 전세 레버리지를 이용한 투자 방법이 고수익을 안겨주었지만, 집값이 하락할 경우 그만큼 큰 위험을 감수해야 한다.

청약 레버리지 : 피떼기

아파트 분양시장에서도 이런 레버리지 투자가 발생한다. 아파트 가격이 상승하는 분위기일 때 청약에 당첨되면 아파트 분양권의 인기가 높아진다. 속칭 '피떼기 시장'[141]이 열리고 수천만 원의 웃돈을 주고 분양권을 사려는 수요자가 생긴다. 청약하고 당첨만 되면, 대박이라는 심리가 퍼진다. 청약에 당첨되면 분양가의 10%(계약금)를 낸 후 분양권을 받는다. 분양가가 3억 원이라면 계약금은 3천만 원이다. 이때 주변 시세가 3억 5천만 원이라고 하면, 분양 아파트는 5천만 원이나 싸게 나온 것이다. 실수요자 입장에서는 3천만 원의 웃돈을 얹어주고도 주변 시세보다 2천만 원이 싸다는 생각이 드니 웃돈을 얹어주게 된다. 이 경우 청약 당첨자는 계약금 3천만 원으로 웃돈 3천만 원을 챙겼으니 수익률 100%짜리 투자를 한 셈이다.(물론 양도

세로 실제 수익은 줄어들 수 있다)

반대로 주변 시세보다 비싸게 나왔거나 청약 이후 아파트 시세가 떨어지고 있다면 이 분양권은 아무도 사지 않을 것이다. 오히려 분양권을 계약금보다 더 싸게 팔아야 할 수도 있다. 그도 아니면 아파트 중도금과 잔금까지 치르고 완공 후에 세입자를 구하거나 매수자를 알아봐야 한다. 그 사이 중도금 대출이자 등을 고스란히 부담해야 한다.(이처럼 매매가가 떨어지는 시기라면 중도금 대출이자율도 안 좋게 형성될 가능성이 높다. 또한 정부 정책 변화 등으로 아파트 중도금에 대한 집단 대출이 제한될 경우 고금리의 대출을 구해야 할 수도 있다)

실수요가 아닌 분양권 프리미엄을 노리고 청약에 참여하는 것은 위험하다. 전세 레버리지와 마찬가지로 높은 위험을 안고 투자하는 것임을 알아야 한다. 더군다나 아직 지어지지도 않은 집이다. 완공 후에 하자가 있을지도 모르고, 완공 때까지 대출금리 부담이나 매매가 변동 등의 스트레스는 전세 레버리지에 비해 훨씬 클 수 있다. 전매 제한 기간 연장, 청약 자격 강화, 재당첨 금지, 집단 대출 제한 등 정부의 규제 가능성도 매우 높다. 투자 목적의 청약을 하고자 한다면 이런 점을 잊지 말아야 한다.

주식 레버리지

주식 투자에 있어서도 레버리지 투자는 위험할 수밖에 없다. 특히 주식 거래 시 대출(신용융자 등)을 이용할 경우, 대출받기의 편리함 만큼이나 신용융자 이자율은 매우 높다. 높은 이자를 내고 대출받아 주식 투자를 하는 셈이다. 따라서 투자한 주식의 수익률이 대출금리 이상으로 높아야 한다. 그 이하일 경우 무조건 손해 보는 것이다. 더욱이 주가가 매수가보다 하락할 경우 하락한 만큼의 손실에 대출금 리만큼의 손실이 더해진다. 부동산의 전세 레버리지는 대출금(전세금)에 이자라도 없는데, 이 경우는 아주 비싼 이자를 지불해야 하는 것이다. 초보 투자자라면 절대 하지 말아야 한다.

공모주 청약이란 주식시장에 상장하기 위해 기업을 공개하는 과정에서 일반인에게 매각하는 주식을 배정받기 위한 것이다. 공모주에 청약하는 이유는 상장 후 주가가 오를 것을 예상하는 것으로, 아파트 매매가가 오를 것을 가정하고 청약하는 것과 유사하다. 아파트 분양권 청약과 마찬가지로 공모주 청약 역시 상장 이후 주가 하락으로 인한 손실 위험이 크다. 시초가가 공모가보다 낮은 '부실 공모주'가 나타나는 등 위험이 큰 투자이므로 초보 투자자라면 충분한 경험이 쌓인 후 투자를 고려해야 한다.

마법의 돈 굴리기

4장

자산배분은
어떻게
해야 하는가?

1 투자 대상 선정

자산배분 투자 전략에서 투자 대상 선정은 가장 먼저 고민해야 하는 부분이다. 투자의 목적은 무엇보다 높은 수익이다. 단 안정적이고 장기적이어야 한다. 포트폴리오에 포함할 자산, 즉 내가 투자할 대상의 가장 중요한 점은 '장기적'으로 '우상향'해야 한다는 것이다. '우상향'한다는 말은 가격이 오르고 수익이 발생한다는 의미다. 자산 가격의 움직임을 그래프로 그렸을 때 오른쪽으로 갈수록(시간이 지날수록) 가격이 올라가는(상향) 모양을 말하는 것이다. '장기적'이라는 말은 단기적으로나 일시적으로는 가격이 떨어지고 수익률이 하락할 수 있지만 길게 봤을 때 가격이 올라가야 한다는 것이다.

자산의 특성을 파악하기 위해 장기적인 움직임이 미래에도 계속될 수 있다고 단순히 가정하겠다. 단기적으로는 각종 이벤트로 변동이 있을 수 있지만, 이를 예측하는 것은 불가능에 가깝다. 따라서 장기적인 결과에 기초해 분석하는 것이 안전한 방법일 수 있다.[142] 물론 과거의 움직임이 미래에도 반복될 것이라고 말할 수는 없다. 새로운 형태의 위험과 기회가 발생할 것이기 때문이다.

금융의 역사에서 알 수 있듯이, 투자자의 비합리적인 행태는 그다지 변하지 않는다. 시장의 비효율적인 모습 역시 마찬가지다. 어떤 모습으로든 거품과 폭락은 반복될 것이다. 금융위기와 외환위기, 대공황, 세계대전, 고금리와 저금리 등이 또 다른 모습으로 반복될 것이다. 이미 이런 일을 전부 겪어온 시장의 데이터를 이용해 분석해보자. 길게 보면 역사는 반복된다. 미래의 금융시장에 대한 힌트를 과거에서 찾아보자.

전 세계 많은 시장이 있지만 아주 오래된 데이터까지 잘 보관해서 제공하는 미국의 사례를 보고, 그 다음에 우리나라의 사례를 살펴보겠다.

미국 자본시장 사례

[표 12]는 이봇슨사의 자료로 미국에서 1925년 말 각 자산에 1달러를 투자했을 때 2015년 말의 투자 자산별 누적 수익을 보여준다.[143] 이 기간에 자본시장은 전쟁과 평화, 인플레이션과 디플레이션, 여러 차례의 경제 팽창과 수축 사이클 등 다양한 시장 상황을 경험했다.[144] 그래프 맨 위쪽부터 소형주, 대형주, 장기 국채, 단기 국채, 물가상승률이다. 세로축은 투자 결과로 나타난 금액인데, 비율의 변화를 나타내는 로그자[145]로 표시됐다. 로그자의 경우 폭넓게 나

[표 12] 미국 자본시장의 투자 자산별 누적 수익률 비교

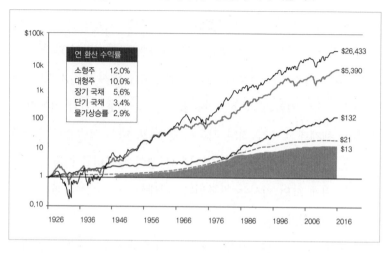

타나는 투자 자산의 움직임을 같은 그래프 상에서 보기 쉽게 비교할 때 종종 사용된다.

[표 12]는 '장기간' 다양한 시장 상황에서도 '우상향'하는 자산을 대표적으로 보여준다. 90년간의 투자 기간 동안 연 단위로 환산한 수익률을 보면 소형주가 12%, 대형주 10%, 장기 국채 5.6%, 단기 국채 3.4%이다. 이들은 모두 연평균 물가상승률 2.9%를 넘어서는 수익률을 보여준다. 시장 상황에 따라 단기적으로 하락하는 등 변동성이 커지는 구간도 있으나, 장기적으로는 우상향하며 물가상승률 이상의 수익률을 보여주었다.

마법의 돈 굴리기

한국 자본시장 사례

[표 13]은 금융투자협회의 자료로 국내 투자 자산의 상황을 볼 수 있다.[146] 1982년 말에 100만 원을 투자했을 경우 2012년 말의 누적 수익률을 비교했다. 투자 기간 30년 동안의 연 환산 수익률을 계산해보면 주식 11.9%, 채권 8.5%, 예금 7.5%, 부동산 5.6%, 금 5.6%, 원유 4.6%를 보인다. (참고로 해당 기간의 우리나라 물가상승률은 연평균 3.8%였다)[147]

국내 투자 자산 역시 장기적으로 우상향하는 성향을 보인다. 물론 주식의 경우 단기적으로는 변동성이 크게 나타나기도 한다.

[표 13] 국내 투자 자산별 누적 수익률 비교

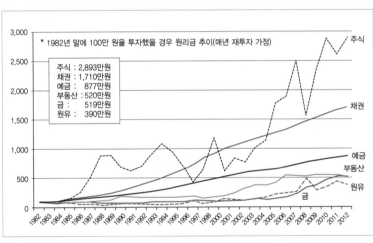

2 주식 투자
: 수익률 짱!

자산별 장기투자 결과를 보면 주식의 수익률이 가장 좋다. 미국과 한국만의 사례는 아니다. 〈낙관론자들의 승리〉에서 엘로이 딤슨 등이 16개국을 대상으로 분석한 결과, 모든 국가에서 주식 수익률이 가장 앞섰다.[148] 그 밖의 많은 연구에서도 장기적으로는 주식 수익률이 가장 우수한 결과를 보여준다.

주식이란 회사가 자본을 늘리기 위한 목적으로 회사의 주권을 사고팔 수 있게 만든 것을 말한다. 주식시장이란 이러한 회사들의 주식을 사고파는 곳이다. 주식 투자를 하는 방법은 크게 3가지로 나눠볼 수 있다. 첫째, 개별 회사 주식에 '직접투자'하는 방법, 둘째, 주식형 펀드를 통해 '간접투자'하는 방법, 셋째, 주식시장 자체에 투자하는 '지수투자' 방법이다.

마법의 돈 굴리기

직접투자 : 개인이 수익을 낼 수 있을까?

직접투자란 투자자가 개별 회사의 주식을 직접 매매하는 방식이다. 기본적 분석, 기술적 분석 등 다양한 투자 방법을 이용하여 주식을 사고파는 것이다. 하지만 국내외의 다양한 연구에서 개인 투자자의 직접투자 성과는 그리 좋지 못하다.

브래드 바버 교수와 테런스 오딘 교수의 연구에서 미국 주식시장의 개인 투자자는 빈번한 거래로 수익률을 떨어뜨리며, 주가 움직임에 대한 본인의 예측력을 과신하여 투자 성과가 주가지수보다 좋지 않다고 나타났다. 투자 수익이 마이너스로 예상될 때 더 많이 거래하고, 여성보다 남성의 과신 성향이 크고 투자 성과도 좋지 않다.

이러한 현상은 한국 주식시장에서도 마찬가지다. 변영훈 교수의 연구 결과, 개인 투자자의 수익률이 시장 수익률보다 낮았다. 또한 개인 투자자는 매매 타이밍을 놓치고, 종목 선택 능력도 나쁜 것으로 나타났다. 일부 투자자가 우수한 투자 능력을 보유하고 있을 가능성이 있어 이를 검증했는데, 그 결과 특정 해의 성과가 다음 해에도 지속되는 비율은 매우 낮았다. 반면 수익이 안 좋았던 투자자의 낮은 수익률이 지속되는 비율은 높게 나타났다.[149]

자본시장연구원의 연구 결과도 비슷했다. 개인 투자자의 직접투자 성과는 열악했다. 개인 투자자의 거래 회전율이나 거래 비중이 높은 종목일수록 수익률이 저조했던 것으로 나타났다.[150]

2016년의 투자자별 성과를 살펴보면, 개인 투자자의 순매수 상위 10개 종목 평균 수익률은 −26.6%로 집계됐다. 반면 기관이 많이 산

10개 종목은 평균 28.7%의 고수익을 냈다. 외국인 투자자의 평균 수익률도 14.2%였다. 기관과 외국인은 순매수 상위 10개 종목 중에는 겹치는 종목이 있었으나 개인은 이들과 겹친 종목이 한 종목도 없었다.[151] 2015년에도 이런 현상은 동일했다. 기관 투자자(16.4%)와 외국인 투자자(28.9%)의 높은 성과에 비해 개인 투자자의 성적은 −34.2%로 저조했다.[152]

국내외 연구 결과는 개인 투자자의 과신과 자기귀속 편향 탓에 잦은 매매, 소형주 투자, 집중투자 등으로 투자 수익률이 나쁘다는 것을 말해준다.

이렇듯 통계적으로 개인 투자자의 성과는 시장수익률보다 낮다. 앞서 살펴본 다양한 비합리적이고 비이성적인 투자 행위가 개인 투자자의 성과에 영향을 미친 것이다. 물론 주식 투자로 대박을 터뜨린 사례가 종종 언론에 나온다. 하지만 극소수의 성공 신화다. 그들 역시 매번 성공하는 것은 아니다. 어디까지나 확률적으로 접근해야 한다. 설사 그들이 실제로 수백억의 수익을 거뒀다고 한들 나도 그렇게 되리라는 보장은 없다. 창업을 한다고 누구나 구글, 페이스북처럼 큰 성공을 이루는 게 아니 듯 말이다.

세계 최대의 헤지펀드를 운용하는 레이 달리오는 이렇게 말한다. "시장을 이기려 해서는 절대 이길 수 없어요. 시도조차 하지 말아야 해요. 직원이 150명이고 경험이 40년이나 되는 나한테도 험난한 게임이에요. 이건 지구상에서 최고의 포커 플레이어들과 치는 포커판이에요."[153]

마법의 돈 굴리기

워렌 버핏은 전문 투자자가 아닌 사람들에게 해주고 싶은 조언을 묻는 질문에 이렇게 대답했다. "일주일에 6~8시간을 투자에 쓸 수 있다면 직접투자를 하세요. 그렇지 않다면 인덱스펀드에 적립식으로 투자하세요. 이렇게 하면 자산과 시간에 대한 분산 효과를 거둘 수 있고, 이 두 가지가 매우 중요합니다."[154] 일주일이 아니라 하루에 6~8시간을 투자해야 제대로 직접투자를 할 수 있는 것이 아닐까?

간접투자 : 전문가에 맡기면?

"다 던져, 관련 종목 다 매도해. 야, 김 대리. 뭐 하러 개미 입장까지 생각하냐?"

시장 안정성 측면도 있고, 개미들도 생각해야 한다는 김 대리의 말에 석우(공유)는 화를 낸다.

또 다른 주인공인 상화(마동석)는 좀비들에게 쫓기는 걸 보면서도 매정하게 기차 칸막이 문을 닫아버린 석우(공유)의 이기적인 모습을 지적한다. "너 펀드매니저라며? 펀드매니저면 잘할 거 아니야? 쓸모없어지면 버리는 거."

영화 〈부산행〉의 일부 내용이다. 영화 속 펀드매니저는 개미(개인 투자자)를 등쳐먹는 '개미핥기'라고까지 비난받는다. 모든 펀드매니저가 영화 속 석우와 같지는 않을 것이다. 펀드매니저란 사람들이 투자하고자 모은 돈(펀드)을 운영해주는 사람(매니저)을 말한다. 이렇게 투자를 누군가에게 맡기는 것을 간접투자라고 한다. 주식에 투자하는 두 번째 방법은 주식형 펀드에 가입하는 것이다.

개인 투자자는 주식에 대한 정보도 부족하고, 본업이 따로 있어 개별 회사의 상태를 분석하기에 한계가 많다. 그래서 투자를 대신 해 주는 펀드에 가입한다. 펀드를 운용하는 펀드매니저는 직업으로서 투자를 하고 직간접적으로 많은 정보를 접할 수 있으니 개인보다 투자를 잘할 것이라 생각한다. 특정 기간에 일부 펀드가 시장 대비 더 좋은 성과를 내기도 하고, 이에 스타 펀드매니저가 나오기도 한다. 하지만 펀드매니저가 시장을 이기는 일이 지속될 수 있을까?

〈월스트리트 저널〉에 실린 '눈앞의 별빛에 사로잡힌 투자자들'이라는 제목의 기사는 별점 4개나 5개짜리 펀드가 실제로는 별로 빛나지 않는 실적을 거두었다고 밝혔다. 연구자들은 1999년으로 돌아가 당시 별점 5개를 받았던 펀드가 이후 10년 동안 거둔 실적을 조사했다. 연구 결과 별점 5개를 받은 248개의 펀드 중 10년 뒤에도 여전히 별점 5개를 유지한 펀드는 4개에 불과했다.[155]

리서치 애필레이트(Research Affiliates)의 로버트 아노트는 운용 규모가 1억 달러 이상인 상위 200개 액티브 펀드의 실적을 연구했다. 1984년부터 1998년까지 15년 동안 200명의 펀드매니저 중에서 뱅가드 500 지수를 이긴 사람은 8명에 불과했다. 지수를 이길 확률이 4%도 안 된다는 소리다.[156]

2012년 발표된 보고서 'S&P 지수와 액티브 펀드의 성적 비교(SPIVA)'에 따르면 대형 성장주 펀드 중 89.9%는 S&P 성장주 지수를 따라잡지 못했고, 소형 성장주 펀드 중 95.5%는 S&P500 소형주600 지수를 이기지 못했다.[157]

리서치 회사인 달바(Dalbar)의 조사는 펀드 투자자의 성향 문제를 지적한다. 1993년 12월 31일부터 2013년 12월 31일까지 20년 동안 S&P500의 연 수익률은 9.2%였지만, 일반 펀드 투자자의 연 수익률은 2.5%였다. 인플레이션도 따라잡지 못하는 수치였다. 차라리 단기 국채에 투자했더라면 더 나은 수익을 얻었을 것이다. 달바의 루이스 하비 사장은 이렇게 설명한다. "투자자는 잘못된 시기에 시장에 돈을 넣거나 뺀다. 그들은 열기에 빠지거나 패닉에 사로잡혀 스스로를 해친다."

피델리티의 마젤란 펀드의 실적을 수행한 연구는 더 놀라운 결과를 보여준다. 마젤란 펀드는 1977~1990년 동안 연평균 29%라는 놀라운 수익률을 낸 투자의 전설 피터 린치가 운용하는 펀드였다. 그러나 피델리티의 조사 결과 마젤란 펀드에 투자했던 투자자는 평균적으로 돈을 잃었던 것으로 드러났다.[158] 왜 이런 일이 생긴 것일까? 펀드가 하락하면 펀드 투자자는 손실 회피 편향에 빠져 견디지 못하고 손실이 난 상태에서 돈을 뺀다. 다시 펀드가 상승하면 군중 심리와 최근성 편향으로 다시 돈을 넣는 것이다. 싸게 사서 비싸게 판 게 아니라 정반대로 행동한 것이다. 펀드 투자자의 잘못된 투자 습관으로 제대로 된 수익을 내지 못한다는 말이다.

개인 투자자의 펀드 투자에서 수익률이 낮아지는 이유는 또 있다. 운용 비용, 생존 오차, 사후편입 오차 때문이다.

운용 비용이란 펀드를 운용해주는 대가로 받는 돈을 말하는데 운용, 판매, 수탁, 일반 등의 보수와 회계 감사, 세금 등 기타 비용을 합쳐서 총비용비율이라 부른다. 펀드가 수익이 나든 손실이 나든 매년 꾸준히 나가는 돈이다. 대부분 펀드의 성과는 운용 비용을 감안하지 않은 값이다. 투자자에게 돌아오는 수익은 펀드의 성과에서 운용 보수를 차감해야 한다. 국내의 경우 금융투자협회 통계에 따르면 주식형 1.26%, 혼합주식형 1.31%, 혼합채권형 1% 등이다. 최근에는 낮아지는 추세지만 2011년 이전에 나온 펀드의 경우 2%가 넘는 경우도 허다하다.[159]

생존 오차란 많은 펀드 중에서 성과가 나빠 퇴출된 펀드가 보이지 않기 때문에 남아 있는 펀드의 수익률이 좋아 보이는 것을 말한다. 수익률이 좋은 펀드만 남아 있어서 실제 성과보다 더 좋아 보이는 효과를 내는 것이다. 정보가 오염된 것이다.

사후편입 오차란 헤지펀드 등이 운용되다가 성과가 좋아지고 나서 펀드 지수에 새로 편입될 때 예전의 좋았던 성과를 포함하게 되어 지수의 과거 내용도 수정되는 것을 말한다. 실제 성과가 좋은 펀드만 편입되면서 해당 지수의 성과가 좋게 보이는 것이다.

생존 오차와 사후편입 오차의 영향력을 분석하는 학계의 연구를 보면 놀랍다. 로저 이봇슨에 따르면 생존 오차는 수익률에 연간 2.9%를 추가했고, 사후편입 오차는 추가적으로 4.6%를 더했다고 한다.[160]

지수투자 : 인덱스에 투자하자

이제 남은 것은 세 번째 방법인 주식시장 자체에 투자하는 것이다. 이 책을 통해 초보 투자자에게 권하는 방법이기도 하다. 앞서 살펴본 장기투자 결과는 바로 이 주식시장의 결과다. 주식시장에 투자하는 방법으로 주가지수를 상품화한 인덱스에 투자하면 된다. 국내 주식시장의 대표로는 코스피 시장이 있다.[161] 코스피 시장에서 거래되는(상장된) 주식 가격을 종합적으로 모아 만든 것이 코스피 지수다. 신문이나 뉴스에서 주식시장을 언급할 때 자주 사용된다. 지수가 2000을 넘었다거나 반 토막이 났다고 표현할 때 주가지수가 바로 코스피 지수다. 국내 주식시장에서 가장 많이 거래되는 대표적인 인덱스로 코스피200 지수가 있다. 이는 코스피 시장에 상장된 800여 개 중 상위 200개 기업의 주가를 이용하여 만드는 지수다. 코스피200 지수의 움직임에 투자할 수 있는 인덱스펀드나 ETF 등의 상품이 있다. 이런 상품을 이용해 주가지수에 투자할 수 있는 것이다. 외국의 경우도 나라마다 여러 개의 주식시장이 존재하고, 해당 시장의 움직임에 투자할 수 있는 상품이 있다. 미국의 경우 스탠더드 앤드 푸어(S&P)사가 작성해 발표하는 주가지수인 S&P500이 있고, 일본은 니케이225 등이 있다.

앞서 개인 투자자의 직접투자나 펀드를 통한 간접투자의 결과가 장기적으로 지수를 이기지 못한다는 점을 확인했다. 왜 그럴까?

국내 주식시장의 경우 코스피에 상장하려면 코넥스나 코스닥 시장보다 까다로운 상장 요건을 갖추어야 한다. 코스피 시장에서도 상위 200개 회사만이 코스피200 지수에 편입된다. 성과가 나쁜 회사는 지수에서 빠지고, 새로운 좋은 회사가 지속적으로 편입된다. 이것이 지수가 장기적으로 좋은 결과를 내는 이유다.

포스터와 캐플란이 연구한 결과에 따르면, 1957년도 미국 주식 상위 500개 기업 중 단지 74개 기업(37%)만이 1997년에도 상위 500개 기업 명단에 남아 있었으며, 이들 중 12개 기업(6%)만이 지수 대비 초과 수익을 냈다. 또한 살아남았던 74개 기업의 평균 주식 수익률은 매년 시장 대비 20% 낮았던 것으로 조사되었다. 우리나라 역시 1965년 100대 기업 중 2004년 남아 있는 기업은 12개뿐이었다.[162]

장기적으로 살아남는 기업을 찾는 것은 쉽지 않다. 더욱이 좋은 실적을 꾸준히 내는 기업을 찾는 건 더욱 어렵다. 주식회사의 총합이 주식시장인데, 시장은 살아 움직이지만 기업은 시장을 미처 못 쫓아간다. 마이클 해넌과 존 프리먼의 연구 결과 경제의 변화는 개별 기업의 적응에 의해서라기보다 기업의 시장 진입과 퇴출에 의해서 일어난다. 주식시장의 실적을 상승시키는 것은 바로 지속적으로 진입하는 신규 기업이다.[163]

종종 개인 투자자 중에 '자식에게 물려줄 주식을 찾는다'거나 그런 주식을 추천해달라는 경우가 있다. 하지만 이런 연구를 보니 그런 기업을 찾는 건 확률적으로 거의 불가능해 보인다. 기업이 아닌 주식시장을 사주는 건 어떨까?

마법의 돈 굴리기

주식시장에서 위험을 낮추는 방법

주식시장에 투자하는 방법으로는 인덱스 투자가 가장 좋아 보인다. 그렇지만 여전히 주식시장의 출렁거림, 그 변동성은 너무 위험하다. 주식 투자를 하고자 할 때 가장 걱정되는 부분이다. 하지만 장기투자의 긴 투자 시간은 이러한 단점을 보완해준다.

[표 14]는 미국 시장의 S&P500 지수의 보유 기간에 따른 수익률의 변동폭이다. 1개월씩 보유했을 때는 11%의 수익을 예상해볼 수 있다. 시장이 좋을 때는 상당히 큰 상승이 있을 수 있지만, 안 좋을 때는 마이너스 95%까지 하락하는 등 변동성이 아주 크다. 하지만 보유 기간이 길어질수록 수익률의 변동폭은 급격히 낮아져 중앙으로 모인다. 10년씩 보유한다고 했을 때 수익률의 중앙값은[164] 21%이고, 최대 32%에서 최소 8%의 수익률을 보였다. 장기투자의 경우 중

[표 14] 미국 S&P500 지수의 보유 기간별 연 환산 수익률의 범위(1960.1~2016.12)[165]

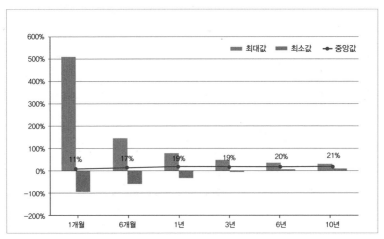

앙값은 크게 차이 나지 않으나, 변동성은 확연히 낮아진다는 사실을 알 수 있다.(더욱이 장기투자의 경우 수익률의 최소값이 플러스라는 게 중요하다)

[표 15]는 우리나라의 코스피 지수의 보유 기간에 따른 수익률의 변동폭이다. 1개월만 보유했을 때는 수익률의 변동폭이 아주 크다.(최대 1,102%, 최소 -94%) 하지만 보유 기간이 길어질수록 수익률의 변동폭은 급격히 낮아진다. 10년씩 보유한다고 했을 때 최대 80%에서 최소 18%의 수익률 변동을 보였다. 수익률의 중앙값 역시 투자 기간이 길어질수록 개선되는 것을 알 수 있다.

장기투자는 주식시장의 위험(변동성)을 낮춰준다. 장기투자는 변동성의 좋은 부분, 즉 수익률이 상승하는 변동성만을 취하도록 도와준다. 이는 주식에만 해당하는 사항이 아니다. 다른 투자 자산 역시 장기로 투자했을 경우 투자 위험이 낮아진다. 이것이 단기간의 성과에 일희일비하지 말아야 하는 가장 큰 이유다.

[표 15] 코스피 지수의 보유 기간별 연 환산 수익률의 범위(1991.1~2016.12)[166]

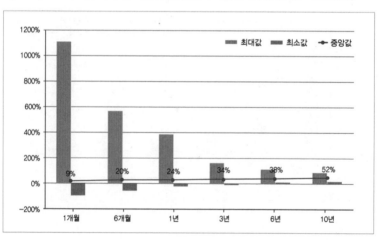

마법의 돈 굴리기

3 채권 투자
: 안전하고 괜찮다?

앞서 장기투자 결과에서 주식이 가장 좋은 수익률을 보였다는 걸 확인했다. 그런데 주식보다 수익률이 낮은 채권에는 왜 투자해야 할까? 먼저 채권이 무엇인지 살펴보자.

채권은 채무라는 단어와 연결지어 설명할 수 있다. 채무는 돈을 빌려 빚을 진 것으로 채권자에게 원리금을 갚을 의무를 말한다. 가까운 예로 은행에서 대출을 받는 것이다. 돈을 빌린 채무자는 이자와 원금을 갚게 된다. 반대로 채권이란 돈을 빌려준 것으로 원금과 이자를 받을 권리를 말한다. 다양한 채권, 채무의 형태가 존재하지만 이 책에서는 국채와 회사채에 대해 설명한다.(지방채, 산은채, 증금채 등 여러 가지 다양한 채권이 있다. 투자 경험이 쌓이고 나서 천천히 공부해 보길 바란다)

회사채

회사채는 회사가 원금과 이자의 지급을 책임지고 돈을 빌리는 것이다. 회사의 재무 상태에 따라 위험도가 다양하다. 부도가 날 정도로 위험한 회사의 경우 회사채의 수익률이 높게 형성된다. 투자 방법도 직접 회사채를 매매하거나 간접적으로 투자할 수도 있다. 회사채의 경우 주식 못지않게 변동성이 커지기도 하며, 부도가 나는 경우도 심심치 않게 발생한다. 투자 정보가 투명하지 않은 경우도 많고, 간접투자 방법이 많지도 않다. 투자 금액이 많지 않은 개인 투자자에게는 크게 매력적이지 않은 투자 대상이다. 투자 자산 규모가 수억 원 이상 커졌을 때 투자를 고민해보기 바란다.

국채

국채란 정부가 원리금에 대해 지급을 보증하고 빌린 돈이다. 정부는 다양한 활동을 위해 예산을 책정하지만, 거둬들이는 세금만으로는 부족하다. 국가도 돈을 빌리며 그것을 갚겠다는 증표가 국채다. 국가가 지급보증을 하기 때문에 회사채에 비해서 부도가 날 확률이 아주 적다.[167] 손실 위험이 낮기 때문에 이자를 적게 줘도 돈을 빌릴 수 있다. 즉 국채 수익률은 낮다.

돈을 빌리는 기간에 따라 단기 국채, 중기 국채, 장기 국채로 나눈다.[168] 단기 국채는 빌린 돈을 금방 갚겠다는 것으로 위험도 작고 이자율(수익률)도 낮다. 장기 국채는 투자 기간이 긴 경우로 투자 기간 동안 어떤 상황이 발생할지 모르니 위험이 크고, 그에 따라서 이 자율(수익률)도 높다. 중기 국채는 위험과 수익률에서 중간 정도의 성격을 갖는다. 미국의 경우 단기 국채는 1~3년, 중기 국채는 7~10년, 장기 국채는 20년 이상을 말한다. 가장 긴 것은 30년짜리도 있다. 국내의 경우 미국에 비해 국채 투자 여건이 좋지는 않다. 3년짜리가 중기 국채의 역할을 하고, 10년짜리가 장기 국채의 역할을 한다. 여기서 말하는 국채는 대부분 중장기 채권을 대상으로 한다. 국채 역시 ETF의 형태로 주식시장에서 사고팔 수 있다. 물론 채권을 사고파는 채권시장도 있다. 주식시장 못지않게 큰 규모지만 일반 투자자가 접근하기 어려워 여기서는 다루지 않는다.

주식보다 장기 수익률이 낮은 채권에 투자해야 하는 이유는 뭘까? 자산배분 전략에서 채권의 의미는 채권 가격의 움직임, 즉 수익률의 움직임 때문이다.

[표 16]은 국내 증권시장에서 매매되는 국채 ETF의 실제 가격 그래프다. 국채 가격이 부드럽게 우상향함을 알 수 있다. 중기 국채(3년물)에 비해 장기 국채(10년물)의 움직임이 좀 더 거칠지만 수익은 더 좋다. 거친 정도를 말하는 변동성 지표인 표준편차는 중기 국채(3년물)가 1.4%, 장기 국채(10년물)가 4.3%이다. 5년 3개월의 조사 기간 동안 연 환산 수익률은 각각 3.5%, 5.5%이다. 덜 위험한(변동성이 적은) 중기 국채가 수익률이 낮고, 장기 국채는 조금 더 위험하지만 수익률이 높다. 같은 기간 예금의 세후이자율은 2.1%(세전 2.4%)이고 물가상승률은 1.6%이다.[170] 예금보다 다소 위험하지만 수익률이 높다. 참고

[표 16] 국채 3년물, 국채 10년물 누적 수익률[169]

로 동일 기간의 주식 수익률은 연 2.0%에 변동성이 10.8%였다. 국채가 주식보다 변동성은 낮고 수익률은 오히려 높다.(앞서 살펴본 장기 수익률은 주식이 앞섰다. 채권 ETF가 출시된 지 오래되지 않아 비교적 단기간의 예시며 국채가 항상 우월하다는 뜻은 아니다)

부드럽게 우상향하는 성격이 국채에 투자해야 하는 첫 번째 이유다. 변동성이 낮아 안정적이고, 장기적으로 물가상승률 이상의 수익을 제공한다. 미국의 경우는 어떨까?

[표 17]은 미국 시장에서 실제 거래되는 ETF의 움직임이다. 미국 주식 대표로 S&P500을 추종하는 SPY ETF와 미국 중기 국채를 추종하는 IEF ETF의 실제 거래 가격이다.[171]

미국의 경우 국채의 연 변동성은 6.7%, 연 수익률은 5.2%였다.

[표 17] 미국 주식과 국채의 관계

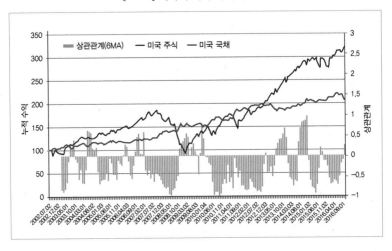

주식의 연 변동성은 14.2%, 연 수익률은 8.5%였다. 수익률만 보면 주식이 우수하다. 수익을 변동성으로 나눈 값인 위험 대비 수익(샤프 비율)은[172] 국채가 0.59, 주식이 0.52로 위험과 수익을 같이 비교했을 때는 국채의 성과가 좋다.

표의 아래쪽은 주식과 국채, 두 자산의 상관관계를 나타낸 것이다. 주식 가격이 올라갈 때 채권 가격 상승은 주춤하거나 약간 하락한다. 반면 주가가 하락할 때 채권 가격은 상대적으로 올라가는 경향이 있다. 이렇게 두 자산 간 수익률이 반대로 움직이는 경우 음의 상관관계를 갖는다고 표현한다. 음의 상관관계를 갖는 자산을 보유할 경우 포트폴리오 전체의 위험을 낮춰준다. 이것이 국채에 투자해야 하는 두 번째 이유다. 통상 국채는 장기적으로 주식과 음의 상관관계를 보인다. 표에서 볼 수 있듯이 대부분의 기간 동안 상관관계가 마이너스(상관관계 부분이 0보다 낮은 부분)이다.

왜 이렇게 주식과 국채는 반대로 움직일까?

금융시장의 투자자는 국채는 안전 자산, 주식은 위험 자산이라고 생각한다. 안전과 위험은 상대적인 개념이다. 나라(국채)가 망할 확률은 아주 낮지만, 상대적으로 회사(주식)가 망할 확률은 꽤 높기 때문이다. 주식시장의 변동성이 커지고 위험해 보이면 투자 자금을 회수해 국채에 투자한다. 반대로 주식시장이 활황일 때는 국채에 투자되어 있던 돈을 찾아서 주식시장에 투자한다. 이러한 성향 때문에 일반적으로 주식과 국채는 음의 상관관계를 갖는다. 물론 항상 그렇지는 않다. 장기적으로 그런 성향이 많다는 말이다.

국채의 위험 요소

우리나라와 미국의 국채 움직임을 보니, 안전하고 수익도 나쁘지 않은 투자 자산으로 보인다. 정말 국채는 위험하지 않을까?

국채가 갖고 있는 위험, 국채에 투자한 돈을 잃을 가능성은 크게 3가지다.

첫 번째는 채무불이행 위험이다. 정부가 파산을 선언하고 빌린 돈(국채)을 갚지 않거나 일시적으로 채무 상환을 연기하는 모라토리엄(지급 연기)을 선언할 수 있다.[173] 실제로 1931년 미국(대공황), 1933년 독일(전쟁 배상금), 1982년 중남미 국가들(멕시코, 브라질, 아르헨티나 등), 1998년 말레이시아, 러시아, 중남미 국가들, 최근에는 2009년 11월 아랍에 미리트의 두바이가 모라토리엄을 선언한 바 있다. 다만 일반적인 상황에서 신용등급이 높은 나라는 발생할 가능성이 낮다. 특히 미국 국채의 경우는 세계에서 가장 안전한 자산의 하나로 여긴다. 미국 정부는 빚이 많더라도 파산할 가능성이 매우 낮기 때문이다. 그들은 다양한 방법으로 돈을 찍어낼 수 있어 파산할 이유가 없는 것이다.

우리나라 국채는 어떨까? 내가 사는 나라니 안전하다고 봐야 할까? 분단 국가니 불안하다고 봐야 할까? 한국은 돈을 잘 갚을 나라인가?

2015년 말 세계 3대 신용평가사인 무디스는 우리나라의 신용등급을 프랑스와 같은 단계로 올렸다.[174] 우리나라보다 높은 등급은 독일, 캐나다, 호주, 싱가포르, 미국, 영국, 홍콩 7개국뿐이다. 이웃나라 일본, 중국, 타이완보다 높은 등급이다. 신용등급은 기본적으로 빚을 제때 갚을 수 있느냐를 보는 지표다. 밖에서 보는 우리나라의 신용이 나쁘지 않다.

두 번째 위험은 인플레이션에 따른 실질수익률 하락이다. 물가상승 분을 뺀 실제 수익률이 낮을 경우를 말한다.

미국 장기 국채의 실질수익률을 보면 1970년대 중후반에는 마이너스였다. 당시 국채수익률이 연 8%였으나 실질수익률은 마이너스로, 실제로는 손해를 보고 있었다는 얘기다. 물가상승률이 상대적으로 높아 국채의 실질수익률이 마이너스가 되는 시기는 최근에도 있었다. 실질수익률이 마이너스가 된다는 것은 손실이 발생한다는 뜻이고, 손실은 투자의 첫 번째 위험이다. 손실에 대한 위험을 관리할 방법은 없을까?

1970년대 후반과 1980년대 초반 가격이 많이 상승했던 투자 대상은 금, 보석, 토지, 그림 같은 실물자산이었다.[175] 해당 기간 미국 주식은 연 12%의 수익률을 보였다.[176] 평균 물가상승률 9% 대비 실질수익률이 3%로 양호하다. 통상 물가상승은 물건을 판매하는 회사의 수익 증대로 이어지므로 주가 상승과 연동된다고 볼 수 있다. 인플레이션으로 국채가 힘을 쓰지 못하는 기간에는 포트폴리오에 포함된 주식과 실물자산의 수익으로 전체 포트폴리오의 위험을 낮추고 수익을 보전할 수 있다.

실질수익률이 마이너스(손해)인 국채를 계속 보유해야 할까? 1970년대 중후반의 상황이 앞으로 반복된다면 결코 판단하기 쉽지 않다.

미국 장기 국채 이자율 및 인플레이션(1957~2015년)[177]

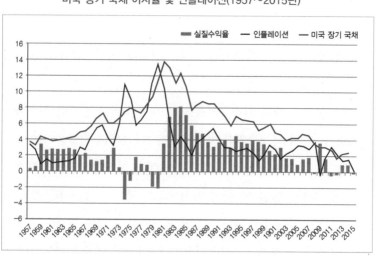

마법의 돈 굴리기

그런데 1970년대가 끝날 무렵부터 채권의 전성기가 시작된다. 1980년대 초부터 20여 년간 채권의 실질수익률은 아주 양호했다. 아주 낮은 변동성(위험)에도 불구하고 높은 수익률을 제공했다. 단기적으로 수익률이 안 좋다고 해서 포트폴리오에서 제외시키는 것은 좋은 선택이 아니다.

세 번째 위험은 국채 가격의 변동성이다. 채권은 금리에 따라 가격이 변한다. 금리가 오르면 채권 가격은 떨어지고, 금리가 내리면 채권 가격은 올라간다. 예를 들어보자. 4월 27일에 3% 이자를 주는 1년짜리 예금에 1,000만 원을 넣었다. 만기인 내년 4월 27일에 1,030만 원을 받게 되니 이 예금의 가치는 1,030만 원이다. 다른 말로 '4월 27일 현재 가격이 1,000만 원인 채권(예금)의 가치는 1,030만 원이다'라고 표현할 수 있다.

그런데 다음 날인 4월 28일 금리가 올라서 4%가 되었다고 치자. 4%에 예금을 하면 그 예금의 가치는 1,040만 원이 된다. 이때 어제 구입한 채권(3% 예금)은 만기(4월 27일)에 30만 원을 주지만, 오늘 산 채권(4% 예금)은 만기(4월 28일)에 40만 원을 준다. 하루만 늦게 가입했어도 이자를 더 받을 수 있었을 것이다. 즉 어제 산 채권(3% 예금)은 오늘 금리가 오름으로써 상대적으로 손실이 났다. 4월 27일에 가입했던 3% 예금은 4월 28일의 가격은 얼마일까? 얼마나 이자를 더 받을 수 있었을까? 얼마나 손해 본 것일까?(세 질문의 결론은 동일하다)

금리 기준으로 약 1% 손실의 하루치다. 오늘의 손실액은 아래와 같이 계산할 수 있다.[178]

손실액 = 1,000만 원×(4%−3%)×364÷365 = 99,700원

즉 어제 1,000만 원을 넣고 가입한 3% 예금의 가치는 여전히 1,030만 원이지만, 오늘 금리가 4%로 상승함으로써 99,700원어치 이자를 손해 본 셈이다. 어제 산 채권(3% 예금)은 이자 손해만큼 인기가 떨어졌을 것이고, 그만큼 싼 가격에 거래될 것이다.

예금은 사고팔 수 없지만 채권은 사고팔 수 있으며, 예와 같이 실제로 채권의 가격이 변동한다. 물론 딱 금리 변동 분만큼만 가격이 변하지는 않는다. 채권 투자자의 투자 심리와 장단기 전망 등이 감안되어 거래 가격이 움직인다. 또한 금융위기 등으로 주식에 비해 상대적으로 안전 자산인 국채에 수요가 몰리면, 수요에 따라 가격이 더 상승하기도 한다. 기억해야 할 점은, 채권 가격은 금리 움직임과 반대라는 것이다. 언론 기사를 보면 '국채 가격 상승'이라고 쓰기도 하고, '국채 금리 하락'이라고 쓸 수도 있는데 둘 다 같은 의미라고 보면 된다.

금리 변동에 따른 국채 가격 변동의 위험은 어떻게 관리해야 할까? 경제 상황이나 금융 사이클에 따라 금리의 움직임을 설명하기도 하지만, 실제로는 아주 다양한 요소의 영향을 받는다. 금리를 예측해 대응하는 것은 불가능하다. 다만 주식시장의 변동성을 낮추는 방법으로 장기투자가 실제 위험을 낮춰주었듯이, 국채 가격 변동의 위험 역시 장기투자를 통해 관리되어야 한다.

자산의 상관관계
: 포트폴리오의 위험을 낮춘다

투자의 목적을 '장기적'이고 '안정적'으로 가져가기 위해서는 포트폴리오의 위험을 관리해야 한다. 자산배분 전략의 가장 큰 강점은 수익을 양보하지 않으면서 포트폴리오의 위험을 낮추는 것이다. 이를 위해 '상관관계'가 낮은 자산을 선택해야 한다. 상관관계란 도대체 무얼까?

상관관계란 자산 가격이 오르고 내리는 움직임이 서로 얼마나 '상관' 있는지를 말한다.

[표 18]에서 A자산의 가격이 올라갈 때 B자산의 가격도 올라가고, A자산 가격이 내려갈 때 B자산 가격도 내려간다. 이렇게 같은 방향으로 움직이는 두 자산을 '양의 상관관계'를 가진다고 표현한다.[179] A와 B를 50%씩 포함하는 포트폴리오를 구성했을 때 포트폴리오의 움직임은 가운데 선과 같다. 포트폴리오의 움직이는 정도(변동성)가 A나 B와 동일하다. 양의 상관관계를 가진 두 자산을 이용한 포트폴리

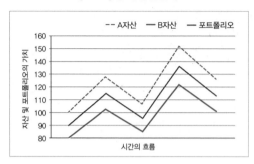

[표 18] 양의 상관관계

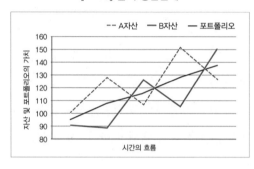

[표 19] 음의 상관관계

오는 개선된 점이 없다.

'음의 상관관계'란 두 자산의 움직임이 반대인 경우를 말한다.

[표 19]에서 A자산 가격이 올라갈 때 B자산 가격은 내려간다. 반대로 A자산 가격이 내려갈 때 B자산 가격은 올라간다. 서로 움직임이 반대인 A와 B에 절반씩 투자하는 포트폴리오의 움직임은 가운데 선과 같다. 부드럽게 우상향한다. 이 포트폴리오는 급격하게 오르거나 내리는 모양이 없다. 다른 말로 변동성이 아주 작다. 음의 상관관계를 갖는 자산을 포트폴리오에 편입했을 때 포트폴리오의 위험(변동성)을 낮출 수 있다는 말이 바로 이것이다.

해리 마코위츠가 1952년 작성한 15페이지짜리 박사 논문에서 밝혀낸 내용이다. 다른 성격의 자산에 분산투자함으로써 포트폴리오의 위험을 낮출 수 있다는 것이다. 2000년 전 유대인들 사이에 전해오던 분산투자의 경험과 직관이 수학적으로 '아름답게' 증명된 것이다.

마법의 돈 굴리기

전통적인
자산배분 따라하기

미국의 경우

[표 20]은 미국 주식과 국채를 이용해 절반씩 투자하는 포트폴리오를 그린 것이다. 실제 거래되는 상품을 이용하기 위해 미국 주식 대표로 S&P500 지수를 추종하는 SPY라는 ETF 상품과 미국 중기 국채 지수를 추종하는 IEF라는 ETF 상품의 실제 가격을 이용했다. 투자 기간은 IEF가 출시되었을 때부터 2016년 11월까지 약 14년이다.

자산배분 전략은 주식과 국채에 절반씩 투자한 후 매달 재분배를 수행한다. 재분배란 매월 자산 가격 증감을 확인하여 자산 비중이 50%가 넘은 자산의 일부를 팔고, 다른 자산을 매수하여 비중을 각각 50%씩 맞추는 것을 말한다. 표에서 주식과 국채 가운데 있는 선이 포트폴리오 운영 결과다. 주식보다 변동성은 낮고, 채권보다 높은 수익이 발생했음을 알 수 있다. 수치로 확인해보자.

[표 20] 미국 주식:미국 국채=50:50 포트폴리오

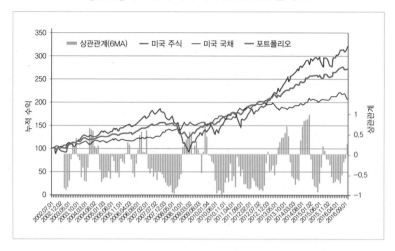

	미국 주식	미국 국채	포트폴리오
기간 수익률	222%	106%	172%
연 환산 수익률	8.5%	5.2%	7.2%
연 환산 변동성	14.2%	6.7%	6.9%
위험 대비 수익	0.52	0.59	0.88
최대 낙폭	−51%	−8%	−23%

14년간의 투자 결과, 포트폴리오의 연평균 수익률은 7.2%로 주식(8.5%)보다 1% 정도 낮지만 국채(5.2%)보다 2% 높다.(같은 기간 물가상승률은 연 2.1% 수준이었다) 포트폴리오의 변동성은 6.9%로 채권 변동성(6.7%)과 유사하고 주식 변동성(14.2%)의 절반 수준으로 안정적이다. 수익을 변동성으로 나누어 계산한 위험 대비 수익(샤프 비율)은[180] 주식(0.52)이나 채권(0.59)에 비해 포트폴리오(0.88)가 월등히 높다.

마법의 돈 굴리기

[표 21] 미국 주식:미국 국채=50:50 포트폴리오

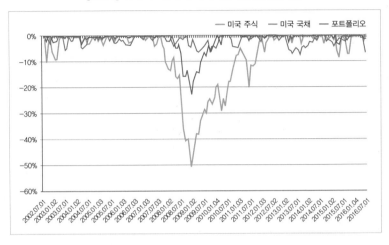

　[표 21]은 최대 낙폭(MDD, Maximum DrawDown)으로 직전 고점에 투자했다면 경험했을 최대한의 손실(하락률)을 계산하는 방법으로 실제 투자자가 느끼는 하락에 대한 느낌의 정도를 표현한다. 주식만 투자했다면 마이너스 51%의 하락과 그 낙폭의 크기만큼 스트레스를 받았을 것이다. 포트폴리오는 마이너스 23% 수준으로 상대적으로 양호하다.

　연 단위로 각 투자의 결과를 보면 어떨까?

　다음 표는 연초 대비 연말의 성과를 기준으로 연 단위로 성적을

	2002	2003	2004	2005	2006	2007	2008	2009	2010	2011	2012	2013	2014	2015	2016
미국 주식	-5%	34%	6%	10%	15%	-3%	-38%	33%	22%	4%	17%	21%	14%	-1%	16%
미국 국채	6%	7%	4%	1%	3%	15%	10%	-1%	7%	17%	1%	-2%	10%	1%	-2%
포트폴리오	1%	20%	5%	5%	9%	6%	-17%	16%	15%	11%	9%	9%	12%	0%	7%

나눈 것이다. 주식의 경우 손실 난 해와 수익이 발생한 해의 격차가 크다. 투자 기간 동안 총 4번의 해에 손실이 발생했다. 국채의 경우 3번의 해에 손실이 발생했다. 반면 포트폴리오의 경우 손실 난 해는 2008년 단 1회뿐이다. 주식 비중이 50%나 있어서 손실 비중이 작지는 않지만, 주기적인 재분배를 통해 채권 비중을 늘려갔으므로 손실 규모가 축소되었다. 연 단위로 투자 결과 점검 시 주식에만 투자했다면 4번은 무척 기분이 안 좋았을 것이고 50:50으로 포트폴리오를 구성했다면 훨씬 편히 잘 수 있었을 것이다. 손실이 났을 경우 수익이 났을 때보다 2배는 더 기분이 안 좋아진다는 행동경제학자의 얘기에 비춰보면, 이러한 자산배분 투자 전략의 결과는 더욱 유익해진다.

마코위츠의 이론이 현실에서도 맞는 것처럼 보인다. 음의 상관관계를 가진 두 자산(미국 주식, 미국 국채)으로 포트폴리오를 만들었더니, 포트폴리오 위험은 낮추면서 수익도 나쁘지 않은 결과를 확인했다. 다만 자산배분 전략이라고 해서 모든 나라, 모든 자산, 모든 시기에 수익이 나는 것은 아니다. 음의 상관관계를 갖고 있으면서 우상향하는 자산에 투자해야 하고, 장기적인 관점에서 포트폴리오를 운영해야 한다.

위의 예에서 미국 주식과 국채의 상관관계는 −0.3이다. 하지만 상관관계는 고정되어 있는 상수가 아니다. 시장 상황에 따라 늘 변한다.(표의 아랫부분과 같이) 직전 6개월치 수익률을 이용하여 상관관계를 매월 계산해보면, 두 자산의 상관관계가 시간의 흐름에 따라 어떻게 변하는지 확인할 수 있다. 때에 따라 상관관계가 낮아졌다가(0에 가까울 때)

마법의 돈 굴리기

양의 상관관계(0보다 큰 부분)가 되기도 한다. 대부분의 기간은 음의 상관관계를 유지한다. 자산의 상관관계가 장기적으로 음의 성향을 보일 때 자산배분 전략의 투자 대상으로 유효하게 활용할 수 있다.

미래에도 저 두 자산의 상관관계가 음으로 나올 것인가?

알 수 없는 일이다. 표에서도 보았듯이 상관관계가 늘 일정하지도 않다. 다만 음의 상관관계를 갖는 경우가 더 많다는 것만을 알 수 있다. 과거의 자료를 이용해 미래의 일을 추정해보려는 이유는 투자자의 성향에 대한 부분이기 때문이다. 투자자들이 두 자산을 대하는 태도는 각자 다르다. 언제 주식이 오르고, 언제 국채로 돈이 몰릴지 맞출 수는 없다. 하지만 두 자산에 대한 투자자의 생각이 갑자기 변하지 않을 것이라는 사실은 어느 정도 짐작할 수 있다.

과거 데이터를 분석해 투자하는 행위를 백미러만 보고 운전하는 것과 같다고 비판하는 이들이 있다. 같은 선상에서 비유하자면 투자란 어차피 앞 유리가 검은 천으로 둘러싸인 차를 운전하는 것과 같다. 백미러라도 보는 게 낫지 않을까.

한국의 경우

우리나라의 경우는 어떨까? 미국의 경우와 마찬가지로 실제 운영되는 ETF 상품을 이용해보았다.

한국 주식 대표로는 코스피200 지수를 추종하는 KODEX200 ETF와 국채 3년물을 추종하는 KBSTAR 국고채 ETF를 이용했다. (국채 ETF

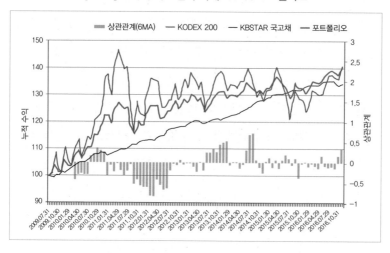

[표 22] 한국 주식 : 한국 국채=50:50 포트폴리오

가 출시된 지 오래지 않아 테스트 기간이 미국에 비해 상대적으로 짧은 게 아쉽지만 실제 거래되는

상품을 이용했다는 데에 의의를 둔다)

총 투자 기간은 7년 5개월이다. 두 자산의 움직임은 2011−2012년 처럼 강한 음의 상관관계를 갖기도 하고, 2014년처럼 양의 상관관계 가 되기도 하는 등 다양한 양상을 보인다. 2015년 이후 제로에 가까 운 낮은 상관관계를 보이고 있다. 측정 기간 전체적으로는 −0.11의 음의 상관관계를 보인다. 투자 결과는 아래와 같다.

	KODEX200(주식)	KBSTAR 국고채(국채)	포트폴리오
기간 수익률	41.3%	34.1%	40.2%
연 환산 수익률	4.8%	4.0%	4.7%
연 환산 변동성	13.9%	1.6%	6.9%
최대 낙폭	−20.7%	−1.3%	−9.6%
위험 대비 수익	0.34	2.60	0.67

마법의 돈 굴리기

포트폴리오의 연 환산 수익률은 4.7%로 주식(4.8%)보다 0.1% 낮고, 국채(4.0%)보다 0.7% 높다. 변동성은 주식과 국채의 절반 수준인 6.9%이며, 최대 낙폭도 주식과 채권의 절반 수준이다. 테스트 기간 중 포트폴리오는 주식의 위험을 절반 정도로 낮추면서 수익률은 많이 손해 보지 않았다. 위험 대비 수익은 국채가 제일 높다. 테스트 기간 중 2011년부터 2016년까지 우리나라 주식시장은 '박스피'라는 별명이 생길 정도로 특정 구간에서만 오르내리는 움직임을 보였다. 그 덕분에 장기적으로 주식의 수익률이 높다는 명제에 걸맞지 않는 초라한 성적을 보였다. 위험(변동성)이 아주 낮은 국채에 비해 고작 0.8% 높은 수익뿐이다. 또한 주식과 국채의 상관관계가 그리 낮게 유지되지 못했다. 이는 포트폴리오에 좋지 않은 결과를 가져온다. 앞서 본 미국 사례에 비해 결과가 좋지 못한 이유는 주식의 부진과 두 자산의 상관관계에 있다.

글로벌 투자자가 볼 때 미국 국채는 안전 자산이다. 유럽이나 아시아의 경제 환경이 안 좋아지면, 위기를 느끼는 많은 돈이 미국 국채로 몰려든다. 반대로 경제 환경이 좋아지면 미국 주식을 비롯한 고위험 자산군으로 빠져나간다. 그러한 특성이 두 자산의 상관관계를 낮게 유지해주므로 포트폴리오의 성과도 좋게 나오는 것이다.

국내 투자자에게 주식과 채권의 관계는 반대의 성질을 갖는다. 국내 투자자는 경제 환경이 좋아 보이면 위험 자산인 주식에 투자하고, 반대의 경우 채권으로 옮겨간다. 하지만 우리나라에 투자하는 글로벌 자금은 생각이 다르다. 그들의 입장에서는 한국의 주식이나 채권 모두 위험 자산인 것이다. 즉 글로벌 경기가 안 좋아진다 싶으면 위험 자산인 한국의 주식과 채권 모두에서 돈을 빼가는 것이다. 반대의 경우 경기가 좋아져 위험 자산에 대한 투자가 활발해지면, 다시 한국의 주식과 채권 모두에 돈을 넣곤 하는 것이다. 이런 외국인 투자자의 특성으로 인해 한국의 주식과 채권의 움직임은 양의 상관관계를 갖는 경우가 다분히 발생할 수 있는 것이다.

그렇다면 우리나라 투자자는 어떤 자산에 투자해야 낮은 상관관계의 이점을 잘 활용할 수 있을까? 앞에서도 얘기했던 위험 자산인 한국 주식에 안전 자산인 미국 국채를 조합해보면 어떨까? 이 부분은 뒤에서 다룬다.

5 현금성 자산
: 입출금이 자유로워!

앞에서 가장 대표적이고 전통적인 두 개의 투자 자산을 알아보았다. 장기적으로 가장 수익이 높은 '주식'과 주식과 음의 상관관계를 갖고 있어 포트폴리오의 위험을 낮추면서 물가상승률을 초과하는 수익을 제공하는 '국채'다. 이 두 자산이면 충분하지 않을까?

자산 간 상관관계는 때에 따라 지속적으로 달라진다고 했다. 주식과 국채는 장기적으로 음의 상관관계를 갖지만, 종종 양의 상관관계를 갖기도 한다. 양의 상관관계란 두 자산의 움직임이 같다는 것이다. 두 자산이 모두 상승할 때도 상관관계는 양의 값을 갖는다. 투자자에게는 좋은 일이다. 하지만 조심할 것은 두 자산 모두 하락하는 시점이다. 이 시점 역시 양의 상관관계를 갖는다.(둘 다 같이 떨어지므로) 이 시기를 대비할 필요가 있다. 자산배분 전략에서의 현금성 자산의 의미는 여기에 있다. 주식과 국채, 현금성 자산 간의 상관관계가 낮다는 것이 도움이 된다.

현금성 자산이란 현금처럼 높은 유동성을 갖고 있는 투자 자산을 말한다.(유동성이 높다는 건 입출금이 편하다는 말이다) 다만 현금으로 보유할 경우 물가상승률을 따라가지 못하는 (눈치 챌 수 없는) 손실이 꾸준히 생길 수 있으니, 현금처럼 유동성이 높으면서 적더라도 수익을 주는 상품을 이용해야 한다.

수시입출식 통장의 경우 수시로 돈을 입금하고 출금할 수 있으나 이자가 거의 없다. 예금의 경우 만기가 지나야 약정 이자를 지급하고 중도 해지 시에는 금리가 낮으니 유동성이 떨어진다.

현금성 자산으로 추천할 만한 상품은 유동성도 높고 금리도 어느 정도 높은 투자 자산으로, 주로 은행에서 가입할 수 있는 MMF와 증권사에서 가입 가능한 CMA가 대표적이다. MMF는 단기금융상품펀드(Money Market Fund)의 약자다. 펀드에 모인 자금은 안전한 국공채나 은행 예금, CD, 초우량 기업의 회사채 및 CP에 투자되고 여기서 얻은 수익을 돌려주는 상품이다. 만기 1년 이하의 우량 채권 위주로 투자하므로 손실 위험이 아주 낮다. CMA는 종합자산관리계좌(Cash Management Account)라고도 부르는데, 고객이 예치한 자금으로 신용등급이 높은 은행채 및 국공채, 기업 어음 등에 투자하는 상품이다. 이러한 특성 때문에 단 하루를 맡겨도 이자를 받을 수 있다. 또한 계좌 내에서 주식, 채권 등 증권사에서 거래되는 다른 상품으로의 투자도 가능하기에 다양한 용도로 운용할 수 있다.

CMA와 MMF는 특징이 유사하고 장점도 많다. 다만 두 상품 모두 실적배당형 상품으로 예금자 보호[181]가 안 되며, MMF의 경우 출

마법의 돈 굴리기

금 시 하루가 소요된다.

두 상품의 이자율은 크게 차이가 나지 않는다. 따라서 주로 은행과 거래한다면 MMF를, 증권사와 거래한다면 CMA를 이용하면 된다.

혹은 단기 채권 펀드나 단기 자금용 ETF[182]에 투자하는 것도 방법이 될 수 있다. 단기 자금용 ETF의 경우 CMA나 MMF처럼 만기 1년 미만의 국고채, 통안채 등에 투자하므로 유사한 수익률을 보인다. 주식처럼 수시로 매매가 가능하다는 장점이 있으나, 최소 거래 단위가 한 주당 10만 원이 넘어 10만 원 이하의 경우 넣을 수 없다는 단점이 있다.

현금성 자산은 주식이나 채권과의 상관관계가 낮아 자산배분 전략의 투자 대상으로 의미가 있다.

유대인식
3분법 I

　탈무드에서는 자산을 토지, 사업, 예비로 각각 1/3씩 나누라고 했다. 오늘날에 맞추어 해석해보면 이럴 것이다. 첫째, 토지 투자란 경작지나 주택을 빌려주고 임대 수익 등 안정적이고 지속적인 수입을 원하는 것이다. 자산이 많지 않은 초보 투자자에게 이러한 형태의 투자 수단으로는 국채가 있다. 국채 역시 안정적인 이자를 지급하는 형태다. 둘째, 사업 투자란 위험이 크지만 성공할 경우 고수익을 얻을 수 있는 것을 말한다. 이 경우 역시 월급쟁이 초보 투자자 버전으로 바꾸면 주식 투자가 될 수 있다. 셋째, 예비 자금으로는 유동성이 높은 현금성 자산에 두라는 말로 해석할 수 있다.

　결국 위험하지만 고수익을 노릴 수 있는 주식과 안정적인 수입이 예상되는 국채와 현금성 자산에 자산을 배분하라는 것이다.

미국의 3분법 투자

먼저 금융 투자시장이 오래된 미국의 경우를 살펴보자. 투자자는 미국의 평범한 치과의사인 피터 씨다. 유대계 미국인인 그는 1990년 대 말 IT 주식에 손을 댔다가 큰 손실을 보고 한동안 투자를 하지 않았다. 2002년 우연히 다시 본 탈무드에서 유대인식 3분법을 공부하게 됐다. 2002년 7월부터 그는 주식과 채권, 현금성 자산에 각각 1/3씩 투자하기로 했다. 치과 일과 가정생활로 바빴던 피터 씨는 개별 주를 분석하고 투자할 시간 여력이 없어 대표 상품 3개만 골라서 투자했다.

주식의 대표 주자로는 대형주 지수인 S&P500을 추종하는 SPY라는 ETF를 선택했다. 채권은 미국 국채 중에서도 중기 국채인 IEF라는 ETF를 선택했다. 현금성 자산으로는 재무성 단기 채권을 사용했다.[183]

피터는 아주 부지런하지는 않았지만 투자에 꽤 관심이 많았다. 그는 매달 말일 꼭 계좌를 확인하고 비중이 늘어난 자산을 팔고, 줄어든 자산에 추가로 돈을 넣었다. 한 달에 한 번씩 자산 재분배를 했다는 말이다. 대신 재분배하는 날 이외에는 계좌를 보지 않았고 직장인으로서, 가장으로서 최선을 다하며 취미생활도 즐겼다. 그는 처음 투자했던 금액 외에 추가로 돈을 넣지는 않았다.

그의 투자 결과는 다음과 같다.

	미국 주식	미국 국채	현금성 자산	포트폴리오
기간 수익률	222%	106%	19%	108%
연 환산 수익률	8.50%	5.17%	1.21%	5.24%
연 환산 변동성	14.2%	6.7%	0.5%	4.6%
최대 낙폭	−51%	−8%	0%	−15%
위험 대비 수익	0.52	0.59	−	0.88

피터가 투자한 14년 동안 주식은 222% 올랐다. 채권은 106%, 현금성 자산은 19%, 그의 포트폴리오는 108%의 수익이 발생했다. 연 단위로 보면, 피터의 포트폴리오의 수익률은 5.24%로 채권(5.17%)이나 현금성 자산(1.21%)보다 높고, 주식(8.5%)보다 낮았다. 수익 기준으로 보면 주식의 성과가 가장 좋다.

이번에는 불확실성을 나타내는 변동성을 보자. 주식의 연 환산 변동성은 14.2%로 가장 높다. 다음은 채권의 변동성이 6.7%이고, 그 다음이 피터의 포트폴리오로 5.24%이다. 현금성 자산은 거의 무위험에 가까우므로 0.5%의 낮은 변동성을 보인다.

위험 대비 수익은 주식의 경우 0.52, 채권은 0.59였으나 피터의 포트폴리오는 0.88이다. 즉 위험과 수익을 같이 놓고 봤을 때 피터의 포트폴리오가 주식이나 채권보다 더 훌륭했다. 투자에서의 훌륭한 결과란 '덜 위험하게 더 수익을 내는 것'이다. 수익만이 아닌 위험도 늘 같이 살펴봐야 한다.

해당 기간의 인플레이션은 연평균 2.06%였다. 물가상승분만큼을 투자 수익에서 제하면 5.24%에서 2.06%를 빼니 3.18%의 실질수익을 거두었다. 현금성 자산의 경우 투자 기간 동안 연 1.21%의 수익률이었으므로 물가상승률을 감안하면 실질수익률은 마이너스 0.85%이다. 현금성 자산에만 돈을 넣어두었다면 손실이라는 말이다.

다음 위험 지표인 최대 낙폭을 살펴보자. 주식의 경우 −51%로 절반이 빠졌다는 뜻이다. 이는 투자 기간 중 2008년도 금융위기 기간에 주식시장이 하락하여 나타난 결과다. 채권의 경우 −8%이고, 포트폴리오는 −15%이다. 장기적으로 주식의 수익률이 가장 높게 나왔는데, 채권이나 포트폴리오에 비하면 연 3% 이상 높은 수익률을 가져다주었다.

하지만 투자하는 동안 절반이나 손실이 나면 투자자가 심리적으로 견디기 어렵다. 손실을 보면 투자를 포기하는 경우가 많고, 손실이 나는 기간을 버틸 경우에는 생각보다 훨씬 심리적 압박을 받는다. 앞에서 살펴봤던 손실 회피 편향 등으로 인해 잘못된 판단을 하기가 쉽다. 반면 피터의 포트폴리오는 −15%의 하락으로 그리 크지 않은 수준임을 알 수 있다.

[표 23]은 3개의 자산에 각각 투자했을 경우와 피터의 포트폴리오를 같이 그린 것이다. 100달러씩 넣고 투자했을 때 시간의 흐름에 따라 각 투자의 결과가 어떻게 변했는지 알 수 있다. 최종 성과가 가장 좋은 것은 주식이지만 위아래로 출렁거리는 변동이 컸다는 것을 알 수 있다.

피터의 포트폴리오만 보면 크게 하락한 적 없이 부드럽게 우상향

하는 모양임을 알 수 있다. 2008년에는 주식이 폭락하면서 피터의

포트폴리오도 역시나 약간 떨어지긴 했으나 마이너스 15%여서 견

[표 23] 미국의 3분법

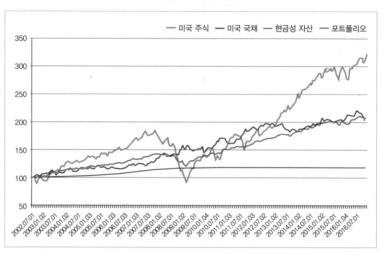

[표 24] 미국의 3분법

마법의 돈 굴리기

딜 만한 수준이었다.(그의 포트폴리오에 1/3은 늘 주식이므로 하락을 피할 수 없다)

[표 24]는 최대 낙폭을 나타낸 것이다. 2008년의 미국 주식이 절반가량 하락한 것을 볼 수 있다. 그 외에 2011년에서 20% 하락했고, 2015-2016년에도 10%의 하락이 있었음을 알 수 있다. 반면에 채권이나 피터의 포트폴리오의 경우 크게 하락하는 경우가 별로 없다. 손실 나는 경우가 많지 않다는 것은 그만큼 안심하고 투자할 수 있다는 말이다. 물론 하락률이 낮은 것은 현금성 자산이다.(이미 말했듯 물가상승분을 빼고 나면 실질수익률이 마이너스이므로 현금성 자산이 우수하다고 할 수는 없다)

투자 기간 동안의 투자 결과를 연 단위로 비교해보았다.[184]

	2002	2003	2004	2005	2006	2007	2008	2009	2010	2011	2012	2013	2014	2015	2016
미국 주식	-5%	34%	6%	10%	15%	-3%	-38%	33%	22%	4%	17%	21%	14%	-1%	16%
미국 채권	6%	7%	4%	1%	3%	15%	10%	-1%	7%	17%	1%	-2%	10%	1%	-2%
현금성 자산	0.7%	1.0%	1.4%	3.1%	4.7%	4.4%	1.4%	0.1%	0.1%	0.1%	0.1%	0.1%	0.0%	0.1%	0.2%
포트폴리오	1%	14%	4%	5%	7%	5%	-11%	10%	10%	7%	6%	6%	8%	0%	5%

색이 칠해져 있는 곳은 손실을 본 해다. 주식의 경우 4번, 채권의 경우도 3번의 해에 손실이 발생했다. 하지만 피터의 포트폴리오는 2008년 단 한 번 손실이 났다. 앞에서 살펴본 행동경제학의 손실 회피 이론에 따르면 투자자는 손실이 발생할 경우 수익보다 2배나 크게 받아들인다고 한다. 손실이 나지 않는 것이 핵심이며, 피터의 포트폴리오는 좋은 성과를 보여주었다. 이것이 저위험 중수익 투자가 아닐까?

이런 결과가 나온 이유를 알아보자. 단순히 피터가 찍기를 잘해서 좋은 결과가 나온 것은 아니다. 유대인이 오래전에 이런 지혜를 얻었던 것은 오랜 시간에 걸쳐 몸소 익힌 결과였을 것이다. 여기서는 다른 방식으로 그 이유를 찾아보겠다.

먼저 투자 대상의 성격으로 가장 중요한 것이 장기적으로 우상향하는지 여부라고 말했다. 피터의 투자 자산은 어떨까?

먼저 주식의 경우 특정 회사의 주식을 매입했다면 실패했을 가능성도 높다. 개별 회사는 파산해 주식시장에서 없어질 가능성이 있다. 하지만 주식시장 자체가 없어질 가능성은 희박하다. 피터가 투자한 SPY ETF는 S&P500이라는 대형주 500개의 주가 조합으로 만든 지수를 추종한다. 500개의 회사 중 경영 상태가 나빠진 회사는 지수에서 빠지고 501번째 대형주가 새로 500위 안으로 들어온다. 개별 회사는 없어져도 S&P500 지수는 없어지지 않는다. 자본주의의 특성상 주식시장 자체는 장기적으로 우상향할 가능성이 높다.

채권의 경우 국채는 나라에서 발행한다. 즉 정부가 보증한다는 뜻이다. 정부가 망해서 파산 선언을 하지 않는 한 원금과 이자가 지급된다. 따라서 국채는 장기적으로 우상향하는 자산이다. 물론 금융의 역사에서 일부 국가가 국채의 이자를 지급하지 않거나 지불을 유예하는 경우가 있었다. 하지만 미국 국채의 경우 그럴 가능성이 아주 낮다고 보는 것이다.(미국 국채가 영원히 안정적이라고 말할 수는 없다. 다만 매우 복합적으로 얽혀 있는 국제금융 환경에서 가장 안전한 자산으로서의 역할을 하고 있고, 향후 당분간은 그 지위가 흔들리지 않을 것으로 보인다)

현금성 자산의 경우 당연히 우상향하는 자산이다. 다만 물가상승률에 대비한 실질수익률을 기준으로 한다면 늘 우상향한다고 말할 수는 없다. 하지만 낮은 수익률이기는 하나 우상향하는 자산에 포함될 수 있다.

첫 번째 성격인 장기적으로 우상향하는 자산이어야 한다는 조건을 이야기했다. 이것은 어찌 보면 너무나 당연한 이야기다.

두 번째 투자 대상의 성격은 상관관계다. 각 투자 자산이 얼마나 따로 움직이느냐를 말한다. 세 자산의 상관관계를 살펴보면 아래와 같다.

	미국 주식	미국 국채	현금성 자산
미국 주식	1	−0.30	−0.05
미국 국채	−0.30	1	0.04
현금성 자산	−0.05	0.04	1

주식과 채권의 상관관계가 투자 기간 동안 −0.30이다. 즉 음의 상관관계를 보였기 때문에 포트폴리오의 위험을 낮출 수 있었던 것이다.

또한 현금성 자산은 주식과 채권 모두 하락할 경우를 대비할 수 있는 특징이 있다.

한국의 3분법 투자

한국의 경우는 어떨까? 피터의 한국인 친구이자 치과의사인 황 원장의 사례를 들어보자. 황 원장은 피터에게서 유대인식 3분법을 전해 듣고는 같은 방법으로 투자해보기로 했다. 미국 주식에 직접 투자하기에는 환전과 해외 주식 투자에 따른 수수료 부담이 많아서 국내 주식으로만 투자하기로 했다. 투자를 결심한 2011년 10월 때마 침 10년짜리 국채 ETF 상품이 출시됐다.

주식의 대표 주자로는 코스피 시장의 대형주 200개를 묶은 코스 피200 지수를 추종하는 KODEX200 ETF를 선택했다. 채권 투자 상 품으로는 국채 10년물을 추종하는 KOSEF 10년 국고채 ETF를 선 택했다. 현금성 자산으로는 KOSEF 단기자금 ETF를 사용했다. 재 분배는 피터와 마찬가지로 한 달에 한 번 하기로 했다.

	KODEX 200	KOSEF 10년 국고채	KOSEF 단기자금	포트폴리오
기간 수익률	11.2%	32.1%	13.1%	19.3%
연 환산 수익률	2.0%	5.5%	2.4%	3.5%
연 환산 변동성	10.8%	4.3%	0.3%	4.0%
최대 낙폭	−13.1%	−5.6%	0.0%	−3.9%
위험 대비 수익	0.19	1.28	−	0.77

2011년 10월부터 2016년 12월까지 5년 2개월간의 투자 결과, 황 원장의 포트폴리오는 연 3.5%의 수익이 발생했다.[185] 주식(2.0%)이나 현금성 자산(2.4%)에 비해 높았으나 국채(5.5%)보다는 낮다. 같은 기간

물가상승률은 연 1.6% 수준이다. 포트폴리오의 변동성은 4.0%로 주식(10.8%)이나 국채(4.3%)보다 낮아 안전한 모습을 보였다. 최대 낙폭 역시 −3.9%로 주식(−13.1%)이나 국채(−5.6%)보다 안전한 모습이다. 위험 대비 수익은 국채(1.28)보다 낮은 0.77이지만 주식(0.19)보다 훨씬 높았다.

연 단위로 수익률을 점검해보자.

	2011	2012	2013	2014	2015	2016
KODEX200	4%	1%	−1%	0%	−6%	14%
KOSEF 10년 국고채	2%	8%	−0.03%	15%	4%	1%
KOSEF 단기자금	1%	3%	3%	3%	2%	1%
포트폴리오	2%	4%	1%	6%	1%	5%

첫해는 투자 시작일부터 마지막 해는 투자 종료일까지고, 나머지는 그해의 시작부터 마지막 일까지의 연 단위 성과다. 주식의 경우 2번의 하락이 있었고, 국채의 경우 한 번 하락했다. 하지만 황 원장의 포트폴리오는 투자 기간 내내 하락한 해가 없다. 손실을 싫어하는 황 원장은 만족했다. 물론 채권보다도 수익이 낮다는 것은 불만이었다. 하지만 주식에만 투자했다면 훨씬 안 좋은 결과에 실망했을 터였다.

6 부동산 투자
: 그래도 부동산만한 게 있을까?

부동산이란 단어는 많이 들어봤는데 정확한 의미를 모르는 경우가 많다. 부동산은 동산의 상대 개념으로 쓰인다. 동산은 '움직일 수 있는 재산'을, 부동산은 '움직일 수 없는 재산'을 말한다. 민법(제99조)에서는 '토지 및 그 정착물'을 부동산, '부동산 외의 물건'을 동산이라고 정의한다. 우리나라에서는 원래 토지와 가옥이란 단어를 사용했으나 일제강점기부터 부동산이란 단어를 사용하기 시작했다. 일본은 'Real Estate'를 '부동산'으로 번역했다. 'Estate'는 신분이나 지위, 정부라는 의미로 쓰이다가 현대에 들어서 소유지, 재산이라는 의미로 쓰였다. 부동산에서 사용하는 'Real'은 원래 'royal', 즉 왕실을 지칭하는 용어였다. 스페인의 프로축구팀 '레알 마드리드'의 '레알(real)' 역시 '진짜(real, 리얼)'라는 뜻이 아니라 왕실의 허락을 받았다는 뜻으로, 1920년 스페인 국왕으로부터 팀 명칭에 쓸 수 있도록 허락을 받아 사용하는 명예로운 이름이다.

영어 'Real Estate'가 부동산을 지칭하게 된 것은 처음 미국 캘리포니아 지역을 차지했던 에스파냐(영어명:스페인) 사람들이 부동산을 'real'로 표현했기 때문이다. 그 땅은 왕실 소유라는 뜻이었다. 그 후 캘리포니아를 점령한 영국은 부동산을 'estate'로 불렀다. 나중에 이 두 단어가 합쳐져 'Real Estate'가 부동산을 지칭하는 용어로 정착했고, 일본을 통해 '부동산'이라는 단어가 우리에게도 전해져 사용되고 있다.

부동산이란 결국 개인 소유가 아닌 왕실 소유라는 의미에서 유래되었다고 할 수 있다. 그런데 이는 과거만이 아니라 현재에도 유효한 것 같다. 부동산은 현대에 왕실 대신 나라를 다스리는 정부가 소유하는 것과 다르지 않다. 우리는 부동산을 매수할 때 취득세를 내고, 매도할 때는 양도소득세를 내야 한다. 사고팔 때뿐 아니라 보유만 하고 있어도 평생 세금을 내야 한다. 매년 사용료를 내는 조건으로 정부로부터 아주 오랜 기간 빌리는 것일지도 모른다.[186]

주식이나 채권이란 단어는 안 들어봤어도 부동산을 안 들어본 사람은 없을 것이다. 부동산 중에서도 땅을 사고팔아 본 사람은 드물지만, 집 문제 때문에 고민을 안 해본 사람은 별로 없다. 거주용 부동산, 즉 집은 없어도 되는 것이 아니다. 기본적인 생존 문제와 관련되기 때문이다. 인간 생활의 기본 3요소인 의식주 중 가장 해결하기 어려운 부분이기도 하다.

같은 집이라 할지라도 거주용이냐 투자용이냐에 따라 사람들이 부동산을 대하는 생각과 태도는 다르다. 그래서 이 책에서는 부동산을 2가지 관점으로 나누어 살펴본다. 먼저 투자자의 입장에서 바라

보는 부동산, 즉 투자용 부동산과 거주용 부동산에 대해 이야기하겠다. 투자용이란 싸게 사서 비싸게 팔아 매매 차익을 남기거나, 타인에게 빌려주고 월세 수입 등을 받고자 하는 것이다. 거주용이란 내가 일정한 곳에 머물러 사는 용도인 것을 말한다.

다른 투자 자산과 달리 집의 경우 '거주'와 '투자'의 개념이 동시에 포함되는 경우가 많다. 한 채당 가격이 워낙 비싸고 목돈이 들다 보니 거주용이라고 해도 목돈을 묻어두기만은 아깝다고 생각한다. 그래서 거주용으로 샀지만 투자 가치가 있길(값이 올라주길) 바란다. 바로 이런 심리 때문에 선택이 어려워지고 비합리적인 판단을 하게 된다. 거주용과 투자용은 판단의 잣대가 다르다. 기준을 명확히 해야 결정이 분명해지고 후회가 없다.

투자형 부동산

투자 목적으로 부동산을 이야기할 때 두 가지로 나누어 분석해볼 수 있다. 매매 차익을 목적으로 하는 경우와 월세와 같은 일정한 수익을 목적으로 하는 경우다.

매매 차익을 목적으로 한다면 앞서 보았던 투자 자산(주식, 채권)처럼 수익률과 위험(변동성)의 관점에서 보자. 부동산을 주택과 토지, 수익형 부동산의 세 가지로 나누어 살펴본다.

• 주택 : 아파트, 연립, 단독

[표 25] 주택 매매 가격 종합지수[187]

[표 25]의 전국 기준 주택 매매 가격 종합지수를 보면 집값은 1986년 이후 30년간 2.7배 올랐다. 같은 기간 물가는 3배 가까이 올랐다. 연 단위로 환산하면 주택은 1년에 3.4%, 물가는 3.7%씩 올랐다. 집값이 물가를 미처 따라잡지 못했다는 것이다.

지역별로는 다르지 않을까? 다음 페이지에 주택 가격을 지역별로 나누어 보았다.

전국 기준으로는 큰 변동 없이 우상향(꾸준히 가격이 상승)한다. 하지만 지역별로는 주택 가격 움직임이 많이 다르다. 수도권은 2006년에서 2008년 사이 30% 올랐다가 현재까지 큰 변화가 없다.(30% 상승이라면 3억 주고 산 집이 4억이란 얘기다) 반면 기타 지방(수도권과 광역시를 제외한 지역)의 경우 2010년까지 거의 오르지 못하다가 2011년부터 2012년 사이 18% 올

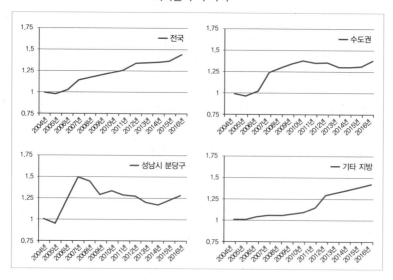

지역별 주택 가격[188]

랐다. 1기 신도시이자 버블세븐 지역으로, 대표적인 부동산 거품 지역이었던 성남시 분당구의 경우 2005년에서 2007년 사이 46%나 급격히 올랐었다. 하지만 거품이 꺼지면서 2014년까지 하락세를 면치 못했다. 이렇듯 지역별로 편차는 있으나 장기적으로는 평균에 수렴하는 모습을 보인다. 어느 동네 집값이 오를지, 언제 올랐다가 떨어질지를 맞출 수 있으면 좋겠지만 쉽지 않은 일이다. 주식 투자에서 급등주 찾기, 테마주 찾기와 매한가지인 듯하다. 쉽지 않은 일이고 추천하지 않는 방법이다.

여전히 궁금증이 남는다. 아파트를 사서 집값이 오른 사람도 많던데 어찌된 일인가?

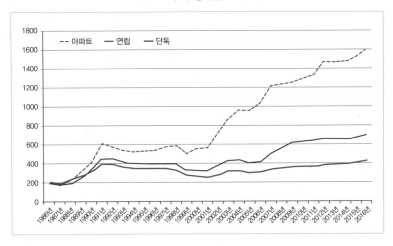

주거 형태별

이번에는 주거 형태별로 살펴보았다. 전국 기준으로 아파트, 연립, 단독을 나누어 가격 추이를 비교했다. 결론은 아파트만 올랐다. 30년 전에 비해 아파트는 4.5배, 연립은 2.2배, 단독은 1.5배 올랐다. 연 단위로 환산하면 매년 아파트 5.1%, 연립 2.7%, 단독 1.5% 오른 것이다. 물가상승률(연 3.7%) 이상으로 오른 건 아파트뿐이다.(매매 시 각종 비용과 매년 나가는 재산세를 포함하지 않았다) 이 데이터는 전국 평균이다. 지역별로, 시기별로, 매물별로는 더 높은 수익이 난 경우도 있을 것이다. 딱 그만큼 더 손실이 난 집도 있다. 평균보다 높은 게 있다는 건 평균보다 낮은 것도 '그만큼' 있다는 것이다. 주위에서 집 사서 돈벌었다는 얘기가 종종 들리는데 손해 본 이야기는 별로 없다. 투자에 성공한 사람만 자랑삼아 얘기하고, 실패한(손실을 본) 사람은 굳이 얘기를 하지 않기 때문에 그런 게 아닐까?

• 토지

부동산 중 주택의 가격 움직임을 알아봤다. 토지는 어땠을까?

전국 지가(땅값) 지수[189]

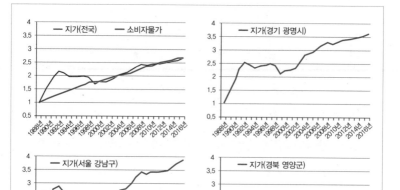

토지 가격(땅값)은 전국 기준으로 1988년에서 2016년까지 28년간 2.7배 올랐다. 연 단위로 환산하면 매년 3.56% 상승한 꼴이다. 같은 기간 물가상승률은 연 3.60%로 지가보다 물가가 조금 더 올랐다. 토지 가격이 가장 많이 올랐던 기간은 1988년에서 1991년으로 3년간 2배가량 올랐었다. 하지만 1992년부터 1999년까지 20% 하락 후 다시 상승해 장기적으로 소비자물가지수와 비슷하게 올라갔다.

이동이 불가능한 토지의 특성상 지가의 움직임은 지역별 편차가 크다. 같은 기간 서울의 땅값은 연 4.2% 올랐는데, 강남구가 연

4.9%로 가장 많이 올랐다. 강남은 전국에서도 가장 많이 올랐는데, 28년간 3.9배 오른 것이다. 경기도에서 가장 많이 오른 곳은 광명시로 연 4.7% 올라 3.6배 상승했다. 땅값이 가장 덜 오른 곳으로 강원도 태백시, 경북 청송군 등이 있고, 가장 낮은 경북 영양군의 경우 28년간 1.2배 상승했다.(연 0.7% 상승)

• 주택과 토지 투자할 만한가?

부동산 가격, 특히 주택 가격은 서민의 생활과 아주 밀접하다. 국내 가계의 평균 자산 구성에서 거주용 주택을 포함한 부동산 자산이 63%에 달할 만큼 부동산 비중이 크다. 또한 상당수 주택이 대출을 끼고 산 경우가 많아 금융 부채를 차감한 순자산 기준으로 보면 부동산 비중은 75.6%에 달한다.[190] 부동산 가격의 급격한 상승은 투기 수요를 만들고 과도한 대출 등의 위험이 있다. 반대로 부동산 가격의 하락은 자산의 감소 효과로 인해 소비를 줄이는 등 경제 전반에 어려움을 가져올 수 있다. 이러한 부동산의 특성 때문에 정부에서는 주택 가격 상승률을 적당한 수준에서 맞추려고 노력한다. 너무 오르거나 떨어지지 않도록 각종 정책(특별법, 금리 등)을 사용한다. 앞서 얘기했듯 부동산이 정부의 것이라고 보면 가격이 적절한 속도로 꾸준히 올라가는 게 유리하다.(1장에서 얘기했던 물가상승률을 정부가 관리하고 적당한 수준에서 유지시키려고 하는 것과 같은 논리라고 할 수 있다)

이처럼 정부에서 주시하고 있는 부동산으로 큰돈을 벌기는 만만치 않다. 더욱이 부동산 투자는 단위 금액이 크고 소액으로 쪼개서

하기가 어렵다. 즉 평범한 일반인의 경우에는 대출을 이용할 수밖에 없다. 부동산 투자의 수익률이 대출이자율보다 높아야 남는 게 생긴다. 2005년부터 2015년 사이 대출이자율은 일반 신용대출의 경우 연 6.8%, 아파트담보대출은 연 5.0%였다.[191] 같은 기간 가장 많이 상승한 아파트의 경우 가격이 2배 가까이 올라 연 수익률은 6%대였고, 토지 중에 가장 많이 오른 곳의 연 수익률은 4.5%였다.[192] 정말 운이 좋게 가장 많이 오른 동네의 아파트나 땅을 구입했다고 해도 대출이자를 갚고 나면 남는 게 없거나 마이너스였다.(매매에 드는 세금, 중개수수료, 매년 나가는 재산세 등을 감안하지 않았으니 실제 수익은 더 낮다고 봐야 한다) 그나마도 '정말 운이 좋은 경우'가 그렇다. 강남 불패 신화를 믿고 대출을 받아 서울 강남구의 아파트나 땅을 샀다면, 매년 2~3%씩 손실이 났을 것이기 때문이다.(대출금리 5~7%, 강남 아파트 연 3.6% 상승, 강남 지가 연 3.2% 상승)

수익형 부동산

수익형 부동산이란 매월 일정한 수익을 올려주는 부동산을 말한다. '조물주 위에 건물주'라는 우스갯소리가 있을 정도로 평범한 사람의 로망이기도 한 수익형 부동산을 알아보자.

사무실과 매장을 임대해주는 상업용 부동산의 투자수익률은 2008년 금융위기 때 5% 수준으로 낮아졌다가 이후 연간 5~7%의 수익률을 보였다. 2016년 현재 6% 수준이다.[193] 대출을 받아 투자하기에는 그리 매력적이지 않은 수익률이다. 더욱이 서울 중심부의 중소형 빌딩의 경우는 수십억 원의 자금이 필요한데 대출만으로 투자할 수 있는 상황이 아니다. 또한 상업용 부동산의 경우는 경기에 민감한 성격을 보이며, 공실률이 높아지는 등 수익률이 낮아질 위험도 있다. 그렇다면 상대적으로 투자금의 규모가 적은 주택의 월세 수익은 어떨까?

월세 수익률은 서울 오피스텔의 경우 5.3%, 서울 아파트 3.4%(전국 4.0%) 수준이다.[194] 서울 특히 강남 지역의 월세 수익률이 3.0%대로 가장 낮은 수준을 보인다. 이는 월세가 저렴해서가 아니라 아파트 가격이 높기 때문이다. 반면 면적당 가격이 낮은 금천구, 도봉구, 중랑구 등과 경기도는 4%가 넘는 월세 수익률을 보인다. 글로벌 금융위기 이후 저금리가 지속되는 가운데 전월세 전환율이 높은 수준을 기록하고, 부동산 가격 상승세가 둔화되어 임대인은 전세보다 월세를 선호한다. 이렇듯 월세 공급이 늘어나면 월세 수익률은 더욱 떨어질 가능성이 높다.

2016년 1%대의 예금금리를 감안했을 때 수익형 부동산의 수익률은 매력 있는 수치다. 하지만 이 역시 대출 등 남의 돈을 이용해 투자했을 경우 대출이자를 제외하고 수중에 남는 돈은 얼마 되지 않는다. 더구나 위에 나온 수익률은 매매 시 각종 세금과 재산세, 건물 관리비 등을 감안하지 않은 것이다. 실제 수익형 부동산에 투자하고자 한다면 이러한 부분을 꼼꼼히 따져봐야 한다.

거주용 부동산

투자형 부동산에 대해 알아보았다. 투자형과 거주용은 다른 판단 기준을 적용해야 한다고 했는데, 거주용 부동산에 대해 알아보자. 거주용이란 생활에 필수요소고 없어도 되는 것이 아니다. 부모로부터의 독립은 주로 거주지가 달라짐을 의미한다. 특히 결혼을 하거나 아이가 생기면 집에 대한 필요는 더욱 커지고 그만큼 고민이 많아진다. 신혼일 때는 작은 집이어도 문제없다. 그러다가 아이가 생기고 점점 커가면 조금 더 큰 집이 필요해진다. 유치원이나 학교를 갈 때쯤이면 아이의 친구들 역시 집 근처에서 생기고, 점점 이사 가는 것이 어려운 문제가 된다. 슬슬 집을 사야 하는지 고민하는 시기다.

집을 사야 하나 말아야 하나를 결정할 때 가장 먼저 생각해볼 기준은 거주용이냐 투자용이냐를 구분하는 것이다. 거주용의 경우 사야 할(사고 싶은) 이유는 너무 많다. 전세금이나 월세 비용의 상승이 점점 커지고 부담스러워진다. 2년마다 돌아오는 계약 만기에는 전세금이나 월세를 올려주거나 이사를 가야 한다. 이사 다니는 것도 한두 번이지 쉽지 않다. 고약한 집주인이라도 만나면 '을'의 비애를 느끼기도 한다.

그렇다면 사지 않을(못할) 이유는 무엇인가?

첫째는 돈이 없다. 이 부분은 대출을 이용해 해결해볼 수 있다. 현재의 자산과 미래의 소득 상황을 따져봐야 하겠지만, 현금을 다 주고 집을 사는 경우가 오히려 드물다. 둘째는 집값이 떨어지면 어쩌나 하는 것이다. 집값이 오르기만 한다면야 대출을 최대한 써서라도 집을 사겠는데, 집값이 떨어지는 게 무서워서 집을 못 산다. 두 번째 이유에 대한 답은 처음으로 돌아가서 찾자. 앞에서 부동산을 거주용과 투자용으로 분리해서 생각하자고 했다. 지금은 거주용을 이야기하고 있는데, 가격 하락 위험을 고민한다는 건 투자용으로 부동산을 바라보고 있다는 것이다. 거주용의 경우 집값이 오르든 떨어지든 크게 상관이 없다. '거주용'이라는 목적은 여전히 충족하기 때문이다. 집값이 떨어지면 배가 아프고, 오르면 웃음이 나오는 것은 순전히 기분 탓이다. 실제로 달라지는 것은 아무것도 없다.

집을 사지 못할 이유에 대한 답을 찾기 위해 생각의 틀을 약간 다르게 해보자. 거주용 부동산을 '위험 관리'의 차원에서 생각해보자. 위험 관리란 말 그대로 '위험'이 무엇인지 이해하고, 위험하지 않도록 '관리'하는 것이다. '위험하지 않도록'이란 전혀 위험하지 않다는 말이 아니라 위험을 아주 낮춰보자는 것이다. 거주용 부동산의 위험은 무엇일까? 어떻게 잘 관리할 수 있을까?

금융 투자에서의 위험이란 손실과 변동성(불확실성)이라고 이야기했다. 부동산 가격이 하락하거나 어떻게 움직일지 알 수 없다는 것이다. 그래서 부동산 가격의 변화 가능성을 3가지 경우로 나누어서 살펴본다. 가격 움직임의 가능성은 상승, 횡보, 하락의 3가지 경우가 있다. 각각의 경우에 '위험'과 '관리' 방법을 알아보자.

부동산 가격 상승

미래에 부동산 가격이 상승한다면 구입하는 것이 상식이다. 값이 올라갈 것이라면 그것이 집이든 다른 무엇이든 사는 게 맞다. 값이 오르는 걸 아는데도 보유하지 않는 건 그 자체가 (상대적인) 손실의 위험을 안고 있는 것이다. 물론 그렇다고 해서 돈이 없는데 살 수는 없다. 보유 재산과 향후 수입을 감안해서 적정 수준의 대출을 이용해서 무리하지 않는 범위의 집을 사야 한다.(물론 집값이 올랐다고 해서 특별히 좋아질 건 없다. 우리 집만 오르는 것도 아니고, 최소한 우리 동네는 비슷하게 올랐을 것이다. 전국적으로 봐도 약간의 시차가 있을 뿐 큰 흐름은 비슷하다. 다른 집으로 이사 가게 되더라도 그 집 역시 올랐을 테니 특별히 남는 건 없다. 다만 잘 샀다는 만족감과 담보 대출이자가 안 아깝다는 기분 좋은 만족감 정도가 남는다)

부동산 가격 횡보

과거 세입자는 (은행이자보다 비싼) 월세를 내는 것보다 전세를 선호했다. 집주인 역시 투자용으로 집을 살 때 전세를 끼고 집을 구입함으로써 투자 자금 부담을 낮추었다. 전세는 집주인과 세입자 모두에게 인기가 좋았던 제도였다. 집값이 장기간 횡보하면, 집값 상승에 대한 기대감이 없으니 과거처럼 전세 끼고 집을 사는 사람이 줄어든다. 전세 공급이 감소하는 것이다. 또한 집값 상승 기대감이 없어지니 세입자가 집을 사지 않고 전세로 계속 버티려고 한다. 전세 수요는 계속 늘어나는 것이다. 전세에 대해 공급은 줄고 수요는 늘어나니 가격(전세보증금)이 올라가는 것은 당연하다. 전세보증금은 계속 올라가서 전세가율(매매가 대비 전세보증금의 비율)이 너무 높아지면서 '깡통 전세'에 처할 위험이 생긴다. 깡통 전세란 집값(매매가)보다 전세보증금이 너무 높아져서 전세 기간 만료 후에도 임차인이 보증금을 제대로 돌려받지 못하는 상황을 말한다. 경매시장에서는 경매 최저가가 전세 가격보다 낮은 현상이 종종 발생한다.[195]

1986년부터 2016년까지 30년간 전국 기준 아파트 매매 가격은 4.5배(연 5.1%) 올랐으나, 아파트 전세 가격은 9.2배(연 7.7%)나 올랐다. 단독이나 연립의 경우에도 매매 가격 상승보다 전세 가격 상승이 2배 이상 크다.[196] 다른 말로 하면 매매가 대비 전세가 비율이 상승했다는 것이다.

주택 종류별로 매매 가격 대비 전세 가격비는 아파트가 75.5%, 연립이 66.7%, 단독이 43.9%로 아파트가 상대적으로 전세 가격이 높다. 지역별로는 비슷한 수준을 보인다.[197]

또 하나의 현상은 반전세의 증가다. 반전세란 전세가율이 높아지면서 기존 전세보증금에서 늘어난 부분을 월세 형태로 받는 것을 말한다. 대출을 끼고 집을 샀던 집주인은 (집값이 오르지 않으니) 원하는 금액에 집을 팔지 못하고 대출이자 부담을 세입자에게 떠넘기게 된다. 결국 월세로 이자 부담이나 시세 차익 손실을 전가하며 버티는 것이다. 또한 집주인의 입장에서 보면, 전세금을 목돈으로 받아도 은행 예금금리가 낮아 목돈을 굴리는 것보다 월세로 전환해서 받는 게 더 이익이다. 따라서 전세금을 월세로 전환할 때 이자 수익을 얻는 효과가 있어서 반전세를 선호한다. 이때 전세금을 월세로 전환할 때 적용되는 비율을 전월세 전환율이라 한다. 한국감정원의 2016년 12월 보도자료에 따르면 주택종합 기준 6.6%이다. 집주인 입장에서 전세금 받아서 은행에 예금(1.50%)하는 것보다 월세(6.6%)를 받는 게 훨씬 수지맞는 장사인 것이다.(참고로 주택담보대출 금리는 2.89%)[198]

세입자 입장에서도 수천만 원의 전세금 상승 분을 당장 마련하기 어렵거나 집주인의 요구를 거부하기 어려워 반전세를 수용한다. 대출금리가 오르면 월세도 같이 오를 가능성이 높다. 집주인 입장에서는 세입자에게 금리 상승 부담을 전가시킬 수 있는 것이다. 집주인에 따라서 다양한 비용을 월세에 포함시켜 위험을 떠넘길 수 있다. 따라서 세입자는 다양한 위험을 '떠안고' 가는 것이다.

물론 전세가 무조건 좋은 것은 아니다. 월세에 비해 상대적으로 저렴하다는 것은 분명하나 공짜는 아니다. 법률적으로 봤을 때 전셋집에 살고 있는 세입자는 채권자다. 돈을 돌려받아야 할 문제가 늘 존재한다. 깡통 전세처럼 돈을 못 돌려받는 경우가 생길 수 있는데, 이런 위험은 세입자의 몫이다. 반면 월세를 내는 경우 세입자는 채무자다. 여차하면 월세를 안 낼 수 있는 것이다. 즉 월세를 떼일 위험을 집주인이 부담하는 구조다. 실제로 이런 경우는 종종 발생하며, 임대사업을 고민 중이라면 분명히 생각해봐야 할 문제다. 이렇듯 전세와 월세는 비용 차이가 분명하며, 이는 공짜가 아니라 보이지 않는 위험의 대가라고 볼 수 있다.

부동산 임대 시장은 장기적으로 월세가 더욱 늘어날 것으로 보인다. 지금은 기존의 전세 물량이 많고, 집주인 입장에서 당장 전세금을 빼주기가 어려워 반전세 등의 형태로 전세와 월세가 공존하는 모습을 보인다. 하지만 장기적으로 대부분의 임차는 월세 위주의 형태가 될 가능성이 높다. 국토교통부 조사에 따르면, 2006년에는 전세(54%)가 월세(46%)보다 많았으나 2014년에는 월세(55%)가 전세(45%)보다 많아졌고 이런 현상이 지속되고 있다.[199]

전세가율이 과도하게 높아지는 경우나 반전세 등으로 비싼 월세를 내는 경우 모두 세입자가 짊어져야 할 위험이다. 결과적으로 집값이 횡보할 경우 발생하는 위험을 관리(회피)하는 방법은 역시 집을 구입하는 것이다.

부동산 가격 하락

부동산 가격이 움직이는 세 번째 방향은 집값이 떨어지는 경우다. 세입자가 집 사기를 꺼리는 가장 큰 이유다. 집값이 떨어지는 것을 두 가지로 나누어보면, 완만하게 하락하는 '약보합'과 급격하게 하락하는 '폭락'이다. 약보합의 경우는 횡보하는 경우와 유사하게 유추해볼 수 있다. 집값이 횡보할 때는 위험인 깡통 전세나 반전세 현상이 급격하게 나타날 수 있다. 그러므로 약보합의 경우에도 집을 사는 게 위험을 피하는 방법이다.

다음으로 가격이 큰 폭으로 하락할 경우를 살펴보자. 부동산 가격이 올랐을 경우와 마찬가지로 집값이 하락할 때도 우리 집만 떨어지지는 않는다. 특히나 급격한 하락은 동반해서 발생하는 경우가 많다. 우리 집값이 떨어질 때 우리 동네 집들이 같이 떨어진다. 비단 동네뿐이 아니라 전국적으로 발생할 가능성이 높다.(2008년 금융위기 때처럼 여러 나라의 부동산이 비슷한 시기에 하락하기도 한다) 집값이 떨어졌어도 집의 거주용으로서의 효용은 여전하다. 집이 무너진 것은 아니지 않은가. 또한 이사를 갈 경우도 마찬가지다. 우리 집값이 떨어진 만큼 이사 갈 동네 집값도 비슷한 수준으로 낮아져 있을 테니 거주 목적을 달성하는 것은 여전히 별 무리가 없다.

물론 집값이 떨어지면 기분이 안 좋을 수밖에 없다. 배우자 중 한 명이 집 구입을 반대했었다면 부부싸움이 생길 수도 있겠다. 더욱이 대출이자를 갚고 있다면 이자가 아까워지기도 할 것이다. 하지만 불행 중 다행이랄까. 부동산이 폭락하면 경제가 전반적으로 어려워졌을 가능성이 높다. 정부는 경제를 활성화시키기 위해 금리를 낮출 것이고, 여러 가지 정책적인 혜택이 늘어날 수 있다. 이때 낮은 금리로 대출을 갈아탈 수 있다. 대출을 갈아탄다는 말은 낮은 금리로 새로 대출을 받아 기존의 높은 금리 대출을 갚아버리는 것이다. 물론 중도상환수수료 등 비용이 있으니 꼼꼼히 따져봐야 한다.

부동산 가격의 폭락 가능성은 얼마나 될까? 폭락하면 얼마나 떨어질까? 일부 부동산 비관론자의 주장처럼 일본식 불황으로 부동산 가격이 폭락하고 수십 년 동안 회복되지 않는다고 하면 집을 사기는 매우 어렵다. 결론부터 이야기하면 일본식 불황은 가능성이 아주 낮으며, 일시적 불황에 의한 가격 하락은 그리 크지 않을 뿐더러 금세 회복된다.

일본식 불황의 원인이 생산 활동 인구의 변화에 따른 것이라는 주장이 있다. 1990년대 초반 일본의 베이비 붐 세대의 은퇴로 경제성장률이 하락하여 부동산의 장기 불황이 시작됐으며, 주식시장을 비롯한 자산시장도 동반 붕괴했다는 것이다.

키움증권의 홍춘욱 이코노미스트의 분석에 따르면 미국, 캐나다, 영국, 독일, 이탈리아 등의 국가 역시 베이비 붐 세대의 은퇴 등 생산 활동 인구 감소를 경험했고, 일시적인 경제성장률 둔화를 겪었으나 오래지 않아 회복했다.[200] 즉 생산 활동 인구의 변화가 경제성장률이나 주택 가격에 미치는 영향은 그리 크지 않다는 얘기다. 오히려 일본의 장기 불황이 특수한 경우라는 것이다. 미연준은 일본 중앙은행의 금리 정책의 실패를 주요 원인으로 보았다. 또한 일본 부동산의 장기 하락은 버블 붕괴 이후에도 지속된 주택 공급에 원인이 있다. 일본과 다르게 미국은 2007년 부동산 버블 이후 주택 공급을 줄였고, 이후 주택 가격이 회복되었다.

김영기, 이재범의 〈부동산의 보이지 않는 진실〉에 따르면, 일본이 버블을 경험한 1985년에서 1989년까지 북유럽 국가 노르웨이, 스웨덴, 핀란드도 똑같이 버블이었다. 이들 나라는 비슷한 시기에 폭락을 겪었다. 하지만 일본과 북유럽의 부동산은 다른 방향으로 흘러갔다. 북유럽 3국은 버블이 꺼진 후 부동산 공급을 줄였고, 몇 년 후 다시 가격이 올랐다. 일본만이 장기 불황의 모습을 보인 것이다. 또한 일본 부동산 폭락은 상업용 토지를 비롯한 토지 가격이 상당 부

분 폭락했던 것이고 주택 가격은 그처럼 폭락하지 않았다.[201]

우리나라에 금융위기가 찾아오면 집값은 얼마나 떨어질까? 미래를 점칠 수는 없으니 과거의 사례를 참고해보자.

전 국민이 금 모으기 운동을 할 정도로 우리나라 사람의 기억에 남아 있는 IMF 외환위기 당시 전국 주택 가격은 1997년 10월 이후 1년 동안 13% 하락했다. 단독과 연립을 제외한 아파트 가격만 보면, 서울의 강남 지역의 아파트 값은 1997년 10월부터 1998년 11월까지 18% 하락했다. 하지만 1년여 후인 2000년 1월 다시 상승해서 IMF 직전의 가격을 회복했다.

1930년대 세계대공황 이후 세계 경제성장률이 처음으로 마이너스를 기록한 2008년 금융위기 때는 어땠을까? 전국 아파트 가격은 2008년 9월 이후 2009년 4월까지 3% 하락했고, 같은 해 11월 하락 전 가격으로 복귀했다. 같은 기간 강남 아파트 가격은 5% 하락 후 복귀했다.[202]

두 시기 모두 주가지수는 반 토막이 나고, 많은 회사가 문을 닫았고, 국가 경제가 휘청거릴 정도로 힘든 시기였다. 하지만 주택 가격 하락은 막연히 생각했던 것보다 크지 않았고 금세 회복되었다. 물론 앞으로 다가올 또 다른 금융위기는 이보다 더 혹독한 모습일 수 있다. 투자 목적으로 구입했다면 더 없는 고통일 수 있겠지만 거주 목적이라면 다르다. 집 없는 설움에 비하랴.

마법의 돈 굴리기

[자산배분 전략 3]

유대인식
3분법 II

　앞의 '자산배분 전략 2'에서 미국인 치과의사 피터 씨를 통해 유대인식 3분법의 가상 투자 결과를 보았다. 토지 대신에 국채를 이용해보았는데, 실제 부동산에 투자해보면 어떨까? 부동산 투자는 역시 자금의 한계 때문에 쉽지 않지만 다른 방법이 있다.

　리츠(REITs)는 소액 투자자에게 부동산 투자의 대안을 제시한다. 리츠는 Real Estate Investment Trusts(부동산투자신탁)의 약자로 투자자의 돈을 모아 부동산 투자를 대신하고 수익을 나눈다. 직접적인 부동산 소유와 달리 리츠는 비교적 적은 자금을 이용해 지리적, 용도적으로 다양한 형태로 쉽게 투자할 수 있다. 여기서는 주식시장에 상장되어 언제든 거래가 가능한 리츠 ETF를 이용해보겠다.

　다우존스의 미국 부동산 지수를 추종하며, 대부분 리츠에 투자하는 ETF인 IYR을 이용했다. 나머지는 '자산배분 전략 2'에서 본 바와 같고, 국채 ETF 대신 리츠 ETF로 대신하여 자산배분을 수행했다.

투자 결과는 아래와 같다.

	미국 주식	미국 부동산	현금성 자산	주식+부동산+현금 포트폴리오	주식+채권+현금 포트폴리오
기간 수익률	222%	239%	19%	154%	108%
연 환산 수익률	8.50%	8.89%	1.21%	6.73%	5.24%
연 환산 변동성	14.2%	22.2%	0.5%	11.2%	4.6%
최대 낙폭	−51%	−70%	0%	−43%	−15%
위험 대비 수익	0.52	0.35		0.49	0.88

2002년 7월부터 현재까지 14년간 투자했을 때, 미국 부동산의 수익률이 연 8.89%로 가장 높다. 주식(8.50%)보다 높은 수익이었는데, 부동산의 변동성도 22.2%로 주식(14.2%)보다 높았다. 주식, 부동산, 현금성 자산 세 자산에 분산투자한 포트폴리오는 주식이나 부동산보다 2% 낮은 연 6.73%의 수익을 보였다. 변동성 역시 11.2%로 낮은 수준이다. 위험 대비 수익은 주식(0.52)이 가장 높고, 다음이 포트폴리오(0.49), 부동산(0.35) 순이다.

제일 오른쪽 부분은 '자산배분 전략 2'에서 부동산이 아닌 채권을 포함할 때의 포트폴리오 성과다. 두 개의 포트폴리오를 비교해보면, 부동산으로 바꾸고 나서 수익은 1.5% 올라갔지만 변동성은 4.6%에서 11.2%로 2.4배나 커지고, 최대 낙폭은 −15%에서 −43%로 3배 가까이 커져 훨씬 위험한 포트폴리오가 됐다. 위험 대비 수익은 0.88에서 0.49로 절반으로 떨어졌다. 자산배분 투자의 성과가 큰 이유가 뭘까?

첫 번째 이유는 부동산의 변동성이 워낙 크다는 점이다. 주식보다도 훨씬 큰 변동성을 갖고 있으니 포트폴리오에 나쁜 영향을 준 것이다.

두 번째 더 중요한 이유는 자산 간의 상관관계에 있다. 주식이 오를 때 부동산도 같이 오르고, 하락할 때도 같이 하락한다. 즉 상관관계가 높았다는 것이다.

투자 기간 동안의 자산 간 상관관계는 주식과 부동산은 0.71로 아주 높게 나온다. 이와 같이 높은 상관관계는 포트폴리오의 위험을 낮추는 데에 도움이 안 된다.

	2002	2003	2004	2005	2006	2007	2008	2009	2010	2011	2012	2013	2014	2015	2016
미국 주식	-5%	34%	6%	10%	15%	-3%	-38%	33%	22%	4%	17%	21%	14%	-1%	16%
미국 부동산	-7%	46%	14%	28%	38%	-25%	-49%	47%	39%	9%	15%	1%	29%	-8%	7%
현금성 자산	0.7%	1.0%	1.4%	3.1%	4.7%	4.4%	1.4%	0.1%	0.1%	0.1%	0.1%	0.1%	0.0%	0.1%	0.2%
포트폴리오	-3%	26%	8%	13%	19%	-8%	-30%	27%	20%	5%	11%	7%	14%	-3%	8%

연 단위로 성과를 측정하더라도 주식과 부동산이 같이 하락하는 등 포트폴리오가 크게 나아지지 않는다. 다만 상관관계가 낮은 현금성 자산이 포함되어 있어 그나마 하락률은 낮다.

앞서 본 채권을 포함한 경우와 이번 부동산을 포함한 결과를 보면 다시 한 번 상관관계의 중요성을 알 수 있다. 그런데 부동산은 주식과의 상관관계가 왜 이렇게 높을까?

[표26]은 미국 리츠 지수와 주식(S&P500)의 모습을 비교하기 위해 같이 그린 것이다.[203] 1990년 후반 부동산과 주식은 거의 정반대로

[표 26] MSCI US 리츠와 S&P500

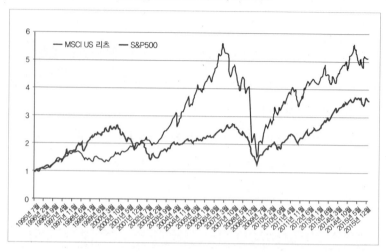

움직였다. 하지만 2002년경부터는 같은 방향으로 움직이고 있다. 거주용 부동산의 경우 경기가 안 좋다고 집을 비울 수는 없으니 경기를 크게 타지 않을 가능성도 있다. (물론 경기가 좋아지면 미래를 낙관적으로 보고 대출이 늘어나고, 집을 사려는 수요가 몰려 가격이 올라가기도 한다) 리츠는 거주용 외에도 호텔, 리조트, 상가, 사무실, 빌딩, 모기지 등 다양한 부동산에 투자한다. 대부분이 경기를 많이 타는 자산이다. 경기가 호황이고 시장에 유동성이 넘치면 수요가 늘고 가격이 상승할 여지가 많다. 즉 2000년대 이후의 리츠의 모습이 주식과 비슷한 이유가 그것 때문이라고 이해할 수 있다. 앞으로 두 자산의 상관관계가 어떻게 변할지 예측하기는 쉽지 않다. 하지만 1990년대 후반의 낮은 상관관계가 다시 나타나기는 쉽지 않을 듯하다. 리츠를 포트폴리오에 포함시킬 때는 더욱 주의를 기울여야 하겠다.

마법의 돈 굴리기

7 금 투자
: 금이 최고야!

금은 투자할 만한 가치가 있을까?

1999년 앨런 그린스펀 미연방준비제도이사회(FRB) 의장은 미국 상원 은행위원회 연설에서 "금은 전 세계에서 여전히 최후의 지불 수단이 되고 있다"면서 "최악의 경우 신용 화폐가 거부되는 경우에도 금은 여전히 사용 가능할 것"이라고 말했다.[204] 미국의 경제 대통령으로 불렸던 그는 2014년 10월 미국의 양적완화에 다소 부정적인 평가와 함께 금의 투자 가치를 높게 평가했다.

마리오 드라기 유럽중앙은행(ECB) 총재는 중앙은행에게 금은 유용한 안전 자산이며 국가 차원에서도 마찬가지라며 "미국 외 다른 국가의 경우 금은 달러 변동성에 대비한 좋은 헤지 수단이 될 수 있다"고 강조한 바 있다.[205]

2011년 노벨경제학상 수상자인 로버트 졸릭 세계은행 총재는 "비록 교과서에서는 금을 낡은 통화로 볼지 모르지만, 오늘날 시장은

여전히 금을 대체 통화 자산으로 사용한다"고 말했다.[206]

금 가격의 역사

이들의 말을 빌면 금은 투자 가치가 있는 자산으로 보인다. 앞서 주식과 채권, 부동산 등의 투자 대상을 분석할 때 장기적으로 우상향하느냐를 따졌다. 금 가격은 역사적으로 어떻게 움직여왔는지 살펴보자.

[표 27]은 약 40년간의 미국 달러 기준으로 본 금 가격의 움직임이다. 장기적으로 우상향하는가? 금에 어떤 일이 있었는지 주요 변곡점을 기준으로 살펴보자.

1819년 영국은행에서 정식으로 금본위제를 채택하면서 금은 국제

[표 27] 금 가격 추이(미국 달러 기준)[207]

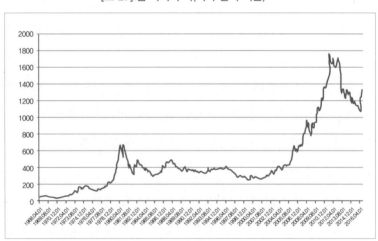

마법의 돈 굴리기

화폐 시스템의 중심 요소로 자리한다. 금본위제는 모든 것이 금 기준이라는 얘기다. 중앙은행이 돈을 찍어내는 만큼 금을 보유하고 있어야 한다는 말이다. 하지만 세계대전이 발발하면서 유럽 각국은 전쟁 비용 조달을 위해 서로 경쟁하듯이 돈을 마구 찍어댐으로써 금본위제는 사실상 붕괴되었다.[208]

2차 세계대전이 끝나갈 무렵인 1944년 7월. 44개국 대표는 브레튼우즈라는 곳에서 전쟁 이후의 새로운 경제 질서 재편과 통화, 금융 시스템 안정을 위한 협정을 맺었다. 여기서 정해진 것이 '금 대신 달러를 기준으로 정하자(기축통화)'와 '미국에 35달러를 가져오면 언제든지 금 1온스를 지급한다'는 협정이었다. 이 협정으로 금 가격은 1온스에 35달러로 고정되었다.

1962년 미국은 베트남 전쟁 비용을 막대하게 지출하면서 중앙은행에서 달러를 마구 찍어냈다. 미국은 냉전으로 인한 과도한 군비 지출과 독일, 일본 등 신흥공업국의 부상으로 사상 최대의 무역 적자를 기록하면서 경제 둔화까지 초래했다. 브레튼우즈 협정에 불신을 갖기 시작한 다른 나라 정부는 달러를 금으로 바꿔달라고 요구한다. 이 상황에서 1971년 8월 미국의 닉슨 대통령은 '더 이상 달러를 가져와도 금으로 안 바꿔주겠다'는 발표를 한다. 전 세계가 충격에 빠져 금 가격이 폭등하기 시작한다.[209](이 사건을 '닉슨 쇼크'라고 부른다) 또한 1973년과 1978년에 발생한 두 차례의 오일쇼크로 실물자산 선호 현상이 더해지면서 금값은 더욱 가파르게 올랐다.

1980년대 미국은 고금리와 강한 달러 정책을 펴면서 단기적으로 슈퍼달러 시절을 누렸다. 1990년 냉전 종식 이후 미국은 세계 경제 재편의 주도권을 잡음으로써 IT 산업을 중심으로 신경제를 부르짖으며 장기 호황을 누린다. 따라서 정치적, 경제적 안정과 기축통화로서의 달러의 신용이 높아져 화폐로써의 금의 효용성이 떨어지고, 주요 금 보유자였던 유럽 중앙은행들도 보유 중인 금을 대량으로 매각하면서 금 가격은 낮은 수준에서 머물렀다.

2001년 9.11테러로 미국은 전쟁에 돌입하는데 이라크, 아프가니스탄 전쟁 비용을 조달하기 위해 천문학적인 달러를 찍어낸다. 또한 2000년대에는 세계적으로 유동성이 증가하여 주식, 부동산, 상품 가격에 버블이 발생하고 금 가격 역시 올라간다. 2008년에는 금융위기로 주식, 부동산, 원자재 등 여러 자산 가격이 폭락했다. 하지만 미국 경제를 살리기 위해 다양한 방법으로 찍어대는 달러에 대한 신뢰가 약해지면서 금은 오히려 안전 자산으로 인식되어 인기가 치솟았다.

2001년 이후 금 가격은 가파르게 상승 곡선을 그린다. 2011년 최고점까지 6.8배 오르는데, 연평균으로 21% 이상 매년 오른 셈이다. 2015년 말까지 고점 대비 40% 가격이 떨어진 후 다시 상승했다.

중앙은행과 금

금의 대한 선호도는 경제 상황과 기축통화(달러)의 신뢰도, 각국 중앙은행의 정책 등에 따라 영향을 많이 받는다. 정부가 금에 대해 직간접적으로 관여한 사례는 많다.

1929~1933년 동안 이어진 대공황은 미국에서 발생한 가장 심각한 경제 위기였다. 1933년 루스벨트 대통령은 미국 국민이 보유한 모든 금을 상납할 것을 지시했다. 개인적으로 금을 소유한 사람은 징역 10년과 벌금 25만 달러라는 중형을 받았다. 미국은 금 소유 금지령을 매우 엄격하게 실시했다. 그린스펀은 1966년 "사람들이 금을 저축하지 못할 때 인플레이션이 발생한다면 그로 인한 자산 축소에 속수무책일 것이다. 설사 사람들이 인플레이션을 방어할 수 있는 도구를 발견한다고 할지라도 정부는 과거 금에 그랬던 것처럼 그런 도구는 불법이라고 선포할 것이다"라고 말했다. 이 법령은 금 소유를 금지한 지 40년이 지난 1974년이 되어서야 철폐되었다. 금이 또다시 투자 자산의 한 종류가 되자 금 가격은 단기간에 40년 전과 비교해 최고 40배나 올랐다. 금에 대한 관심은 그린스펀만이 아니었던 것이다.[210]

이런 일은 중국에서도 일어났다. 1948년 국민당 정부는 '재정경제 긴급처분령'을 반포하여 금, 은과 달러의 유통, 매매, 보유를 금지했다. 동시에 모두 금원권으로 바꾸도록 하고, 이를 어기는 사람의 자산을 몰수했다. 재정경제 긴급처분령에 따르면, 금 1냥은 200위안(금원권)이고 은 1냥은 3위안, 은화는 2위안이었다. 국민이 제때 금과 은을 금원권으로 바꾸지 않으면 안 되도록 법으로 강제한 것이다.

우리나라에는 금 모으기 운동이 있었다. 1997년 IMF 구제금융 요청 당시 나라의 부채를 갚기 위해 국민이 소유하던 금을 자발적으로 내어놓은 것이다. 전국의 351만 명이 참여한 이 운동으로 약 227톤의 금이 모였고, 이는 2조 5천억 원(약 21억 3천 달러)어치였다.[211] 금은 바로 달러처럼 쓸 수 있었다.

각국 정부는 여전히 중앙은행에 금을 보유하고 있다. 미국, 독일, 이탈리아, 프랑스 등은 외환보유고의 60~70%를 금으로 갖고 있다. 국제통화기금(IMF) 역시 2,814톤가량으로 미국(8133톤), 독일(3378톤)에 이어 3번째로 많은 금을 보유하고 있다.(참고로 우리나라의 경우 104톤을 보유하고 있으며, 외환보유액의 1.3% 수준이다)[212]

비관적 전망으로 '닥터 둠'이라는 별명을 갖고 있는 마크 파버는 개인도 중앙은행과 마찬가지로 경제 정책 실패나 금융위기 등에 대비해 재산을 지키기 위한 수단으로 금을 보유해야 한다고 주장한다. 그는 2016년 7월 미국 시카고에서 개최된 미국공인금융분석사협회(CFA) 강연에서 직업적 전문 투자자는 포트폴리오의 25%를 실물 금에 투자해야 한다고 말했다. 보도에 따르면, 파버는 글로벌 중앙은행이 경기 침체에서 탈피하기 위해 초저금리 정책과 함께 국채 등 채권을 대규모로 매입하고 있는 위험한 상황에서 재산을 지키기 위한 수단으로 금을 추천했다고 한다.[213]

미국의 경제 대통령이라고 불렸던 그린스펀은 2014년 "지난 200여 년 동안 금은 누구도 보증을 서거나 담보를 요구하지 않는 일종의 궁극적인 화폐 기능을 해왔습니다. 지금 전 세계의 기축통화 역할을 하고 있는 미국 달러 화폐도 미국 정부와 중앙은행이 그 가치를 보증해주지 않으면 원칙적으로는 휴지 조각에 불과합니다. 금은 다르죠.

마법의 돈 굴리기

금의 가치는 그 자체로 누구에게나 인정을 받습니다"라고 말했다. 그 때문에 각국 정부와 중앙은행이 금을 보유하고 있는 것이라고 주장한다. 미국의 금 비축량 역시 수십 년간 크게 변하지 않았다.[214]

금은 실물자산의 하나로 인플레이션 헤지 수단이라는 주장도 있다.

[표 28]은 미국 달러 기준으로 본 금 가격 추이에서 물가상승률만큼을 뺀 것이다.[215] 물가상승률을 빼고 보면 실제 가격이 올랐는지 확인할 수 있는데, 2000년 이후로는 올랐을 수 있으나, 1970년대 말과 비교해보면 같은 수준이다. 금은 단순한 상품이 아니다. 중앙은행의 간섭과 정치, 경제 이슈가 금의 움직임에 많은 영향을 미친다. 단순히 인플레이션 헤지 수단으로 생각하고 투자 의사 결정을 하는 것은 위험할 수 있다.

[표 28] 금 실질

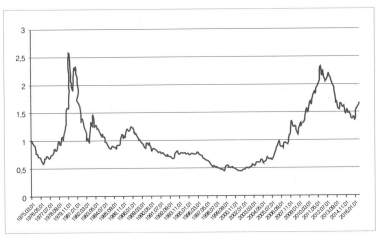

금에 대한 음모론

앞서 금 가격의 장기 추이를 살펴봤다. 그런데 2011년 이후 금 가격이 갑자기 폭락한 이유가 뭘까? 흥미로운 기사 하나를 소개한다.[216]

금 관련 전문 블로그인 '이코니미카(econimica)'는 최근 "중국이 2011년 7월 이후 금을 사들이고 미국 국채는 팔고 있다"며 "중국의 막대한 수요에도 금값은 내려가고, 미국 국채 수요가 줄었는데도 수익률은 떨어지는 기현상을 보이고 있다"고 주장했다. 국제금융업계는 중국이 막대한 양의 금을 매입했다고 추산한다. 매입 규모는 연간 1500억 달러로 2011년 7월 이후 1조 달러에 가까운 금을 사들인 것으로 파악된다. 이 같은 추산이 맞다면 중국의 금 보유량은 공식 통계(1,823톤)보다 훨씬 많다는 결론이 나온다. 이러한 금 매입이 사실이라면, 금값은 오르고 미국 국채 값은 내려야 맞다. 하지만 정반대 현상이 벌어졌다. 금값은 3분의 1이 하락했고, 미국 국채 가격은 3분의 1이 상승했다. '수요-공급 법칙을 거스르는 금과 미국 채권'의 배경에는 미국과 중국의 '오월동주'가 있다는 주장이 있다. 즉 미국과 중국이 서로 미워하면서도 공통의 어려움이나 이해에 대해서는 협력하고 있다는 것이다. 〈화폐의 몰락〉 등의 베스트셀러로 국내에도 유명한 제임스 리카즈는 "금 수요에도 금값이 떨어지는 이유는 미국이 중국의 금 확보를 적극 독려하고 있기 때문"이라고 주장했다.

국제통화기금은 1975년 금을 통화에서 제외시켰다. 미국은 1971년 달러와 금의 태환을 정지시켰다. 1970년대 중반 금은 국제금융 무대에서 공식적으로 사라진다. 하지만 '공식적'으로만 그렇다. 금이란 국제금융 무대에서 사용되는 정치적 '칩(chip)'이다. 현재 중국이 미국 등 다른 선진국과 같은 테이블에 앉아 포커 게임을 하기엔 칩이 크게 부족하다. 즉 주요국 사이에서 발언권을 얻기가 힘들다는 의미다.…

중국은 자신의 경제 규모에 걸맞은 금을 확보하고 싶어 한다. 만약 중국에 달러 자산만 있고 실물 금이 없다면, 미국의 달러 정책에 따라 중국은 울고 웃게 된다. 반면 중국이 달러와 함께 넉넉한 금을 갖고 있다면, 설령 달러 가치가 떨어진다고 해도 중국은 높아진 금 가치로 보상을 받게 된다. 즉 중국이 금을 가져야 달러 위험을 헤지(회피)할 수 있는 것이다. 또한 추가적인 미국 국채 매입이 가능해져 미국의 달러 패권 유지에 도움이 된다.

여기서 문제가 불거진다. 누군가의 가격 조작 없이 금값이 수요-공급 법칙을 따르면, 중국의 수요로 인해 치솟는 가격 때문에 금 확보가 쉽지 않아지는 것이다. 이는 중국에도 미국에도 좋지 않은 일이 된다. 이것이 '보이지 않는 손'에 의해 금값이 조작되는 이유다. 중국이 충분히 금을 확보할 때까지 국제 금 시세는 낮은 수준에서 유지되거나 더 떨어질 가능성이 있다. 일단 중국이 경제 규모에 걸맞은 금을 확보하면, 금값은 천정부지로 뛸 가능성이 있다. 그때는 주요 선진국이 모두 같은 배를 타고 있기 때문에 금값은 시장 논리를 따르게 된다.

금값을 내리누르는 보이지 않는 손은 누구일까?

금은 유동적인 통화지만 금 관련 시장은 매우 협소하다. 막대한 금은 한 곳이 아닌 여러 곳에 분산돼 있기 때문에, 대량의 거래가 이뤄지려면 여러 나라의 중앙은행과 초대형 은행이 막후에서 협상을 벌여야 한다. 그 같은 막후 협상의 조정자는 스위스 바젤에 위치한 국제결제은행(BIS)이다. 매년 발행되는 BIS 보고서에는 '중앙은행과 주요 상업은행 간 금 거래 중개를 맡고 있다'는 설명이 포함된다. BIS는 정기적으로 회계감사를 받아야 하는 국제기구기 때문에 그 같은 일을 숨기기 어렵다. BIS 등을 통해 중국의 금 확보를 측면 지원하는 것이 미국이 중국에 주는 당근이다. 그렇게 되면 중국은 다소 안도감을 느끼게 될 것이기 때문이다.

여러 경로에서 보이는 중국의 입장은 이렇다. "우리는 막대하게 쌓아둔 달러 자산에 불안해하고 있다. 우리도 금을 가져야 한다. 하지만 우리가 금을 확보하려 애쓴다는 사실이 공개되면 금값은 천정부지로 뛸 것이다. 따라서 미국 등 서양 주요국이 국제 금 시세를 억눌러줘야 한다. 우리가 위험 회피 수준까지 금을 확보하면 달러 자산을 안정적으로 매입하는 게 가능할 것이다."

이 기사의 내용이 먼 미래에 사실로 드러난다면 금에 대한 또 하나의 역사가 될 것이고, 아니라면 음모론으로 묻힐 것이다. 확인할 수 없는 내용에 많을 것을 배팅하는 것은 위험하다. 하지만 국제금융 시스템은 근본적으로 불안정하다. 금에 대한 절대적 믿음은 위험하다. 마찬가지로 미국 달러나 국채에 대한 무조건적인 신뢰 역시 위험하다. 인플레이션의 헤지 목적으로 금에 투자하는 것은 적절하지 않아 보인다. 또한 금값의 단기 상승이나 하락에 배팅하는 것은 보이지 않는 손에 뒤통수를 맞을 수 있다. 다만 중앙은행들이 그러하듯 안전 자산으로서의 보유 가치는 있지 않을까?

다른 자산과의 상관관계

금과 다른 자산과의 상관관계는 어떨까? 미국의 경우 1975년부터 2016년까지의 약 30년간의 자산 간 상관관계를 조사해보면 다음과 같다.[217]

상관관계	주식 (S&P500 지수)	국채 (10년물 지수)	집값 (케이스쉴러 지수)
금	−0.06	−0.17	−0.04

금과 다른 자산과의 상관관계가 낮음을 알 수 있다. 좀 더 최근의 모습을 보면 2000년 이후 현재까지의 상관관계는 다음과 같다.

상관관계	주식 (S&P500 지수)	국채 (10년물 지수)	집값 (케이스쉴러 지수)
금	−0.18	−0.17	−0.18

상관관계 측면에서 봤을 때 다른 자산과 음의 상관관계를 갖고 있다. 즉 금을 투자 대상에 포함시켰을 경우 전체 포트폴리오의 위험(변동성)이 낮아질 가능성이 높다.

영구 포트폴리오
따라하기

미국인 치과의사 피터 씨는 기사를 읽다가 우연히 금에 대한 이야기를 알았다. 각국 중앙은행이 금을 꾸준히 보유하고 있다면, 자신의 포트폴리오에도 포함하는 게 낫지 않을까 하는 생각이 들었다. 하지만 기존의 주식, 채권, 현금에 나누어 투자했던 3분법을 버리고 싶지는 않았다. 그러던 차에 영구 포트폴리오라는 게 있다는 것을 알았다.

영구 포트폴리오(The Permanent Portfolio) 투자 전략은 500년의 역사를 가진다. 당시 최고의 부자로 알려진 독일의 금융업자 제이콥 퓨거(Jacob Fugger the Rich, 1459-1525)가 이 투자 전략을 처음으로 문서화했다. 전략은 직관적이고 간단하다. 이 전략은 모든 경제 상황을 동시에 대비하도록 설계되어 있다. 경제 상황은 '물가상승(인플레이션)', '물가하락(디플레이션)', '호황', '불황'의 4가지를 말한다.

오늘날 영구 포트폴리오의 아버지로 손꼽히는 해리 브라운(Harry

Browne, 1933-2006)은 이 포트폴리오 개발에 주도적인 역할을 했다. 1981년 그의 책에서 자산별로 25%씩 투자하는 모델을 공개했다. 4개의 자산 그룹은 금, 미국 주식(S&P500 인덱스), 미국 국채(30년 만기), 현금이었다. 금은 물가상승에 대비(헤지)한 것이고, 주식은 호황을 대비한 것이다. 국채는 물가하락에 대한 대비고, 현금은 불황에 대비한 것이다. 그는 매년 자산을 재분배할 것을 추천했다.[218]

미국의 영구 포트폴리오 성과

영구 포트폴리오를 알게 된 피터 씨는 금을 포트폴리오에 포함시키기로 했다. 그러고는 자신이 유대인식 3분법을 수행한 기간에 금을 포함했다면 어땠을지 테스트했다.

미국 주식의 대표로는 S&P500을 추종하는 SPY ETF를, 미국 채권은 중기 국채를 추종하는 IEF ETF를, 현금성 자산은 재무성 단기 채권을 이용했다. 금은 금 가격을 추종하는 GLD라는 ETF를 사용했다.[219] 테스트 기간은 2002년 7월부터 2016년 11월까지 14년 4개월 동안이며 테스트 결과는 다음 표와 같다.

	미국 주식	미국 국채	금	현금성 자산	영구 포트폴리오
기간 수익률	222%	106%	271%	19%	155%
연 환산 수익률	8.5%	5.2%	9.6%	1.2%	6.7%
연 환산 변동성	14.2%	6.7%	18.2%	0.5%	8.5%
최대 낙폭	−51%	−8%	−43%	0.0%	−17%
위험 대비 수익	0.52	0.59	0.46	−	0.65

영구 포트폴리오의 연 환산 수익률은 6.7%로 주식(8.5%)이나 금
(9.6%)보다 낮으나 채권(5.2%)보다 높다.(같은 기간 물가상승률은 연 2.1% 수준이었다)
영구 포트폴리오의 변동성은 8.5%로 주식과 금의 절반 수준이고 채
권보다 약간 높다. 최대 낙폭은 주식(-51%), 금(-43%)에 비해서 양호한
−17%이다. 위험 대비 수익은 주식, 채권, 금보다 높은 0.65다.(참고로 '자
산배분 전략 2'에서 봤던 유대인 3분법 투자 결과는 연 수익률 5.2%, 변동성 4.6%, 최대 낙폭 −15%)

[표 29] 영구 포트폴리오

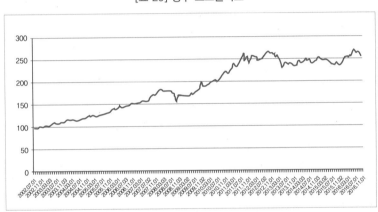

영구 포트폴리오의 운영 결과다. 부드럽게 우상향한다. 다만 2012
년 이후 금값의 하락으로 포트폴리오의 성과는 정체되어 있다.

다음 그림에서 최대 낙폭을 보면 2008년도 주식의 폭락과 2012년
도 이후 금의 하락을 뚜렷이 볼 수 있다. 이처럼 과다한 하락은 투자
심리와 포트폴리오의 운영 결과에 많은 영향을 미친다. 영구 포트폴
리오는 크게 하락하지 않아 상대적으로 양호한 결과를 보여준다. 주

식이나 금이 큰 폭의 하락이 있었음에도 포트폴리오의 성과가 양호한 이유는 자산 간 상관관계가 낮기 때문이다.

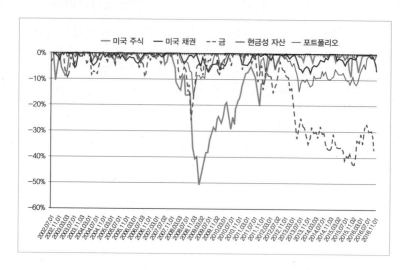

매년 투자 결과를 점검한 결과다. 주식과 금은 각각 4번의 해에 손실이 났다. 채권과 영구 포트폴리오는 3번의 하락한 해가 있었다.

	2002	2003	2004	2005	2006	2007	2008	2009	2010	2011	2012	2013	2014	2015	2016
미국 주식	-5%	34%	6%	10%	15%	-3%	-38%	33%	22%	4%	17%	21%	14%	-1%	16%
미국 채권	6%	7%	4%	1%	3%	15%	10%	-1%	7%	17%	1%	-2%	10%	1%	-2%
금	10%	21%	4%	34%	14%	41%	-0.1%	16%	23%	30%	-5%	-26%	3%	-13%	5%
현금성 자산	1%	1%	1%	3%	5%	4%	1%	0.1%	0.1%	0.1%	0.1%	0.1%	0.0%	0.1%	0.2%
포트폴리오	3%	16%	4%	13%	10%	17%	-7%	12%	16%	19%	0%	-9%	7%	-5%	6%

40년짜리 영구 포트폴리오

피터 씨의 사례는 14년간의 테스트 결과다. 실제 거래되는 ETF를 이용했기 때문에 지금 바로 따라서 투자할 수도 있어 현실성이 있다. 다만 다양한 경제 환경에서 어떤 모습을 보였을지 좀 더 오랜 기간의 결과가 있으면 좋을 것 같다.

[표 30]은 브라운의 모델을 1971년부터 2011년까지의 미국 상황에 적용한 것이다. 40년간 연 9.67%씩 상승했다. 같은 기간의 미국 주식의 상승과 거의 비슷하다. 하지만 주식의 급격한 변동성에 비해 영구 포트폴리오 모델이 안정적인 것을 확인할 수 있다. 이 기간 동안 영구 포트폴리오가 손실 난 해는 단 세 번이었다는 게 인상적이다.

영구 포트폴리오가 작동하는 이유는 고성장하는 자산의 이득을

[표 30] 영구 포트폴리오 40년 운영 결과[220]

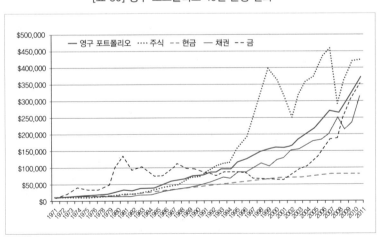

그렇지 않은 자산에 재투자하기 때문이다. 다른 자산이 하락하더라도 상승한 자산으로 하락한 자산을 싸게 매입하는 효과가 있다. 영구 포트폴리오는 장기투자에서 뛰어난 성과를 보이고, 여러 자산에 투자한 분산 효과로 포트폴리오 변동성을 낮춘다. 따라서 불안정한 경제 흐름에도 수익을 발생시킬 수 있고, 갑작스런 금융위기 등에도 대응할 수 있다.

피터는 영구 포트폴리오에 매료되었다. 그는 금을 포함하여 주식과 채권, 현금 자산을 4분의 1씩 동일한 비중으로 자산을 운영할 것이다. 물론 매달 한 번은 계좌를 점검하고 재분배를 실행할 것이다.

8 | 또 다른 투자 대상

　연기금이나 펀드 등 기관 투자가의 주요 투자 대상은 아주 오랫동안 주식과 채권이었다. 이 두 자산을 '전통적인 투자 자산'으로 분류한다. '대체투자 자산'은 이들 전통적인 투자 자산을 '대체'한다는 의미로 주식, 채권 이외의 투자 자산을 말한다. 금, 원유 같은 원자재 혹은 부동산, 농산물, 헤지펀드 등 다른 모든 투자 자산이 대체투자 자산이라 할 수 있다. 이들 대체투자 자산의 중요성은 전통 투자 자산인 주식이나 채권과 다른 움직임을 보인다는 데에 있다. 그들과의 낮은 상관관계를 보임으로써 포트폴리오의 위험성을 낮출 수 있다. 또한 주식과 채권 둘 다 수익이 좋지 않을 때, 대체투자 자산의 가격이 올라서 포트폴리오의 수익성에도 도움이 될 수 있다.

　부동산과 금의 경우는 앞서 살펴보았다. 부동산의 경우 2000년대 이후 주식과의 상관관계가 높아져서 포트폴리오에 큰 도움이 안 됐다. 금의 경우 다른 자산과의 낮은 상관관계로 포트폴리오에 도움이 되었음을 알았다.

그렇다면 다른 자산은 어떨까?

초보 투자자가 잘 알지 못하는 다양한 자산에 투자하는 것은 오히려 위험할 수 있다. 자산배분 전략을 수행하기 위해 너무 많은 자산을 포함하는 게 낫다는 보장도 없다. 다만 초보 투자자가 관심을 가질 만한 몇 가지 자산을 간단히 알아보고 이들 자산을 포함시킬 수 있는 자산배분 전략을 소개한다.

은 : 악마의 쇠붙이

금 못지않게 사람들의 관심을 끄는 것이 은이다. 은은 장신구로도 많이 사용하지만, 역사적으로 은화 등 화폐의 역할도 많이 했다. 기본적으로 인플레이션 대비 목적의 수요가 있었다. 하지만 금 투자와 달리 은에 대한 투자는 굉장히 주의를 기울여야 한다. 은 시장은 금에 비해 작다. 그래서 일부 세력이 시세를 조정하거나 매점할 수 있고, 실제 그런 사례가 있었다.

역사적으로 은은 투기에 많이 노출돼 '악마의 쇠붙이'라는 별명을 갖고 있다. 투기 사례 중 유명한 것은 1980년 헌트 형제에 의한 사건이다. 1980년 3월 27일 목요일 추락하기 시작한 은값은 4일 만에 온스당 40달러에서 12달러 선까지 하락했다. 주식시장의 변동성까지 높이며 '은의 목요일(Silver Thursday)'이란 말이 붙었다.

석유 재벌의 아들이었던 헌트 형제는 베트남 전쟁과 오일 쇼크로 달러 약세와 인플레이션이 심했던 1974년부터 은에 손댔다. 은이 인플레이션을 헤지할 수 있는 수단이면서 금보다 가격이 싸서 시세를 쉽게 조종할 수 있다고 믿었기 때문이다. 당시 은값은 온스당 2.5달러에 불과했다. 헌트 형제는 은 선물을 매수하고 현물을 매집한 뒤 이를 담보로 돈을 빌려 재투자하는 방식으로 6년 동안 은값을 20배나 상승시켰다. 은 가격은 1980년 1월 온스당 50.06달러까지 올랐다. 헌트 형제가 당시 매입한 은 규모는 2억 온스(100억 달러 수준)로 전세계 유통량의 절반이 넘었다.

하지만 은값 폭등에 따른 문제가 심각해지자 미연방준비제도이사회(FRB)가 은의 담보 가치 평가 비율을 낮춰 버렸다. 계속 빚을 내 은을 매집하던 헌트 형제는 자금 동원에 문제를 겪기 시작했고, 인위적으로 올린 은값은 곤두박질쳤다. 은값은 1980년 3월 10달러대까지 빠졌다. 헌트 형제는 1억 달러가 넘는 벌금을 내야 했고, 10억 달러 이상의 손실을 안고 결국 파산했다.[221]

두 번째 은 투기의 주인공은 버크셔헤서웨이의 워렌 버핏이다. 버핏 회장은 1998년 1억 3천만 온스의 은을 사들였다. 은값은 몇 달 새 90% 상승하면서 온스당 7.90달러까지 올라갔다. 그러나 1999년 은값이 40% 폭락하면서 버크셔는 최악의 실적을 기록했다.[222]

금 시장에서 유럽 중앙은행이 계속 금을 매도했던 것처럼 은 시장에서도 주요국이 지속적으로 매도해왔다. 정부기관의 매도와 더불어 은 선물시장에서 거대한 공매도 세력이 존재했다. 2007년 미국 상품선물거래위원회는 공식적으로 은 선물시장에 소수의 거대한 공

매도 세력이 존재한다고 밝힌 바 있다. 이런 세력의 존재는 은 시장의 변동성을 높인다.[223]

은 가격의 상승과 하락의 원인을 정확히 밝히기는 어렵다. 앞으로의 은 가격 움직임에 대한 예측 역시 어렵다는 뜻이다. 이러한 자산은 장기적인 관점에서 투자 가치가 있다고 보기 어렵고, 개인 투자자가 섣불리 투자했다가 여러 투기 세력의 희생양이 될 가능성도 매우 높다. 따라서 초보 투자자에게는 자산배분 전략에 은을 포함하는 것을 추천하지 않는다.

석유(원유) : 검은 황금

원유를 정제하면 석유가 추출된다. 전 세계가 소비하는 에너지의 38%를 차지할 정도로 석유는 세계를 움직이는 가장 중요한 에너지원이다.[224] 석유는 또한 수많은 상품의 원료로 사용되는 중요한 원자재다. 석유 하면 자동차와 난방용으로 쓰이는 휘발유를 떠올린다. 운송, 발전, 난방 원료로 많이 사용되지만, 그 외에도 비료, 농약, 살충제의 원료가 되기도 한다. 뿐만 아니라 옷, 화장품, 플라스틱, 비닐, 합성섬유, 합성고무 등의 물품을 만들기도 하고 석유로 주사와 약도 만든다.

석유 가격은 일반적으로 세계 경제 상황에 따른 수요에 의해 결정된다. 하지만 석유 가격에 영향을 주는 결정적인 요인은 한정된 공급이다. OPEC[225]으로 대표되는 산유국과 오일 메이저로 불리는 몇 몇 대형 에너지 기업은 생산량과 유통량의 조절을 통해 석유 가격에 강력한 영향을 미치고 있다. 산유국과 오일 메이저의 영향력 못지 않게 석유 가격에 영향을 주는 요인은 산유국과 석유 산업을 둘러싼 정치적인 문제다. 중동의 금수 조치, 이란의 회교 혁명, 이라크의 쿠웨이트 침공, 걸프 전쟁, 테러와의 전쟁 등 다양한 정치적 이슈에 의해 석유 가격이 움직인다.[226]

[표 31]은 1947년 이후 60여 년간의 원유 가격의 움직임이다.[227] 1973년 제4차 중동전쟁이 발발하는데, OPEC 국가는 공공연히 이스라엘을 지원한 미국에 대한 보복으로 미국 등 친이스라엘 국가에 석유 수출 금지령을 내린다. 석유를 무기화한 '1차 석유 위기'로 원유 가격은 배럴당 3달러에서 1974년 11달러까지 오른다.

1978년 이란에서 발생한 회교 혁명은 '2차 석유 위기'를 일으킨다.

[표 31] 원유 가격

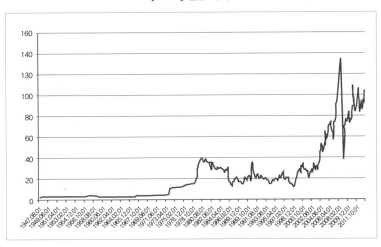

당시 전 세계 석유 공급량의 15%를 공급하던 이란의 금수 조치[228]는 원유 가격에 절대적인 영향을 미쳤다. 공급 불안 우려로 석유회사들의 석유 매점과 각국의 비축유 확보 경쟁, 투기 세력의 가세로 1979년 12월에는 베럴당 41달러까지 오른다.

두 차례의 석유 위기는 석유 소비 절약과 대체 에너지에 대한 관심으로 이어졌다. 각국의 노력으로 석유 소비량이 감소했고 알래스카, 북해, 맥시코만 등에서 석유 공급이 늘면서 가격이 안정됐다. 여기에 석유가 주요 수출품이었던 구소련을 견제하기 위해 1980년 미국의 레이건 행정부는 규제 철폐와 공개 시장을 통한 저유가를 선언한다.

안정적이던 석유 가격은 1990년 이라크의 쿠웨이트 침공으로 발발된 걸프 사태로 다시 급등한다. 미국을 중심으로 한 다국적군의 대규모 공습으로 전쟁이 조기 종료되며 유가는 급속도로 안정된다.

2001년 9.11테러 이후 일시적으로 하락했던 유가는 미국의 이라크 침공 가능성과 팔레스타인-이스라엘 간의 긴장이 고조되면서 10월 이후 상승세를 보인다. 2005년 자연재해로 멕시코만의 석유시설이 파괴되는 등 불안감으로 유가는 폭등한다. 몇 년간 지속된 세계적인 경기 호황으로 세계 석유 수요가 강세를 보였다. 거기에 투기 세력이 가담하면서 2008년 120달러를 넘어갔다. 2008년 글로벌 금융위기로 배럴당 40달러까지 하락 후 현재 100달러 수준으로 회복했다.[229]

이와 같이 원유 가격은 정치적인 영향을 많이 받기 때문에 불안정한 모습을 보인다. 또한 셰일가스와 같은 대체 에너지원이 발견되거나 개발되면 상대적으로 원유의 인기가 떨어지고 가격이 폭락한다. 다양한 위험을 갖는 원유는 초보 투자자가 장기투자용으로 편입할 만한 상품이 아니다.

기타

그 밖에도 원자재, 구리, 옥수수, 콩 등의 대체투자 자산이 우리나라 증권시장에 ETF와 ETN 상품으로 상장되어 거래가 가능하다.

미국 시장에는 플래티넘(백금), 석탄, 설탕, 커피, 코코아, 알루미늄 등 훨씬 다양한 대체투자 자산이 ETF나 ETN 상품으로 나와 있다.

이러한 원자재나 농산물 등에 투자하는 상품의 경우 공통적으로 분배금 소득이 없고, 운용 보수가 높다는 단점이 있다. 또한 은이나 석유와 같이 정치적인 이슈에 휘말릴 가능성이 높고, 가격의 변화가 급격히 발생하곤 한다. 따라서 초보 투자자가 투자하기에 적합하지 않다.

레버리지 투자 상품

여기서 말하는 레버리지 투자 상품이란 여러 투자 대상에 대해 원래 가격 움직임의 2배 혹은 3배 등으로 움직이도록 만든 상품을 말한다. 이론대로라면 더 화끈한 결과가 나오니 매력적으로 보인다.

하지만 장기적인 관점에서는 예상과 다른 모습을 보인다. 왜냐하면 일일수익률에 대해 레버리지가 작동하기 때문이다. [표 32]를 통해 자세히 살펴보자.

[표 32] 레버리지

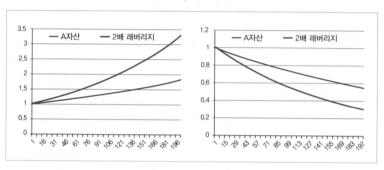

왼쪽의 경우 매일 오를 경우고, 오른쪽은 매일 하락하는 경우다. 이 경우 레버리지는 예상대로 움직인다. 왼쪽은 일일수익률 0.3%이고 매일 오른 경우다. 200일 후 A자산 가격은 82% 상승했지만, 레버리지는 229% 상승했다. A자산 가격 상승의 2배가 아닌 2.8배 상승이다. 오른쪽의 경우 매일 0.3%씩 하락하는 경우다. 200일 후 A자산은 45% 하락했고, 레버리지는 70% 하락했다. 상승이든 하락이든 한쪽 방향으로의 움직임이라면 오를 때 더 오르고, 내릴 때 덜 내린다. 일별수익률의 복리 효과 때문이다. 물론 완벽하게 이상적인 경우를 가정한 것이고, 레버리지 상품의 비싼 운용 보수도 전혀 감안하지 않았다. 좀 더 현실적인 모습을 보자.

마법의 돈 굴리기

[표 33] 레버리지

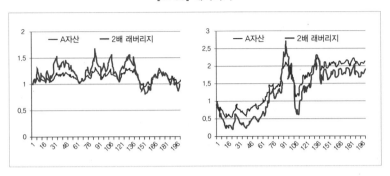

[표 33]의 두 그래프는 흔히 볼 수 있는 주가 움직임과 유사하다. 왼쪽의 경우 투자 기간 종료 시점에서 A자산은 9%가 올랐으나, 레버리지는 0.2% 올랐다. 자산 가격의 2배는커녕 오히려 더 나쁜 결과를 보여주었다. 오른쪽의 경우를 보자. 왼쪽의 경우보다 변동성이 크지만 결과적으로 많이 오른 경우다.(어디서 많이 본 듯한가? 사실 코스피 지수의 움직임을 빌려왔다) 오른쪽의 경우 A자산의 투자 결과는 116% 상승했으나, 레버리지는 90%밖에 오르지 못했다. 레버리지가 A자산의 수익률을 못 쫓아간 것이다. 역시나 레버리지의 수수료 등을 감안하지 않은 것이다. 레버리지 상품의 수수료는 지수 상품 대비 2~3배 이상 비싸다. 훨씬 비싼 수수료를 내고도 결과는 좋지 않은 것이다.

상승과 하락이 반복되는 투자시장에서 레버리지 상품은 단순히 2배 수익이라는 예상과는 전혀 다른 결과를 보여준다. 변동성은 2배로 커지지만 수익은 오히려 나빠질 수 있다. 즉 장기투자 자산으로서는 부적합하다. 단기적인 '투기' 목적에나 사용할 수 있다.

인버스 투자 상품

인버스 투자 상품이란 투자 대상 지수의 하락에 배팅할 수 있도록 만든 것이다. 일일수익률만큼 반대로 움직이도록 설계되어 있다. 레버리지 투자와 유사한 단기 수익을 목적으로 하며 '투기'에 가깝다. 예측이 틀릴 경우 고스란히 손실을 입는다. 장기적으로 우상향하는 자산을 대상으로 하는 자산배분 투자 전략에 맞지 않으며, 초보 투자자에게 위험한 투자 상품이다.

인버스 상품을 포트폴리오의 위험 헤지 목적으로 활용할 수 있다는 말도 있는데 과연 맞을까?

[표 34] 인버스

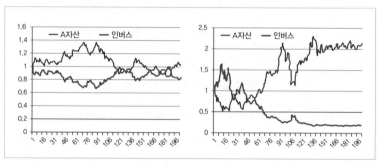

[표 34]의 왼쪽 그래프는 일일수익률의 −1배로 움직이는 인버스 상품을 보여준다. 거의 A자산과 대칭되는 모습이다. 하지만 200일 간의 투자 결과 A자산은 2.2%의 수익률을 보여주지만, 인버스의 경우 −16%이다. 예상대로라면 −2.2%가 나는 게 맞을 거 같지만, 매일의 수익률이 반영되는 복리 효과로 하락이 더 커진 것이다. 이 두

마법의 돈 굴리기

상품을 50:50으로 포트폴리오를 구성하면 최종적으로 헤지가 되어 수익도 손실도 없는 게 아니라 마이너스 7%가량 손실이 발생한다. 반대로 움직인다고 해서 헤지가 된다고 할 수는 없다. 제대로 된 헤지 상품이라면 포트폴리오의 변동성(위험)을 낮춰줄 뿐만 아니라 수익을 크게 해치지 않아야 한다.

오른쪽 그림은 앞서 보여줬던 코스피 지수의 움직임을 빌려다가 가상의 인버스 투자를 한 것이다. A자산은 큰 변동성에도 불구하고 장기적으로 우상향하는 모습을 보였다. 인버스 투자자는 초반에 잠깐 기뻤을 뿐 내내 우울해질 수밖에 없다.

우리나라의 레버리지와 인버스 투자 현황

2016년 10월 말 기준 한국거래소의 ETF, ETN 자료에 따르면, 총 투자 금액이라 할 수 있는 순자산 가치 기준으로 레버리지와 인버스 ETF에 투자된 금액은 전체 투자금의 16.5%에 달한다. 순자산 가치 총액 기준 ETF 상품별 순위에도 인버스와 레버리지 상품이 5위 안에 들어가 있다.[230]

ETF의 일평균 거래 대금은 레버리지와 인버스가 전체 거래 대금의 66%를 차지한다. 이런 상품 투자자의 거래 회수가 상대적으로 훨씬 많다는 얘기다. 일평균 거래 대금 상위 10종목 중에 3개를 제외하곤 모두 레버리지와 인버스 상품이다. 또한 일평균 거래 대금의 40%가 개인 투자자다.

우리나라 개인 투자자가 레버리지와 인버스 상품을 이용한 단타 투자를 많이 한다는 말이다. 레버리지와 인버스 투자에 성공하려면 단기 예측이 잘 맞아야 한다. 또한 심리에 휩쓸리지 않아야 한다. 예측이나 심리적인 이슈는 전문가도 쉽지 않은 부분임을 이 책의 많은 부분에 걸쳐 설명했다. 시장의 상품 다양성을 위해 이런 상품이 나오고 운용된다는 것은 나쁘지 않은 일이다. 하지만 초보 투자자에게는 그다지 추천할 만한 상품이 아니다.

[자산배분 전략 5]

핵심-위성
전략

주식과 채권을 제외한 다양한 대체투자 자산이 있다고 얘기했다. 이런 자산은 변동성도 크고 위험해서 함부로 투자하기가 어렵다. 하지만 본인이 관련된 일에 종사하고 있다거나 해당 분야의 지식이 남다를 수 있다. 예를 들어 원유회사에 다니고 있어서 원유 가격의 흐름에 정통할 수도 있고, 취미로 캠핑을 다니는데 휴대용 가스버너에 쓰는 부탄가스가 대부분 특정 회사 브랜드인 것을 보고 그 회사 주식에 투자하고 싶을 수도 있다. 이렇게 투자 포트폴리오에 특정 자산이나 주식 등을 포함시키고 싶으면, 기존의 자산배분 전략을 유지하면서 이러한 자산을 편입시키는 방법으로 핵심-위성(core-satellite) 전략을 이용해볼 수 있다.

핵심-위성 전략이란 포트폴리오를 구성할 때 '핵심(core)'에 대부분의 자산을 배분하고, 일부만을 '위성(satellite)'에 배분하여 투자하는 것이

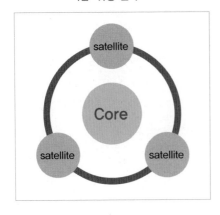

핵심-위성 전략[231]

다. 이때 핵심이 포트폴리오의 대부분의 수익과 위험을 결정하고, 위성은 적은 자산이 배분되어 전체 포트폴리오에 미치는 영향이 크지 않다.

가장 단순한 형태를 예로 들어보면 은행 예금을 이용하는 것이다. 투자 원금이 1,000만 원이고, 예금이자가 2%라고 치자. 이때 981만 원을 예금에 가입하면, 1년 후 이자가 약 19만 원이 나오니 원금과 이자를 합치면 1,000만 원이 된다. 즉 투자 원금은 보전할 수 있는 것이다.(계산상의 편리함을 위해 세금이나 인플레이션은 제외한다) 따라서 투자 시점에 981만 원은 예금을 하고, 나머지 19만 원은 원하는 곳에 투자하는 것이다. 표로 그려보면 다음과 같다.

구분	투자 시점	투자 대상	1년 후
핵심(core)	981만 원	예금(이자 2%)	약 1,000만 원
위성(satellite)	19만 원	주식? 원유? 어디든~	0~?

19만 원을 투자한 곳이 원금 이상의 손실을 가져오는 형태(파생상품 등)만 아니라면, 투자자는 '핵심' 덕분에 1년 후 원금은 지킬 수 있다. 또한 19만 원의 투자 결과에 따라 추가 수익을 확보할 수 있다. 설사 판단이 잘못돼서 원금을 다 날리더라도 '핵심(core)'에 배분해 놓은 자

마법의 돈 굴리기

산이 '중심'을 잡아주니 안전하게 투자할 수 있다.

앞서 배운 자산배분 전략을 이용하려면 어떻게 하면 될까?

유대인식 3분법을 이용하면 우리나라의 경우 연 4%의 수익이 발생했었다. 앞으로도 이 정도 수익이 난다고 예상하고 자산의 96%를 유대인식 3분법으로 운영하는 것이다. 이 '핵심' 부분은 꾸준히 유지하면서 나머지 4%의 금액만을 별도로 투자하면 된다. 은이나 원유, 혹은 특정 회사의 주식 등 투기적 요소가 있는 자산을 구입할 때 사용할 수 있다. 만약 4%인 '위성' 부분에 투자한 결과가 매년 원금을 다 까먹을 정도라면, 그 자산을 장기적으로 투자할 것인지 심각하게 고민해봐야 한다. 하지만 다행인 건 여전히 '핵심'인 유대인식 3분법이 원금 수준은 지켜주고 있으니 또 다른 투자 기회가 계속 있는 것이다.

구분	자산배분	예상 수익	1년 후
핵심(core) (96%)	주식(32%)	약 4%	원금 보존
	채권(32%)		
	현금(32%)		
위성(satellite) (4%)	기타 자산(4%)	?	0~?

영구 포트폴리오가 마음에 든다면 이를 이용해도 된다. 미국 시장에서 40년간의 자료를 분석한 결과 영구 포트폴리오의 연 수익이 약 9%였다고 했다. 보수적으로 8% 정도를 위성에 투자할 수 있을 것이다.

구분	자산 배분	예상 수익	1년 후
핵심(core) (92%)	주식(23%)	약 8%	원금 보존
	채권(23%)		
	금(23%)		
	현금(23%)		
위성(satellite) (8%)	기타 자산(8%)	?	0~?

　주식 투자에서도 기술적 분석, 기본적 분석, 모멘텀 투자, 가치투자 등 다양한 방법이 존재한다고 했다. 투자자 본인이 특정 투자 방법에 관심이 있고 공부를 계속 해왔다면, 실제로 투자를 해보고 싶을 것이다. 이때에도 핵심-위성 전략을 사용해보기를 권한다. 대부분의 투자 금액은 자산배분 전략에 맞게 운영하고, 일부 금액만으로 원하는 투자를 하는 것이다. '위성'의 자리에 있던 본인의 투자 성과가 지속해서 우수한 결과를 낳았다면, '위성'이 여러 개로 늘어나거나 더 커질 수도 있을 것이다. 마치 지구에는 달밖에 없지만, 토성에는 많은 위성이 있는 것처럼 말이다.

초보 투자자 입장에서 소액으로 실제 투자가 가능한 상품이 있는 자산 위주로 살펴봤다. 아무리 먹기 좋은 떡이라도 손에 닿지 않으면 '그림의 떡'이기 때문이다. 투자 대상의 조건으로 '장기적'이고 '우상향'하는 것을 첫 번째로 꼽았다. 미래를 예측할 수 없다고 했으니, 미래에 그 자산이 우상향할지 알 수는 없다. 다만 역사의 반복하는 특성을 이용해보고자 자산들의 장기적인 모습을 보고 그 성격을 검토했다.

주식은 장기 수익률이 가장 좋아서 높은 변동성에도 불구하고 첫 번째로 다루었다. 두 번째로 다룬 채권은 변동성이 낮고 수익도 낮지만, 주식과의 낮은 상관관계 때문에 포트폴리오에 편입할 필요가 있었다. 다음으로 부동산을 살펴봤다. 투자형 부동산의 수익성을 알아봤고, 거주용인 경우 위험 관리 차원에서 분석했다. 금에 대해서는 역사적, 정치적 환경에 따른 의미를 살펴봤다. 레버리지와 인버스 상품을 다룬 이유는 장기적인 자산배분 전략에 어울리지 않기 때문이다. 은이나 원유 등의 자산은 초보 투자자가 투자하기에 좋지 않다.

5가지 자산배분 전략을 소개했다. 모두 실전에 사용 가능하다. 하지만 책의 나머지 부분을 더 읽어본 후 결정하자.

5장

언제 사고팔고
어디에
투자해야 하나?

1 | 투자 시점과 분할 매수의 진실

투자를 해야 하며 투자 방법으로 자산배분을 권한다는 얘기를 계속하고 있다. 그렇다면 언제 시작해야 할까?

"가장 좋은 투자 시점은 바로 지금이다."

이 말은 세계 금융 투자의 중심지인 미국 월스트리트의 격언이다. 많은 사람이 투자를 망설이는 이유는 실패에 대한 두려움 때문이다. 지금보다 더 나은 타이밍이 있을 거라는 생각, 그런 매매 타이밍을 찾아낼 수 있을 거라는 착각 때문에 투자를 주저한다. 금융시장의 전문가조차 쉽지 않은 타이밍 찾기를 초보 투자자가 고민한다는 것이다. 그렇다면 아무 때나 들어가도 되나?

내일 주식이 오를지 떨어질지를 알 수 있는 사람은 없다. 채권이나 부동산, 금도 마찬가지다. 세계 금융시장은 호황을 만끽하다가 어느 순간 폭락으로 돌변하고, 지옥의 나날에서 어느 순간 화려하게 다시 상승한다.

마법의 돈 굴리기

초보 투자자이자 자산배분 투자자에게 투자 시점은 바로 지금이다. 앞서 선정한 투자 대상의 장기적인 성장(우상향)을 믿고, 단기적인 이벤트에 초연해야 한다. 오늘 당장 시작하자. 주식이 떨어진다면 채권이 오르지 않겠는가? 내일 가격이 하락하더라도 장기적으로 다시 올라갈 것이다.

왜 분할 매수인가?

투자를 할 때 많은 전문가가 '분할 매수'를 권한다. 분할 매수란 총 투자 금액을 나누어서 시간을 분산해 투자하는 것이다. 예를 들면 투자금 500만 원으로 어떤 자산(주식이든 금이든)에 투자할 때 매달 100만 원씩 5개월에 걸쳐 자산을 매수하는 것이다. 이렇게 같은 금액으로 나누어 투자하는 것을 '정액 적립식'이라고 부르기도 한다. 분할 매수 혹은 정액 적립식의 장점으로 '평균 매입 단가 인하 효과(cost averaging effect)'가 있다고 하는데 이게 무슨 뜻인지 살펴보자.

자산 가격의 움직임은 다양하다. 다양한 움직임에 따라 분할 매수의 효과도 다르다. 자산 가격의 움직임을 6가지로 나눠보고, 각각의 경우 분할 매수와 일시 매수의 결과를 비교해본다.

자산A에 500만 원을 투자할 때 초기에 전액 매수했을 때와 매달 100만 원씩 분할해서 매수했을 때의 결과를 사례별로 보자.

사례 1. 투자 5개월 후 자산 가격이 구입가와 동일하고 중간에 가격이 하락했다가 상승한 경우

		1월	2월	3월	4월	5월	6월
자산 한 개당 가격(A)		10,000	9,900	9,500	9,000	9,600	10,000
일시 매수	구입 수량	500	0	0	0	0	0
	누적 수량(B)	500	500	500	500	500	500
	잔고(A×B)	5,000,000	4,950,000	4,750,000	4,500,000	4,800,000	5,000,000
분할 매수	구입 수량	100	101	105	111	104	0
	누적 수량(B)	100	201	306	417	522	522
	잔고(A×B)	1,000,000	1,990,000	2,909,596	3,756,459	5,006,890	5,215,510

투자 기간 중 분할 매수를 하면 가격 하락 시 저렴한 가격 덕분에 더 많은 수량을 살 수 있다. 1월에는 100개(=100만 원÷1만 원)밖에 못 샀지만, 2~5월은 가격이 내려간 덕분에 더 많은 수량을 살 수 있었다. 최종 522개를 살 수 있었고, 매수 대비 가격 상승 덕에 최종 잔고가 522만 원이 되었다. 초기 전액 투자 시(500만 원)보다 22만 원의 추가 수익이 발생했다.

사례 2. 투자 5개월 후 자산 가격이 구입가와 동일하고 중간에 가격이 상승했다가 하락한 경우

		1월	2월	3월	4월	5월	6월
자산 한 개당 가격(A)		10,000	11,000	12,000	11,000	11,000	10,000
일시 매수	구입 수량	500	0	0	0	0	0
	누적 수량(B)	500	500	500	500	500	500
	잔고(A×B)	5,000,000	5,500,000	6,000,000	5,500,000	5,500,000	5,000,000
분할 매수	구입 수량	100	91	83	91	91	0
	누적 수량(B)	100	191	274	365	456	456
	잔고(A×B)	1,000,000	2,100,000	3,290,909	4,016,667	5,016,667	4,560,606

가격이 올라갔다가 하락한 경우는 구입 수량이 줄어든다. 투자 기간 중 가격 상승으로 구입 수량이 줄어든 것이다. 결국 총 456개를 사게 됐고, 최종 잔고가 456만 원이 되었다. 초기 전액 투자 시 (500만 원)보다 44만 원이나 손해가 발생했다.

사례 3. 투자 5개월 후 자산 가격이 상승했고 중간에 가격 등락 없이 꾸준히 올랐을 경우

		1월	2월	3월	4월	5월	6월
자산 한 개당 가격(A)		10,000	10,200	10,400	10,600	10,800	11,000
일시 매수	구입 수량	500	0	0	0	0	0
	누적 수량(B)	500	500	500	500	500	500
	잔고(A×B)	5,000,000	5,100,000	5,200,000	5,300,000	5,400,000	5,500,000
분할 매수	구입 수량	100	98	96	94	93	0
	누적 수량(B)	100	198	294	389	481	481
	잔고(A×B)	1,000,000	2,020,000	3,059,608	4,118,446	5,196,153	5,292,378

최종 가격이 상승한 덕에 초기 전액 매입의 투자 결과는 550만 원으로 50만 원 수익이 났다. 분할 매입 경우는 가격이 지속 상승해서 구입 수량이 줄었고, 최종 481개를 보유하게 됐다. 최종 잔고가 529만 원으로 초기 전액 매입 시의 수익(550만 원)보다 21만 원이 적다.

사례 4. 투자 5개월 후 자산 가격이 상승했고 중간에 가격 등락이 있을 경우

		1월	2월	3월	4월	5월	6월
자산 한 개당 가격(A)		10,000	11,000	9,500	9,000	9,800	11,000
일시 매수	구입 수량	500	0	0	0	0	0
	누적 수량(B)	500	500	500	500	500	500
	잔고(A×B)	5,000,000	5,500,000	4,750,000	4,500,000	4,900,000	5,500,000
분할 매수	구입 수량	100	91	105	111	102	0
	누적 수량(B)	100	191	296	407	509	509
	잔고(A×B)	1,000,000	2,100,000	2,813,636	3,665,550	4,991,377	5,602,566

최종 가격이 상승한 덕에 초기 전액 매입 시의 투자 결과는 550만 원으로 50만 원 수익이 났다. 분할 매입한 경우를 보면 가격 상승 시는 구입 수량이 적었지만, 하락한 구간에서 많은 수량을 살 수 있었다. 최종 509개를 매입했고 최종 잔고가 560만 원이 됐다. 초기 전액 매입 시보다 나은 수익이 발생한 것은 저가 매수의 결과다.

사례 5. 투자 5개월 후 자산 가격이 하락했고 중간에 가격 등락 없이 꾸준히 떨어졌을 경우

		1월	2월	3월	4월	5월	6월
자산 한 개당 가격(A)		10,000	9,800	9,600	9,400	9,200	9,000
일시 매수	구입 수량	500	0	0	0	0	0
	누적 수량(B)	500	500	500	500	500	500
	잔고(A×B)	5,000,000	4,900,000	4,800,000	4,700,000	4,600,000	4,500,000
분할 매수	구입 수량	100	102	104	106	109	0
	누적 수량(B)	100	202	306	413	521	521
	잔고(A×B)	1,000,000	1,980,000	2,939,592	3,878,350	4,795,832	4,691,575

마법의 돈 굴리기

최종 가격이 하락하여 초기 전액 매입 시의 투자 결과는 450만 원으로 50만 원 손실이 났다. 분할 매입 시 가격의 지속 하락으로 구입 수량이 늘었고, 최종 521개를 보유하게 됐다. 최종 잔고가 469만 원으로 초기 전액 매입 시 결과(450만 원)보다 19만 원이 많다.

사례 6. 투자 5개월 후 자산 가격이 하락했고 중간에 가격이 등락한 경우

		1월	2월	3월	4월	5월	6월
자산 한 개당 가격(A)		10,000	11,000	10,000	11,000	9,800	9,000
일시 매수	구입 수량	500	0	0	0	0	0
	누적 수량(B)	500	500	500	500	500	500
	잔고(A×B)	5,000,000	5,500,000	5,000,000	5,500,000	4,900,000	4,500,000
분할 매수	구입 수량	100	91	100	91	102	0
	누적 수량(B)	100	191	291	382	484	484
	잔고(A×B)	1,000,000	2,100,000	2,909,091	4,200,000	4,741,818	4,354,731

최종 가격이 하락하여 초기 전액 매입 시의 투자 결과는 450만 원으로 50만 원 손실이 났다. 분할 매입 시 가격이 비쌀 때는 구입 수량이 줄었고, 최종 484개를 보유하게 됐다. 최종 잔고가 435만 원으로 초기 전액 매입 시 결과(450만 원)보다 15만 원 적다.

위의 6가지 사례를 요약하면 다음과 같다.

자산 가격이 횡보할 경우, 상승할 경우, 하락할 경우로 나누어 6가지 경우의 분할 매수와 일시 매수의 결과를 살펴봤다. 평균 매입 단가 인하 효과란 사례 1, 4, 5의 경우로 낮은 가격에 매수하여 매입 단가 평균이 낮아진 것을 말한다. 다른 표현으로 싸게 더 많은 수량

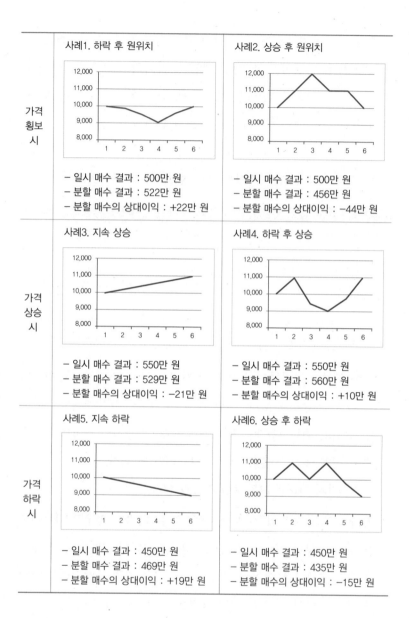

사례1. 하락 후 원위치

- 일시 매수 결과 : 500만 원
- 분할 매수 결과 : 522만 원
- 분할 매수의 상대이익 : +22만 원

사례2. 상승 후 원위치

- 일시 매수 결과 : 500만 원
- 분할 매수 결과 : 456만 원
- 분할 매수의 상대이익 : −44만 원

사례3. 지속 상승

- 일시 매수 결과 : 550만 원
- 분할 매수 결과 : 529만 원
- 분할 매수의 상대이익 : −21만 원

사례4. 하락 후 상승

- 일시 매수 결과 : 550만 원
- 분할 매수 결과 : 560만 원
- 분할 매수의 상대이익 : +10만 원

사례5. 지속 하락

- 일시 매수 결과 : 450만 원
- 분할 매수 결과 : 469만 원
- 분할 매수의 상대이익 : +19만 원

사례6. 상승 후 하락

- 일시 매수 결과 : 450만 원
- 분할 매수 결과 : 435만 원
- 분할 매수의 상대이익 : −15만 원

마법의 돈 굴리기

을 구매할 수 있었다는 말이다. 즉 평균 매입단가 인하 효과가 발생했던 경우는 분할 매수가 일시 매수보다 좋은 결과를 가져왔다.

그럼 어느 게 더 나은 방법일까? 결론적으로 둘 중에 어느 게 더 좋거나 나쁘다고 할 수는 없다. 사례 2, 3, 6의 경우에는 일시 매수의 결과가 더 좋았다. 다만 투자에 임할 때 많은 경우 장기적으로 자산 가격이 상승할 것이라는 가정을 한다. 그리고 그 긴 시간 동안 가격은 오르기도 하고 내리기도 한다. 즉 상승과 하락을 반복하지만, 결국 오른다고 봤을 때는 사례 4와 같이 분할 매수가 나을 수 있다. 분할 매수의 또 다른 장점은 심리적 안정감을 준다는 것이다. 한번에 다 넣는다는 것은 아무래도 불안하다. 나눠서 넣는 게 만일을 대비할 수 있다는 안심감을 준다는 말이다.(자산배분 투자 전략에서는 현금 보유분이 있기 때문에 안심이 된다)

적립식 투자 혹은 분할 매수의 단점은 장기투자 시에는 그 효과가 별로 없다는 것이다. 위의 사례처럼 투자자가 단기간(5개월)만 투자하는 경우라면 그 차이가 확연히 발생한다. 하지만 저렇게 5개월 동안 나누어 구입했어도 6개월부터는 한 덩어리가 되어 버리는 것이다. 5년, 10년 혹은 그 이상의 장기투자에는 큰 차이가 발생하지 않는다. 그렇다고 1년에 100만 원씩 투자하는 것은 기회이익의 측면에서 더 손해일 수 있다. 분할 매수(적립식 투자)가 무조건 좋은 전략은 아니다. 자산배분 투자 전략에서는 현금성 자산을 보유하고 자산 재분배를 통해 저가 매수가 발생한다. 자산 재분배에 대해 살펴보자.

2 | 자산배분 투자 전략의 핵심, 자산 재분배

투자 격언 중 가장 중요한 한 문장을 뽑으라면 "쌀 때 사서 비쌀 때 팔아라"가 아닐까. 최저점에 사서 최고점에 파는 건 어려우니 "무릎에 사서 어깨에 팔아라"라는 말도 있다. 두 문장 모두 누가 봐도 바로 이해할 수 있는 말이다. 하지만 누구나 쉽게 할 수 있는 일은 아니다. 아니 대부분의 투자자가 어려워하는 문제다. 오죽하면 이런 말도 있겠는가. "매수는 기술! 매도는 예술!"

자산배분 전략은 투자에 있어 매수와 매도 타이밍의 고민을 덜어준다. 최고의 매매 타이밍을 찾아준다는 뜻이 아니라, 적절한 수준에서의 타이밍을 찾아준다는 말이다. 자산배분 전략에서 매매 타이밍을 대체하는 부분을 리밸런싱(rebalancing), 우리 말로 자산 재분배라고 부른다. 초기에 투자했던 자산별 투자 비중은 자산 가격 등락에 따라 변한다. 이때 가격이 올라 비중이 높아진 자산을 일부 팔아 가격이 떨어진 자산을 사는 것이다. 비싼 자산을 팔고 싼 자산을 구입

하니 무릎에 사서 어깨에 파는 모양새가 되는 것이다.

미국인 피터가 했던 유대인식 3분법을 통해 자산 재분배를 들여다보자.

		7월 1일	가격 변화	7월 31일	재분배	8월 1일	가격 변화	8월30일
단독 투자	주식	1,000만 원	15% 하락	850만 원	–	850만 원	15% 상승	978만 원
초기 자산배분 투자 후 재분배가 없을 시	주식	333만 원	15% 하락	283만 원	(안 함)	283만 원	15% 상승	325만 원
	채권	333만 원	4% 상승	346만 원	(안 함)	346만 원	4% 하락	332만 원
	현금	334만 원	–	334만 원	(안 함)	334만 원	–	334만 원
	잔액	1000만 원		963만 원		963만 원		992만 원
초기 자산배분 투자 후 매월 재분배 시	주식	333만 원	15% 하락	283만 원	38만 원 추가 매수	321만 원	15% 상승	369만 원
	채권	333만 원	4% 상승	346만 원	25만 원 매도	321만 원	4% 하락	308만 원
	현금	334만 원	–	334만 원	13만 원 매도	321만 원	–	321만 원
	잔액	1,000만 원		963만 원		963만 원		998만 원

7월 1일 피터는 투자 금액 1,000만 원을 주식과 채권, 현금에 1/3씩 투자했다. 7월 31일 계좌를 보니 주식은 한 달 동안 15%가 하락했고, 주가 하락으로 인해 안전 자산으로 인식되는 국채의 인기가 올라가면서 채권은 4% 상승했다. 피터의 포트폴리오 잔액은 963만 원으로 총 3.7% 하락했다. 피터는 월말이 되어 계획대로 자산 재분배를 수행했다. 총 963만 원에 대해 1/3씩 비중을 맞추기 위해 채권과 현금에서 찾은 돈으로 주식을 매수했다. 다음 달 주식은 상승 반

전하여 15% 올랐고, 채권은 4% 하락했다. 8월 30일 잔고를 확인한 피터는 주가 상승으로 주식 비중이 늘었고 채권 비중은 줄었음을 알았다. 포트폴리오 잔고는 전월 대비 35만 원(3.6%) 올랐음을 확인했다. 그러고는 다시 기계적으로 자산 재분배를 수행했다.

주식에 단독으로 투자했다면 978만 원이 남았을 것이다. 초기 투자 시 분산은 했으나 재분배를 하지 않았을 경우 잔액은 992만 원이다. 단독으로 투자했을 때보다 나은 결과다. 하지만 자산 재분배를 수행했을 때의 결과가 998만 원으로 가장 좋다.

7월 말 주가 하락과 채권 값 상승으로 상대적으로 비중이 커진 채권과 현금을 일부 팔고, 그 돈으로 주식을 38만 원어치 추가 매수했다. 싸게 매수한 주식이 상승하면서 포트폴리오의 수익에 도움을 주었다. 채권의 경우 가격이 올랐을 때 25만 원을 주식 쪽으로 옮겨서 321만 원을 갖고 있다가 하락했기 때문에 상대적으로 손실 폭이 적었다. 이런 효과의 합이 6만 원의 차이를 만든 것이다. 이렇듯 자산 재분배의 효과는 강력하다.

피터는 주가가 오를지 채권이 오를지 고민하지 않는다. 많이 올라 자산 비중이 커진 자산을 팔고, 줄어든 자산을 추가로 구매할 뿐이다. 피터는 예측에 시간을 낭비하지 않아도 되고, 주가 하락에 마음을 졸이거나 상승에 들뜨지 않는다.

자산배분 전략의 투자 대상으로 장기적으로 우상향하는 자산이 좋다고 얘기했다. 시간의 경과에 따라 가격이 올라가겠지만, 가격이 올라가는 순서가 정해져 있지는 않다. 어느 때는 주식이 많이 오

마법의 돈 굴리기

르고, 어느 때는 채권이나 다른 자산이 오르기도 한다. 절대적인 기준에서 자산 가격이 싸다, 비싸다를 말하긴 쉽지 않다. 하지만 상대적으로 싸고 비싼지는 비교가 가능하다. 상대적으로 비싼 것을 일부 팔고, 그 돈으로 상대적으로 싼 것을 구입하는 것이다. 투자 자산의 가격 변동성은 투자자에게 위험으로 인식된다. 자산배분 전략에서의 자산 재분배는 이런 변동성을 우리의 친구로 만들어준다.

재분배 방법 1 : 달력 사용법

자산 재분배가 중요한 이유는 알 것 같다. 그렇다면 얼마나 자주 해야 하는가? 한 달, 분기, 혹은 1년? 자산 재분배를 얼마나 자주 해야 좋은가에 대한 정답은 없다. 앞서 보았듯이 재분배를 안 하는 것보다는 하는 게 분명히 우수한 결과를 가져온다. 그렇다면 매일, 매 시간마다 하면 더 좋을까?

자산 재분배에 있어 반드시 염두에 두어야 하는 것이 '거래 비용'이다. 자산을 재분배한다는 것은 일부를 팔고 일부를 사는 것이다. 사고팔 때는 거래 수수료 등의 비용이 든다. 자산 배분배를 통해 얻을 수 있는 이익보다 더 비싼 비용을 물어야 할 수도 있다. 그래서 자주 재분배를 하는 것은 오히려 독이 된다. 자산 가격의 움직임은 시장이 주는 '신호'일 수 있다. 반면 매 분, 매 시간의 가격 움직임은 '소음'에 가까울 수 있다. 신호는 투자에 유익함을 주지만, 소음은 거래 비용과 피곤함만을 준다. 신호와 소음을 구분하기는 쉽지 않다.

J.P.모건 자산운용의 CEO인 매리 캘러핸 어도스는 자산 재분배는 매우 강력한 도구기 때문에 '항상' 한다고 말한다. 반대로 프린스턴 대학 경제학 교수인 버튼 맬킬은 1년에 한 번만 포트폴리오를 재분배하라고 한다.[232]

매일 혹은 매주 재분배를 하면 거래 비용이 과다해지는 단점이 있다. 반대로 재분배 기간이 1년 혹은 그 이상으로 길면 시장의 변동성을 이용하지 못할 수 있다. 투자가 직업이 아닌 이들을 위해 한 달 혹은 분기에 한 번 정도는 계좌를 확인하고 재분배하기를 권한다.

재분배 방법 2 : 허용 범위 제한법

자산배분 전략에서 각 자산별 비중의 목표치가 있다. 영구 포트폴리오에서는 주식, 채권, 금, 현금성 자산에 25%씩 비중을 가져간다. 자산별 비중의 허용 범위를 정하고, 범위를 초과하면 재분배를 수행하는 방법이 있다. 즉 허용 범위가 상하 5%p일 경우, 특정 자산 비중이 20% 미만이거나 30% 이상이 되면 자산 재분배를 수행하는 것이다.[233] 이 방법은 포트폴리오 내의 자산 비중을 자주(거의 매일) 확인해야 하는 단점이 있다. 다만 자산별 비중을 유지함으로써 포트폴리오의 위험을 낮춘다는 본래 목적에 부합하는 방법이다. 사례를 통해 보자.

표를 보면 초기에 1,000만 원을 25%씩 투자했고, 자산 가격이 변하여 포트폴리오의 총 잔액이 1,021만 원으로 올랐다. 사례 1의 경

마법의 돈 굴리기

구분	초기 투자금	사례 1		사례 2	
		잔고	재분배 대상	잔고	재분배 대상
주식	250만 원 (25%)	286만 원 (28%)	3%p (=28%−25%)	312만 원 (31%)	6%p (=31%−25%)
채권	250만 원 (25%)	255만 원 (25%)	0%p (=25%−25%)	239만 원 (23%)	2%p (=25%−23%)
금	250만 원 (25%)	230만 원 (23%)	2%p (=25%−23%)	220만 원 (22%)	3%p (=25%−22%)
현금	250만 원 (25%)	250만 원 (24%)	1%p (=25%−24%)	250만원 (24%)	1%p (=25%−24%)
잔액	1,000만 원	1,021만 원	5%p 이내	1,021만 원	5%p 초과

우 자산별 비중 변화가 5%p 미만으로 재분배를 수행하지 않는다. 사례 2의 경우는 주식 비중이 31%로 올라서 허용 범위를 초과했으므로 자산 재분배를 수행하는 것이다.

재분배 방법 3 : 총 변화율 사용법

재분배 방법의 또 다른 대안이 있다. 조정해야 할 금액의 합이 사전에 정한 비율을 넘었을 때 재분배하는 것이다.

미국인 피터 씨의 사례를 들어 알아보자.

피터는 6월 30일에 주식, 채권, 현금에 각각 1/3씩 배분하여 투자했다. 피터는 매일 퇴근 후 포트폴리오가 얼마나 변했는지 점검한다. 그는 자산 재배분 대상 금액의 비율이 10%가 넘을 때만 자산 재

구분	6월 30일	사례 1		사례 2	
		7월 31일	재분배 대상	8월 30일	재분배 대상
주식	333만 원	283만 원	38만 원 (=321-283)	265만 원	56만 원 (=321-265)
채권	333만 원	346만 원	25만 원 (=346-321)	364만 원	43만 원 (=364-321)
현금	334만 원	334만 원	13만 원 (=334-321)	334만 원	13만 원 (=334-321)
잔액	1,000만 원	963만 원	합 76만 원 (7.9%=76÷963)	963만 원	합 112만 원 (11.6%=112÷963)

분배를 수행하기로 했다.

7월 31일 잔고를 점검했더니 963만 원으로 자산별 비중이 바뀌었다. 각각 321만원씩 재분배를 하려면 채권에서 25만 원, 현금성 자산에서 13만 원 매도한 후 주식을 38만 원어치 매수하면 된다. 이때 재분배하는 금액의 합은 76만 원(38+25+13)이다. 재분배 대상 금액(76만 원)을 총 잔액(963만 원)으로 나누면 7.9%이다. 자산 재분배 대상 금액의 비율이 10% 미만이라 자산 재분배를 수행하지 않고 그대로 두었다.

8월 30일 잔고는 7월 31일과 같은 963만 원이다. 그런데 주가가 더 떨어졌고 채권은 더 올랐다. 자산 재분배 대상 금액은 112만 원이 됐다. 112만 원으로 963만 원으로 나누면 비율이 11.6%이다. 기준으로 했던 비율인 10%를 넘었으므로 자산 재분배를 수행한다.

이렇게 정해놓은 비율에 따라 자산을 재분배하는 방법은 장단점이 있다. 정기적인 재분배, 예를 들어 매월 재분배를 할 경우 재분배 일자가 도래하기 전에 발생하는 자산 변화에 대처하기가 어렵다. 한 달 동안의 자산 변화는 그냥 지나치게 되는 것이다. 자산 재분배로 인한 추가 수익 가능성을 놓칠 수 있다. 반면 비율에 따른 재분배는 급격한 자산 비중 변화에 수시로 대응할 수 있다. 금융위기 같은 급변한 상황에서는 자산 가격 변화가 수시로 발생한다. 이런 경우에 유리하게 대응할 수 있다. 또한 적정 수준 이상의 재분배 대상이 없으면 매매를 하지 않는다.

단점으로는 포트폴리오의 상태를 수시로 점검해야 한다. 또한 자산 재분배 기준 비율이 낮을 경우 지나치게 잦은 매매로 거래 비용이 문제될 수 있다. 거래 비용은 어떤 방법을 사용하든 늘 신경 써야 한다. 본인의 투자 습관이 부지런하다면 이런 비율에 따른 재분배 방법도 추천할 만하다.

재분배 방법 4 : 복합 전략

시간에 따른 방법과 비율에 따른 방법은 각각 장단점이 있다. 방법 1과 2 혹은 방법 1과 3을 조합하여 재분배할 수 있다. 매달 혹은 매 분기마다 재분배를 하고, 정기적으로 도래하지 않더라도 특정 비율을 넘어가면 재분배를 수행하는 것이다. 복잡하지만 최적에 가까운 방법이기도 하다.

3 해외 투자의 필요성과
환율 위험 요소

대부분의 투자자는 자국 투자 성향이 있다. 자신이 살고 있는 곳이니 잘 알고 있다는 생각 때문에 가장 먼저 떠올리는 투자 '범주'가 자신의 나라다. 시카고 대학의 연구에 따르면, 사람들은 위험보다 모호성(불확실성)을 더 싫어하는 '모호성 회피' 성향을 가지고 있기 때문에 자기 나라 주식을 선호하는 경향이 있다고 한다. 자기가 속한 국가를 더 잘 알고 있다는 편향에 빠져 있는 것이다.[234]

자신에게 나쁜 일이 일어나지 않을 것이라는 믿음을 '낙관주의'라고 한다. 투자자는 자신이 행한 투자에서 긍정적 성과가 생길 가능성을 지나치게 낙관하는 경향이 있다. 기관 투자가와 개인 자산관리자를 대상으로 한 독일 하노버 대학의 연구에서는 독일의 투자자 역시 자국 주식을 선호한다고 나왔는데, 이는 낙관주의와 관련이 있다고 설명했다. 또한 로버트 쉴러 등은 낙관주의 편향으로 투자자는 자국의 경제 전망을 외국인보다 더 낙관적으로 바라본다고 주

마법의 돈 굴리기

장했다.[235]

　범주화와 모호성 회피, 낙관주의 편향의 결과 일반 투자자는 자국 투자를 선호한다. 우리나라 투자자의 자국 투자 성향은 어떨까?

　OECD 국가의 GDP 대비 해외 주식 보유 비율은 평균 46%인데 우리나라는 10%에 불과하다.[236] 한국 투자자의 자국 투자 성향이 OECD 국가의 투자자보다 훨씬 강하다는 것이다. 해외 투자 대비 국내 투자가 더 안정적이라고 생각하는 것일까? 글로벌 투자자 입장에서 보면 한국 주식은 위험한 투자 대상에 포함되고, 한국에 투자하는 자금은 신흥국(이머징) 펀드로 분류된다. 우리도 투자를 꺼리는 브라질, 러시아, 중국, 인도, 멕시코 등과 같은 수준이라는 것이다. 국제금융협회에 따르면 글로벌 펀드의 투자 포트폴리오에서 신흥국 비중은 11.7%이며,[237] 이중에서 한국의 비중은 9%이다.[238] 즉 글로벌 자금의 한국 투자 비중은 1%밖에 안 된다. 개인 투자자인 우리보다 글로벌 투자자가 조금은 더 합리적이지 않을까? 특정 국가만을 투자의 범주로 한정하는 것은 해외에서 발생할 수익의 가능성을 놓치게 되므로 비합리적인 결정이라 할 수 있다.

　[표 35]는 한국을 비롯해 우리에게 친숙한 5개국의 대표 주식시장에 투자했을 경우다. 한국은 주가 상승이 거의 없이 지지부진했으나 나머지 5개국은 상승했다. 한국에만 투자했던 투자자라면 지난 5년간은 정말 운이 없었다. 다른 나라의 상승 덕분에 우리나라 투자자는 배가 아플 수밖에 없다.

　이처럼 일부 국가에만 투자하는 것은 좋지 않은 방법이다. 물론

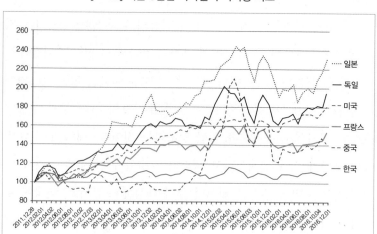

과거 5년간 일본이 제일 좋았으니 일본에 투자해야겠다거나, 한국은 안 좋으니 투자하지 말아야겠다는 식의 판단은 위험할 수 있다. 미래는 예측할 수 없다. 앞으로의 5년은 전혀 다른 양상이 펼쳐질 수도 있다. 즉 저평가되었던 한국 주식이 오르고, 상대적으로 올라 있던 나라의 주식은 덜 오를 수 있다. 요점은 한국 시장만이 아닌 해외 시장에도 투자해야 한다는 것이다.

환율에 주의

해외 자산에 투자하려면 먼저 환율을 고려해야 한다. 해외 자산은 그 나라 통화로 거래되기 때문이다. 장기수익률, 변동성, 상관관계 같은 자산의 특성뿐만 아니라 그 나라 통화와 우리나라 통화와의

마법의 돈 굴리기

관계, 즉 '환율'을 검토해야 한다. 환율의 움직임이 자산 가격의 움직임보다 더 중요해지기도 하기 때문이다. 환율에 대해 투자자가 취할수 있는 방법은 크게 세 가지다. 환투자, 환헤지, 환노출. 아래 사례와 함께 자세히 살펴보자.

사례 1. 중소기업을 운영하는 김 사장은 기러기 아빠다. 그는 매월 말 아이 교육비로 1,000달러를 미국에 보낸다. 지난달엔 달러/원환율이 1,200원이었다.[240] 1달러=1,200원이니 1,000달러를 환전하는데에 120만 원이 들었다. 전달에는 환율이 1,100원이어서 110만 원이면 1,000달러로 환전이 가능했다. 환율이 오르는 바람에 10만 원이 더 든 것이다. 그는 최근 환율이 다시 1,100원으로 떨어지자 미리달러로 환전해두기로 했다. 그는 먼저 10개월치 교육비를 준비하기로 마음먹고 1,100만 원을 환전하여 10,000달러로 바꿔놓았다. 그런데 월말이 되자 환율이 1,000원으로 더 떨어진 것이다. 환율 1,000원이라면 10,000달러를 바꾸는 데에 1,000만 원이면 되니, 김 사장은환전을 미리 하는 바람에 100만 원이나 손해 봤다고 생각했다. 억울한 생각이 든 김 사장은 어떻게 해야 손해 보지 않고 환전할 수 있을지 고민 중이다.

사례 2. 입사 5년차인 미혼의 이 과장은 해외여행을 즐긴다. 여행경비 환전 때문에 환율에 관심도 많고 외환 투자도 공부하고 있다.경제신문에 '달러 쌀 때 사둬라. 불붙은 환 테크 : 1,100원선 아래에서 매수해 1,200원대에 팔자족(族) 늘어'라는 기사를 보니, 환율이 연말까지 오를 것처럼 보인다. 그는 전문가의 분석에 공감하여 만기된 적금 1,000만 원을 투자 목적으로 달러로 바꿔두었다. 그런데 다음 달 '달러 팔자~ 이달 중 1,000원 갈 수도…'라는 기사가 떴다. 환율을 확인해보니 1,050원으로 떨어져 있었다. 기사 내용은 우리나라 신용 상승으로 원화 가치가 상승해서 그렇다고 한다. 예상외의 환율 하락으로 45만 원이나 손실이 났다. 매일 환율을 확인해보지만 언제 오를지 모르겠고 스트레스만 받고 있다.

• 환헤지

헤지란 울타리다. 늑대로부터 양을 지켜주는 그런 울타리. 투자 시장에서의 헤지란 위험에서 돈을 지키는 것을 말한다. 첫 번째 사례에서 김 사장의 위험은 '환율 상승으로 원화 부담이 커지는 것'이라고 정의할 수 있다. 환헤지란 환율로 인한 위험을 없애는 것이다. 김 사장은 환율이 1,100원일 때 추가 환율 상승 위험을 없애기 위해 미리 달러로 환전했다. 그는 '환율 상승 위험'은 헤지했으니 환헤지는 성공한 것이다. 다만 환율의 하락 가능성은 검토하지 않았었고, 막상 환율이 떨어지니 손해 본 것 같은 생각이 든 것이다.

상승과 하락 양쪽의 가능성이 모두 있고, 두 가지 변동성(위험) 상황에 대해서 헤지하는 방법은 없을까? 이때 역시 자산배분 전략을 추천한다. 원화와 달러화 두 가지 자산을 모두 가져가는 것이다.

김 사장은 달러/원 환율이 올라가면 환전 시 원화가 많이 들까봐 걱정이고, 미리 환전을 해놓자니 환율이 떨어져 (상대적으로) 손해 볼까 걱정이다. 이런 경우를 위해 두 가지 통화에 자산을 배분해놓는 것

	초기 투자	1개월 후	재분배	2개월 후	재분배	3개월 후	재분배
달러/원 환율	1,000	1,100	1,100	900	900	1,000	1,000
한국 통화	500만 원	500	525	525	477	477	504
미국 통화 (원화 환산 가치)	5,000달러 (500만 원)	5,000 (550)	4,773 (525)	4,773 (430)	5,303 (477)	5,303 (530)	5,038 (504)
자산 합(원화 기준)	1,000만 원	1,050	1,050	955	955	1,008	1,008

은 어떨까? 환전할 금액이 1,000만 원일 때 반반씩 나눠놓는 것이
다. 500만 원은 원화로 나머지 500만 원은 달러로 바꿔놓는다. 그리
고 정기적으로 자산 재분배를 한다. (1개월 후) 환율이 1,100원으로 오
르면 외화 자산(5,000달러)의 가치가 550만 원으로 올라간다. 원화(500만
원)와의 비중을 맞추기 위해 외화 자산을 일부(25만 원어치) 원화로 바꿔
놓는다. 비중을 50:50으로 계속 맞추는 것이다. 마찬가지로 (2개월 후)
환율이 900원으로 떨어지면 외화 자산의 원화 환산 가치가 525만 원
에서 430만 원으로 떨어진다. 이번에는 원화를 일부(48만 원) 달러로
바꾼다. 이런 식으로 원화와 외화의 비중을 계속 맞춰주는 것이다.
자산 재분배는 가격 변동성을 우리 편으로 만들어준다고 했다. 사례
에서 3개월 후 환율이 시작할 때와 같은 1,000원이 됐는데 자산 총
액은 1,008만 원으로 올랐다. 환율 변동에 따라 자산 재분배만 했는
데도 8만 원의 수익이 발생한 것이다. 자산 재분배가 환율 변동성을
우리 편으로 만들어준 것이다.

원화와 외화의 자산배분은 상승과 하락을 반복하는 환율의 특성
을 잘 이용할 수 있다. 또한 상승할 때와 하락할 때의 위험을 모두

낮춰준다. 물론 환율이 한없이 상승하거나 하락할 때는 이 전략의 유효성이 떨어진다. 다행인 것은 환율의 특성상 한없이 상승하거나 하락할 가능성이 아주 낮다는 것이다. 환율의 움직임을 설명하는 이론은 많지만, 기본적으로는 두 나라의 금리 차와 같은 경제 환경의 차이에 따라 결정된다. 한쪽 국가의 경제 시스템이 완전히 망가지거나 변하지 않는 한 어느 수준 이내에서 움직일 가능성이 높다.

참고로 앞의 사례는 환전 비용을 감안하지 않은 것이다. 외화를 사는 가격과 파는 가격의 차이를 환전 스프레드라고 한다. 달러의 경우 매수/매도 시 환전 스프레드는 많게는 2~3%로 상당히 크다. 금융회사별로 환전 스프레드와 환전 수수료 등이 다르므로 꼼꼼히 따져야 한다. 빈번한 환전은 수익은커녕 비용으로 인한 손실이 더 커질 수 있으니 반드시 주의해야 한다.

환헤지 비용은 이론적으로 양국 간의 금리 차이를 반영한다. 예를 들어 금리가 5%인 나라의 투자자가 2%대 금리가 유지되는 나라의 외화 자산에 투자하면서 환헤지를 한다면 비용은 3%가 발생한다. 금융위기 때 우리나라의 신용 위험이 급속히 상승함에 따라 원과 달러의 환헤지 비용이 연 5~15%까지 치솟은 적이 있다.[241] 또한 인도와 브라질 등의 고금리 국가에 대한 환헤지의 경우 비용만 연 4~10%가 발생할 수 있기 때문에 철저하게 검토해야 한다.[242]

• 환투자

두 번째 사례의 이 과장은 외환(달러)에 투자해서 수익을 볼 목적이었으나 예상과 다른 환율의 움직임으로 손실이 난 상태다. 환율의 움직임을 이용하려는 투자는 예측이 어려운 만큼 실패 가능성이 높다. 또한 외환은 기본적인 특성상 장기적으로 우상향하는 투자 대상이 아니다. 장기투자에서 외환에 단독으로 투자하는 건 위험 대비 기대 수익이 낮아 추천하기 어렵다. 단 환율과 다른 자산의 상관관계를 이용하는 투자에서는 얘기가 달라진다.

• 환노출

환노출이란 환율의 변동성을 없애지 않고 이용하겠다는 것으로 환헤지를 하지 않는 것을 말한다. 헤지가 위험을 막아준다고 했는데 왜 헤지를 하지 않는 걸까?

자산배분 전략의 강점은 상관관계가 낮은 자산을 이용해 포트폴리오의 위험을 낮추는 것이라고 했다. 우리나라 자산과 달러/원 환율의 낮은 상관관계가 환노출의 이유다.

한국금융연구원의 '해외 주식 투자 환헤지에 대한 연구'에 따르면, 우리나라 투자자의 환헤지 성향이 글로벌 투자자에 비해 지나치다고 지적한다. 또한 장기투자자의 경우 환위험을 헤지하지 않는 것이 수익률과 위험 측면 모두에서 유리하다고 밝혔다. 이는 국내 주식 투자 관점에서 해외 주식 및 환율과의 음의 상관관계로 인한 것이다. 해외의 연구 결과도 유사하다. 하버드 대학의 경제학 교수인 캠밸은 글로벌 증시와 미 달러화, 유로화, 스위스프랑화가 반대로 움직였음을 보였으며, 위험을 최소화하려는 주식 투자자는 환헤지를 하지 않아야 한다고 주장했다. 주가와 환율의 상관관계가 변동하기 때문에 환헤지 전략을 세우기 어렵고 헤지 비용이 과다하게 발생할 수 있다는 점도 강조했다.[243]

키움증권의 홍춘욱 이코노미스트는 그의 책 〈환율의 미래〉에서 주요 자산 간의 상관관계를 분석했다. 그의 분석에 따르면 국내 주식(코스피)과 음의 상관관계를 보이는 자산으로 달러와 미국 국채가 있다. 따라서 국내 주식과 미국 국채를 조합하여 분산투자하기를 권한다.[244]

이런 질문이 생긴다. 과연 한국 주식과 달러는 앞으로도 계속 음의 상관관계를 갖게 될까?

홍춘욱 이코노미스트는 그의 또 다른 책 〈돈 좀 굴려봅시다〉에서 이런 생각을 밝힌다. "한국 주식과 미국 국채 간의 분산투자 효과가 없어지려면 가장 중요한 조건으로 한국의 경제 구조가 수출이 아닌 내수 성장 위주로 바뀌어야 한다. 그래야 해외의 충격에 내성이 생겨서 경제 위기 시에 환율이 급등하고 주가가 선진국보다 더욱 폭락하는 경우가 줄어들 것이기 때문이다. 그리고 한국의 주력 수출 품목이 자본 집약적 제품에서 지식 집약적 제품으로 바뀌어야 한다. 높은 품질의 제품을 통한 안정적 매출이 있어야 세계 경기의 영향을 덜 받기 때문이다. 여러 가지 요인을 감안할 때 먼 미래에는 몰라도 적어도 10년 안에 한국 등 아시아 수출국이 세계 경제의 동향에 휘둘리지 않는 경제 구조를 가지는 것은 쉽지 않을 것이다. 그러므로 한국 투자자는 세계 경기가 예상과 달리 악화될 가능성에 대비해 자

마법의 돈 굴리기

산의 일부를 미국 달러 표시 국채 등 안전 자산에 분산해 투자하는
것이 바람직하다."[245]

국내외 경제 환경에 대한 그의 분석은 명료하다. 글로벌 자금의
유동성이 한국 등 각국 시장에 미치는 영향은 크다. 각국의 정치적,
경제적 상황에 따라 그 강도가 변할 수는 있지만 없어지기는 어렵다
고 본다.

[자산배분 전략 6]

달러 자산에
투자하기

한국 주식 + 미국 국채

아래 표는 조사 기간(2000.1~2016.11) 동안 각 자산의 월별 수익률[246]을 이용해 계산한 상관관계다.

한국 주식과 가장 상관관계가 낮은 자산은 환율과 (원화로 환산한) 미

	한국 주식	한국 국채	달러/원 환율	미국 국채 (원화 환산)	미국 주식 (원화 환산)	미국 국채 (달러 기준)	미국 주식 (달러 기준)
한국 주식	1.00	−0.12	−0.42	−0.42	0.20	−0.02	0.42
한국 국채		1.00	0.07	0.10	−0.11	0.89	−0.14
환율			1.00	1.00	0.18	0.00	−0.37
미국 국채 (원화 환산)				1.00	0.18	0.04	−0.38
미국 주식 (원화 환산)					1.00	−0.11	0.84
미국 국채 (달러 기준)						1.00	−0.11
미국 주식 (달러 기준)							1.00

국 국채다. 한국 주식과 미국 국채(달러 기준)의 상관관계는 −0.02인데, 미국 국채(원화 환산)와의 상관관계는 −0.42이다. 즉 두 자산, 한국 주식과 미국 국채의 상관관계보다는 환율에 의한 영향이 크다는 것이다. 한국 주식과 미국 주식(달러 기준)의 상관관계는 0.42로 높은 편이다. 하지만 환율 효과를 감안하면, 한국 주식과 미국 주식(원화 환산)의 상관관계는 0.20으로 낮아진다. 자산 간의 상관관계보다 환율에 의한 영향이 훨씬 크다는 것을 알 수 있다.

한국 주식 투자자의 입장에서 환율이나 미국 국채(원화 환산)의 상관관계는 −0.42로 비슷하다. 이때 둘 중 어떤 자산과 묶였을 때 더 좋은 효과가 나올까? 자산의 선택에 있어 상관관계만큼 중요한 것이 장기적으로 우상향하느냐다. 즉 장기 평균 수익률과 변동성을 점검해야 한다.

	한국 주식	한국 국채	달러/원 환율	미국 국채 (달러 기준)	미국 주식 (달러 기준)	미국 국채 (원화 환산)	미국 주식 (원화 환산)
기간 수익률	208%	199%	103%	181%	158%	186%	162%
연 수익률	4.4%	4.1%	0.2%	3.6%	2.7%	3.7%	2.9%
연 변동성	18.5%	0.4%	8.5%	0.3%	14.9%	8.5%	14.2%

조사 기간 동안의 각 자산의 성과다. 미국 국채(원화 환산)는 연 수익률이 3.7%였으나, 환율은 연 수익률 0.2%로 거의 변화가 없었다. 주식과 국채의 경우 장기적으로 우상향하는 성격을 갖고 있다. 하지만 환율은 기본적으로 두 나라의 금리 차와 같은 경제 환경의 영향을 받기 때문에 변동성은 높으나 우상향하지 않고 특정 구간에서 움

직일 가능성이 높다.

상관관계가 비슷하게 낮은 두 자산인 환율과 미국 국채(원화 환산) 중에서 투자자는 당연히 수익률 상승을 기대할 수 있는 미국 국채를 선택해야 한다.

한국 주식과 미국 국채로 자산배분 했을 때 어떤 결과가 나올까?

한국 주식과 미국 국채, 50:50 포트폴리오

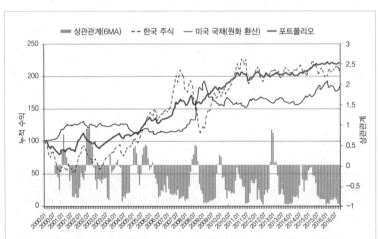

	한국 주식	미국 국채(원화 환산)	포트폴리오
기간 수익률	108%	86%	121%
연 수익률	4.4%	3.7%	4.8%
연 변동성	18.5%	8.5%	8.4%
최대 낙폭	−47%	−21%	−22%
위험 대비 수익	0.24	0.44	0.57

마법의 돈 굴리기

두 자산을 50:50으로 배분하여 매월 자산 재분배를 수행한 결과 안정적이고 좋은 결과가 나왔다. 연 수익률의 경우 포트폴리오가 4.8%로, 한국 주식(4.4%)과 미국 국채(3.7%)를 웃돈다. 변동성 역시 한국 주식(18.5%)의 절반 이하인 8.4%이다. 최대 낙폭도 주식(-47%)의 절반 수준인 -22%이다.

기간별 한국 주식과 미국 국채

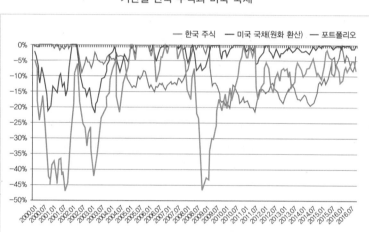

포트폴리오의 최대 낙폭은 2003년에 가장 낮은 -22%였는데, 당시 한국 주식이 전고점 대비 -42% 하락하고 미국 국채(원화 환산)도 -10% 하락하면서 포트폴리오 역시 최대 낙폭을 기록했다. 반면 2008년 금융위기 때는 주식이 급락했지만, 환율이 상승하는 바람에 미국 국채(원화 환산)가 올라 포트폴리오의 고점 대비 최대 하락폭은 -9%로 큰 피해가 없었다.

위의 테스트는 미국 국채를 자유롭게 사고팔 수 있다는 가정에 의한 것이다. 아쉽게도 아직까지 미국 국채를 보유하는 방법은 제한적이다. 달러/원 환율의 낮은 상관관계를 이용하기 위해 달러 자산을 보유할 수 있는 방법은 뭘까?

달러 자산 보유법

방법1 : 미국 주식 직접 거래하기

먼저 미국 주식을 직접 거래해 미국 국채 ETF를 매매하는 방법이 있다. 증권사의 해외 주식 거래 서비스를 이용하는 것이다. 이 경우 거래 비용을 살펴보면 우선 HTS 등을 이용하는 온라인 거래 수수료가 0.2~0.3%이다. 국내 주식의 온라인 거래 수수료가 0.015% 수준임을 생각하면 10배 이상 비싼 편이다. 또한 해외 주식의 경우 최저 수수료를 내야 하는 경우가 많다. 온라인 거래 수수료 0.3%에 최저 수수료가 5달러라고 하면, 한 번 매매할 때 1,667달러(약 170만 원) 미만을 거래할 경우 최저 수수료로 5달러를 내야 하는 것이다. 소액 투자자에게는 불리한 수수료 체계다.(일부 증권사의 경우 최저 수수료가 없으니 확인할 필요가 있다)

거래 수수료보다 더 큰 비중을 차지하는 것이 환전 비용이다. 일반 증권사의 경우 2%의 환전 비용이 든다. 원화와 달러를 이용해 자산배분을 할 경우 환전 비용이 가장 큰 문제다. 일부 증권사의 경우 1% 미만으로 낮은 수준에서 환전할 수 있으니 비교가 필요하다.

기타 SEC fee나 ECN fee가 부과되는데, 다른 비용에 비해 상대적으로 적다.(SEC fee : 매도 시에만 적용, 매도 금액의 0.002% 정도. ECN fee : 매수/매도 시 각각 주당 $0.003) 또한 세금 체계도 다르므로 꼼꼼히 따져봐야 한다.

증권사별로 협의 수수료라는 제도를 운영한다. 해외 주식 약정 금액이 수억 원 이상이거나 매매 수수료가 100만 원 이상인 경우 등 고액 자산가의 경우에 협의하여 수수료를 낮춰주는 것이다. 환전 비용 역시 은행의 PB 등의 도움을 받을 수 있으나, 이 역시 자산 규모가 크지 않은 경우에는 불가능하다. 초보 투자자가 실행할 수 있는 다른 방법은 어떤 게 있을까?

방법 2 : 미국 달러 예금 가입하기

다음으로 은행에서 미국 달러 예금에 가입하는 방법이 있다. 이 경우 원화를 달러로 환전하여 가입하고, 예금을 해지할 때 다시 원화로 환전해야 하므로 환전 비용이 문제다. 예금이므로 이자가 나오지만, 원화 예금보다 훨씬 낮은 0.6~0.7% 수준이다. 1년짜리 예금이라면 이자를 받아도 환전 비용이 충당되지 않는다. 예금의 특성상 만기를 채워야 이자가 나온다. 즉 자산배분 투자 전략의 장점인 리밸런싱(재분배)을 구현할 수는 없지만, 달러 상승에 대한 헤지 목적 등으로 이용할 수 있을 것이다. 증권사 상품인 달러 RP를 이용할 수도 있다. 달러 예금보다 조금 더 많은 이자를 주지만 그 외의 단점은 비슷하다.

방법 3 : 달러 ETF 이용하기

국내 주식시장에 상장되어 있는 달러 ETF를 이용하는 방법이 있다. 국내 주식 투자와 동일한 방식으로 매매가 가능하다. 현재 KOSEF 달러 선물이라는 상품이 운용되고 있는데, 달러/원 환율의 움직임에 따라 변동된다.(정확히는 미국 달러 선물 지수를 추종한다) 달러 ETF를 이용했을 때는 어떤 결과가 나오는지 살펴보자.

한국 주식 + 달러/원 환율

[표 36]은 미국 국채 대신 국내에 상장되어 있는 달러 ETF를 이용해 자산배분 전략을 수행한 결과다.(정확히 말하면 해당 ETF(KOSEF 달러 선물)가 상장(2011.2)된 지 얼마 되지 않아 장기 테스트를 할 수 없어 환율 정보를 이용했다)

[표 36] 한국 주식 : 달러

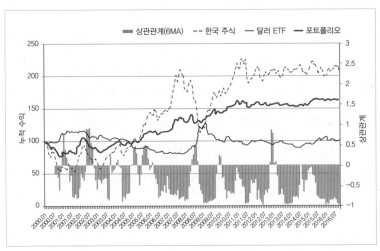

         마법의 돈 굴리기

	한국 주식	달러 ETF	포트폴리오 (한국 주식+달러 ETF)	포트폴리오 (한국 주식+미국 국채)
기간 수익률	108%	3%	64%	121%
연 수익률	4.4%	0.2%	3.0%	4.8%
연 변동성	18.5%	8.5%	8.4%	8.4%
최대 낙폭	−47%	−31%	−23%	−22%
위험 대비 수익	0.24	0.02	0.35	0.57

한국 주식과 달러 ETF를 이용한 포트폴리오로 테스트한 결과, 변동성은 한국 주식(18.5%) 대비 절반 이하로 낮아졌다. 연 수익률은 3.0%로 한국 주식(4.4%)보다 낮은 수준이다. 앞서 본 미국 국채와의 포트폴리오에서 4.8%의 수익이 난 것에 비해 아쉬움이 많이 남는다. 상관관계가 낮은 자산을 편입할 경우 포트폴리오의 변동성은 낮출 수 있다. 하지만 해당 자산의 수익이 발생하지 않는 성격을 가질 경우, 포트폴리오의 수익이 낮아진다는 한계를 보여준다. 다만 달러 ETF는 국내 증권시장에 상장되어 있어 저비용으로 거래가 가능하다는 장점이 있다. 장기적으로 국내 주식시장에도 미국 국채에 투자할 수 있는, 미국 국채의 움직임을 추종하는 ETF가 상장되길 기대한다.

연기금의
해외 투자

　자본시장연구원에 따르면 국내 연기금도 해외 투자를 확
대하고 있다. 국민연금은 2001년부터, 사학연금이나 공무원연금 등
은 2008년을 전후해 해외 투자를 시작해 지속적으로 확대해 나가고
있다. 연기금이 해외 투자를 확대하는 이유는 기금 규모가 방대해짐
에 따라 기금의 위험을 분산하고 자산의 유동성 및 수익률을 확보하
기 위한 차원으로 분석된다. 또한 국내 주식시장이 지지부진한데다
저금리 기조가 장기화하는 등 좋지 않은 국내 경기 여건도 해외 투자
에 관심을 돌리게 하는 원인이다.[247] 결국 포트폴리오 관점에서 연기
금의 위험은 낮추고 수익을 높이기 위해 해외 투자를 확대하는 것이
다.[248]

　국내뿐 아니라 전 세계 대형 연기금도 글로벌 시장의 변동성 및
불확실성에 대비해 자산 다변화를 통해 포트폴리오 위험을 낮추려
는 노력과 수익률 제고에 초점을 맞추고 있다. 일본의 경우 공적연

금펀드(GPIF)의 해외 투자 확대를 포함한 거주자의 해외 투자 증가를 통해 엔화 약세를 유도하고 있다. 2010년부터 2014년까지 5년간 해외 투자 비중을 19%에서 33%로 확대한 바 있고, 중기적으로도 해외 투자 비중을 40%까지 확대하는 계획을 발표했다. 아시아 주요 국가도 해외 투자 활성화를 통한 자국 통화의 강세를 억제하는 정책을 시행 중이다. 우리나라 역시 경상수지 흑자로 인한 추가적인 원화 절상 압력을 회피하기 위하여 개인, 기업, 연기금의 해외 투자를 확대하는 방안을 진행 중이다.[249] 2015년 9월 기획재정부는 연기금 투자 풀에 해외 투자와 대체투자 신상품을 도입한다고 밝혔다. 이를 통해 국내 연기금이 적극적으로 투자 대상을 다변화하여 수익률을 높일 수 있도록 유도하고 있다.[250]

연기금의 자산배분 비중

해외 투자를 결정했다고 하더라도 해외 자산에 어느 정도 배분해야 하는지는 어려운 문제다. 연기금의 자산배분을 참고해보자.

국민연금 기금 운용 계획에 따르면, 2015년 말 자산군별 목표 비중은 국내 주식 20%, 해외 주식 11.6%, 국내 채권 52.9%, 해외 채권 4%, 국내 대체투자 6%, 해외 대체투자 5.5%이다. 국내와 해외 배분 비율은 국내 자산 78.9%, 해외 자산 21.1%이며, 자산 종류별로는 주식, 채권, 대체투자에 각각 31.6%, 56.9%, 11.5%이다. 전반적으로 국내 투자 비중이 크며 자산 종류별로는 채권 비중이 크다.

구분		국민연금	사학연금	공무원연금	교직원공제회
주식	국내 주식	20.0%	26.2%	27.3%	16.6%
	해외 주식	11.6%	6.9%	6.2%	2.9%
채권	국내 채권	52.9%	39.6%	42.3%	30.5%
	해외 채권	4.0%	6.6%	5.5%	6.6%
대체투자	국내 대체	6.0%	18.6%	15.1%	26.0%
	해외 대체	5.5%		3.6%	17.4%
현금성		–	2.1%	–	–
합계		100%	100%	100%	100%

연기금별로 해외 투자 비중이나 자산 간 투자 비중이 다르다. 국내 4개 연기금 중 해외 투자 비중은 교직원공제회가 26.9%로 가장 크며, 공무원연금이 15.3%로 가장 작다. 자산군별 주식 비중은 사학연금(33.1%)이 가장 크고, 채권 비중은 국민연금(56.9%)이 크다. 대체투자 비중은 교직원공제회가 43.4%로 가장 크다.

외국 공적연금의 자산배분은 어떤지 보자.

캐나다 공적연금투자위원회(CPPIB)는 주식에 29.9%, 채권에 33.6%, 대체투자에 36.5%를 투자하고 있다. 대체투자는 사모투자 18.8%, 부동산 11.6%, 인프라 6.1%이다. 주식 투자 비중(29.9%) 중에서 캐나다 국내 주식시장의 비중은 7.2%에 불과하며 나머지는 선진국 시장에 18.4%, 신흥시장에 4.4%를 투자하고 있다. 우리나라 연기금에 비해 해외시장 투자 비중이 상당히 높다는 것을 알 수 있다.

미국 캘리포니아 주 공무원연금(CalPERS)의 경우 주식 50.9%, 채권 24.6%, 대체투자 20.9%, 현금성 자산 3.5%이다. 주식의 경우 미국 국내 주식에 27%, 해외 주식에 23.9%를 투자하고 있다.

[표 37] 국민연금과 해외 공적 연기금의 기금 운용 수익률 현황[252]

	국민연금('14.1~'14.12)		캐나다 CPPIB('13.3~'14.3)		미국 CalPERS('13.6~'14.6)	
	투자 비중(%)	수익률(%)	투자 비중(%)	수익률(%)	투자 비중(%)	수익률(%)
주식	30.0	0.36*	29.9	20.71	50.93	24.80
채권	59.4	6.97	33.6	3.22	24.63	8.30
대체투자	9.9	12.5	36.5	26.46	20.92	16.14
현금성	0.7	2.02	–	–	3.52	0.60
합계	100.0	5.25	100.0	16.93	100.0	18.07

주: 국민연금 주식 수익률의 경우 국내 주식(비중 17.9%) 수익률이 -5.43%, 해외 주식(비중 12.1%) 수익률이 8.94%임.

[표 37]에 따르면 국민연금의 수익률이 5.25%로, 해외 연기금 (16~18%) 대비 낮은 수준이다. 해외 연기금의 경우 비중이 큰 주식과 대체투자에서 수익률이 높아 전체 포트폴리오의 수익률에 도움이 되었음을 알 수 있다. 이런 결과는 아래와 같이 장기 수익률에서도 비슷하다.

국민연금과 해외 공적 연기금의 기금 운용 5년, 10년 연평균 수익률('10~'14)

	국민연금	캐나다 CPPIB	미국 CalPERS
5년 평균	5.64%	11.9%	12.5%
10년 평균	6.23%	7.80%	7.02%

여러 연기금은 각기 다른 자산배분 전략과 운용 전술을 사용하여 기금을 운용하고 수익을 낸다. 여러 사례를 봤을 때 최적의 자산배분 비중에 대한 정답은 없다. 다만 지나치게 자국에 편중된 경우 수익률이나 위험 관리 면에서 좋지 않은 성과를 보이는 것을 확인할 수 있다. 자산배분이 특정 국가에 치우치거나 특정 자산에 쏠려 있을 경우 해당 자산의 운영 결과가 전체 포트폴리오에 큰 영향을 미친다. 이는 자산배분 전략의 장점을 충분히 살리지 못할 가능성이 있으므로 주의해야 한다.

좋은 운용 결과를 보여준 경우는 해외 주식이나 대체투자 자산 등을 적극적으로 편입했음을 알 수 있다. 개인 투자자 역시 연기금들의 이런 자산배분 전략을 따라해볼 만하다.

데이비드 스웬슨
따라하기

기관 투자계의 워렌 버핏이라 불리는 데이비드 스웬슨이 이끌고 있는 예일대 기금은 미국 대학기금 규모로는 두 번째지만 명성으로는 타의 추종을 불허한다. 그는 기존의 주식과 채권 위주의 자산배분 영역을 해외 투자 및 대체투자(부동산, 상품, 헤지펀드 등) 자산을 포함하여 폭넓게 배분하여 투자했다. 스웬슨의 성공적인 투자 이후 전 세계 많은 연기금이 다양한 자산에 배분하는 포트폴리오를 운용하고 있다. 스웬슨은 그의 책을 통해 개인 투자자를 위한 6개의 자산군과 각 자산의 배분 비중을 추천했다.

데이비드 스웬슨의 추천 안은 미국의 개인 투자자를 대상으로 한 것이다. 미국에서 투자했다고 가정하고, 미국 주식시장에 상장되어 거래되는 ETF 상품을 이용했다. 자산군을 대표하는 ETF는 거래량, 출시 시기 등을 감안하여 선정했다. 백테스트 기간은 물가 연동 국

자산군	비중	ETF명	ETF 설명
미국 주식	30%	SPY	미국 주식시장의 대표 지수인 S&P500 지수를 추종
선진국 주식	15%	EFA	미국, 캐나다를 제외한 영국, 일본, 프랑스 등 선진국 시장을 대상으로 구성된 지수를 추종
이머징 주식	5%	EEM	중국, 한국, 타이완, 인도 등의 이머징 시장의 주식으로 구성된 지수를 추종
부동산 리츠	20%	IYR	다우존스의 미국 부동산 지수를 추종하며, 대부분 리츠에 투자
미국 장기 국채	15%	TLT	미국 국채 중에서 만기 20년 이상인 장기 국채 지수를 추종
물가 연동 국채	15%	TIP	미국의 물가 연동 국채의 움직임을 추종

채 ETF(TIP)가 발행된 2003년 12월 이후부터 2016년 11월까지다.[254]
투자 결과는 아래와 같다.

데이비드 스웬슨의 투자 결과

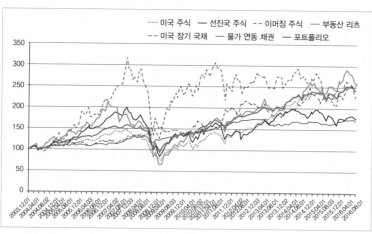

마법의 돈 굴리기

	미국 주식	선진국 주식	이머징 주식	부동산 리츠	미국 장기 국채	물가 연동 채권	포트 폴리오
기간 수익률	157%	75%	143%	160%	126%	69%	144%
연 환산 수익률	7.6%	4.4%	7.1%	7.7%	6.5%	4.2%	7.1%
연 환산 변동성	13.8%	17.5%	23.1%	23.1%	13.4%	6.1%	11.6%
최대 낙폭	−51%	−57%	−60%	−70%	−22%	−12%	−42%
위험 대비 수익	0.55	0.25	0.31	0.33	0.48	0.68	0.61

13년간의 테스트 기간 동안 포트폴리오의 수익률은 연 7.1%로 미국 주식, 이머징 주식, 부동산 리츠 등과 비슷한 수준으로 높다.(해당 기간 물가상승률은 연 2.1% 수준이다) 포트폴리오의 변동성은 11.6%로 이머징 주식이나 부동산 리츠의 절반 수준으로 안정적이다. 포트폴리오의 위험 대비 수익은 0.61로 물가 연동 채권을 제외하곤 가장 우수하다. 즉 개별 자산군에 비해 포트폴리오의 위험은 낮췄고 수익은 높였다는 말이다.

최대 낙폭을 보면 부동산 리츠가 가장 심한 마이너스 70%를 보였다. 다음이 이머징 주식(−60%), 선진국 주식(−57%), 미국 주식(−51%) 순이다. 포트폴리오의 경우 마이너스 42%의 낙폭을 보였는데 이는 스웬슨의 포트폴리오가 위험 자산 비중이 높은 결과다. 6개의 자산군 중 주식과 부동산의 4개가 위험 자산군으로 70%의 비중을 차지한다. 이로 인해 2008년 금융위기 때 2개의 채권 자산이 하락을 막았지만, 60~70%나 하락하는 위험 자산군들 때문에 낙폭이 커질 수밖에 없었다.

	2004	2005	2006	2007	2008	2009	2010	2011	2012	2013	2014	2015	2016
미국 주식	6%	10%	15%	-3%	-38%	33%	22%	4%	17%	21%	14%	-1%	16%
선진국 주식	15%	22%	21%	-0.1%	-45%	40%	16%	-10%	17%	11%	-0.4%	-7%	4%
이머징 주식	21%	52%	15%	21%	-49%	72%	21%	-6%	7%	-12%	4%	-20%	17%
부동산 리츠	14%	28%	38%	-25%	-49%	47%	39%	9%	15%	1%	29%	-8%	7%
미국 장기 국채	11%	3%	1%	14%	14%	-8%	3%	38%	-1%	-5%	32%	-6%	-4%
물가 연동 채권	7%	3%	0%	16%	-3%	11%	5%	16%	3%	-6%	5%	-3%	3%
포트폴리오	11%	15%	16%	-1%	-31%	29%	19%	9%	12%	6%	15%	-5%	8%

연 단위로 성과를 점검해보면 표와 같다. 포트폴리오가 손실이
발생한 횟수는 세 번으로 가장 적다. 또한 손실 난 해의 손실의 크기
도 다른 자산군 대비 아주 양호함을 알 수 있다.

마법의 돈 굴리기

존 보글이 이끄는 세계 최대 인덱스펀드 회사인 뱅가드사는 최적의 재분배 기간이 얼마인지 조사했다. 연구 결과 어떤 빈도로 재분배하는 것이 우월한지는 알 수 없다고 결론지었다. 다만 재분배하지 않는 것보다는 재분배하는 것이 낫고, 과도한 재분배는 거래 비용을 증가시켜 성과에 나쁜 영향을 미친다는 사실을 강조했다.[255]

자산 재분배의 근본적인 목적은 포트폴리오의 위험을 낮추고, 가격 변동에 따른 장점을 취하는 것이다. 자산배분 전략에서 분산투자와 자산 재분배의 조합은 비이성적인 투자를 벗어나게 해주는 훌륭한 행동 장치임을 이해하자.

대부분의 투자자가 막연한 두려움 혹은 무관심으로 해외 지역에 대한 투자를 고려하지 않는다. 특히 우리나라 투자자의 국내 투자 성향은 더욱 크다. 해외 자산을 투자 대상에 포함하는 것은 포트폴리오 전체의 위험을 낮추고 수익을 높일 수 있다.

자산별, 지역별 최적의 분산 비중이 무엇이냐에 대한 정답은 없다. 연기금들 역시 각기 다른 배분 전략과 운용 전술을 이용해 운영 중이다. 어쩌면 분산 비중이나 세부적인 운용 전술은 그다지 중요하지 않을지도 모른다. 중요한 것은 분산투자 그 자체다. 그리고 꾸준히 원칙을 지키는 것이다.

누가 대신 해주면 안 되나?
: 로보어드바이저와 인공지능

새로운 한 해가 시작되는 1월이면 대부분이 신년 계획을 세운다. 가장 많은 이들이 도전하는 게 다이어트가 아닐까? 다이어트로 날씬한 몸, 건강한 몸을 만들겠다는 다짐으로 관련 책을 사서 읽는다. 하지만 실제로 다이어트에 성공하는 경우는 많지 않다. '아는 것'과 '실천하는 것'은 다른 문제기 때문이다. 자신의 빈약한 '의지'를 탓하지는 말자. 오디세우스 역시 세이렌의 유혹에 빠지지 않기 위해 자신의 '의지'가 아닌 '돛대와 가죽끈'에 몸을 맡겼다.

다이어트 책을 읽어도 작심삼일이 되기 쉽듯이, 투자 역시 꾸준히 원칙을 지키기는 쉽지 않다. 이 책의 내용에 공감하지만 실천하기 어렵다고 생각하는 사람에게 대안이 될 수 있는 방법이 있다.

'로보어드바이저'가 그것이다. 사람을 대신해서 컴퓨터가 자산배분 전략을 자동으로 수행해주는 것이다. 심리에 휘둘리지 않기 때문에 원칙에 맞는 투자를 수행할 수 있다.

로보어드바이저의 정의를 보면, 위키피디아에서는 "인간의 개입을 최소화하며 온라인으로 포트폴리오 관리를 제공하는 재무 상담의 한 종류다"라고 설명한다. 또 다른 정의에 따르면 "빅데이터, 머신러닝, 알고리즘 등 IT 기술과 현대 포트폴리오 이론 같은 금융 이론이 결합되어 컴퓨터가 사람을 대신해 자산을 관리하는 기술"이라고도 한다. 금융감독원 금융교육센터에 공개된 자료에서는 이렇게 설명한다. "자동화된 알고리즘을 통해 고객에게 온라인으로 포트폴리오를 관리해주는 재무적 자문 서비스를 말한다. 일반 자산관리 서비스와의 차별점은 바로 자동화된 알고리즘을 통해 온라인으로 서비스를 제공한다는 것이다. Automated Investment Advisor가 보다 정확한 표현이다."

로보어드바이저란 심리 상담 같은 어떤 조언자(advisor) 역할을 말하는 것이 아니라, 금융 자산을 관리해주거나 투자를 도와주는 것을 말한다. 다양한 정의가 존재하는 이유는 로보어드바이저가 학계가 아닌 시장에서 생겨난 이름이기 때문이다. IT 기술을 기반으로 금융 서비스를 시작한 스타트업(신생 벤처기업) 회사들이 '로보어드바이저'라는 타이틀을 달고 마케팅을 하면서 알려진 용어기 때문에, 각각의 회사가 추구하는 전략에 따라서 정의가 약간씩 다르게 나온다.

낮아진 목표수익률, 핀테크 확산, 저렴한 수수료, 자문 금액 인하 등의 장점으로 로보어드바이저 시장이 빠르게 성장하고 있다. 로보어드바이저 시장의 높은 성장 가능성과 웰스프론트, 베터먼트 등의 선두 업체의 성공으로, 기존 자산관리 회사도 로보어드바이저 시장에 진출하고 있다. 주로 로보어드바이저 업체와 업무 제휴를 하거나 인수, 자체 개발 등을 통해 대응하고 있다.

국내 현황을 보면, 아직 초기 단계로 주로 증권사 리서치나 운용 출신이거나 트레이딩 시스템 구축 등 IT 경력자들, 금융공학 전공자 등이 주축이 되어 로보어드바이저 스타트업을 창업하고 있다. 다만 대부분 창업 1~2년 이내 기업으로, 기술력 및 알고리즘에 대한 검증이 이루어지지 않아 신중한 접근이 필요하다. 특히 기존의 자동 매매 프로그램 등을 개선하여 로보어드바이저라는 이름으로 마케팅하거나, 퀀트 기반 주식 서비스 회사가 최근 로보어드바이저로 간판을 바꿔 달고 있기도 하다.

국내 금융회사의 대응을 보면 은행권의 경우, 신탁 상품 형태로 출시하거나 기존 자산관리 시스템의 대체 혹은 보완용으로 이용하려고 준비 중인 것으로 보도되고 있다. 증권사의 경우, 로보어드바이저 운용 플랫폼을 제공하거나 자문형 랩 상품으로 출시하기도 한다. 자산운용사의 경우 자사의 ETF 상품을 이용하여 자산배분을 운용하는 로보어드바이저 사업을 추진하려고 하고 있다. 인터넷 은행의 경우에도 주요 서비스로 로보어드바이저 사업을 계획 중이다.

정부에서는 로보어드바이저가 서민 금융을 지원할 수 있다고 판단하여, 금융위원회의 보도자료 등을 통해 로보어드바이저 활성화를 지원하겠다고 발표하고 있다. 로보어드바이저 공개 테스트를 통해 적정성을 검증하고 있으며, 향후 관련 규제 등을 합리화해서 적극적으로 로보어드바이저 시장을 활성화시키겠다고 하니 추이를 지켜볼 필요가 있다.[256]

로보어드바이저의 유형으로는 크게 자문형, 일임형, 하이브리드형으로 나눠볼 수 있다. 자문형의 경우, 월정액을 받고 자산배분이나 리밸런싱을 고객에게 제안하고, 실제 매매는 고객이 수행하는 경우를 말한다. 일임형의 경우 직접 자산배분과 리밸런싱 등의 매매까지 수행하는 형태로, 가장 유명한 미국 기업인 웰스프론트, 베터먼트 등이 이에 해당한다. 하이브리드형은 이 두 가지 형태의 중간 유형으로 기존 금융회사에서 나오고 있는 형태다.

로보어드바이저의 장점 중 하나가 개인이 직접 수행하기 어려운 점을 대신해주는 것이라고 볼 때 '일임형'이 로보어드바이저의 장점을 가장 잘 살린 형태라고 본다. 고객이 직접 매매하거나 인간이 개입하여 판단한다면, 로보어드바이저의 장점을 백 퍼센트 살리기는 어려울 것이기 때문이다.

로보어드바이저가 기존에 유행하던 시스템 트레이딩의 아류가 아니냐는 비판도 있다. '시스템 트레이딩'은 '알고리즘 트레이딩'이라고도 불리는데 미리 정해진 알고리즘에 의해 매매를 결정하고, 프로그램에 의해 매매를 자동으로 처리하는 점이 유사하다. 차이점은 '시스템 트레이딩'이 기술적 분석 위주로 주로 선물, 옵션 등 파생상품을 단기 매매하여 고수익을 추구하는 데 비해 로보어드바이저는 장기적 관점에서 투자 전략을 세워 글로벌 분산투자를 지향하는 경우가 많다는 것이다.

로보어드바이저가 금융공학이나 퀀트 분야에서 파생된 것이라는 의견도 있다. 많은 로보어드바이저 회사가 사용하는 자산배분 전략은 자산의 기대수익이나 위험, 상관관계 등을 분석하기 위해 수학과 통계학적인 방법론을 이용한다. 많은 부분이 기존의 금융공학에서 다뤄졌던 내용이다. 로보어드바이저 업계에 전직 퀀트와 금융공학 전공자가 일을 하고 있는 것도 그 증거라고 할 수 있다. 차이점은 최

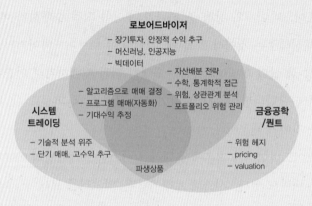

마법의 돈 굴리기

근 발전하는 데이터 과학 분야가 접목되어 빅데이터를 이용하거나 머신러닝 기술을 접목하고 있다는 것이다. 기존 시스템 트레이딩이나 금융공학에서 다루지 않았던 분야로, 발전된 IT 기술을 기반으로 하는 스타트업 회사가 두각을 나타내는 이유기도 하다.

알파고의 열풍으로 인공지능 기술에 관심이 높다. 많은 언론이 로보어드바이저 역시 인공지능 기술을 이용한다고 소개하니 덩달아 많은 관심이 쏟아졌다. 하지만 알파고 이전에는 인공지능이라는 수식어를 거의 붙이지 않았던 로보어드바이저 업체가 진짜 인공지능이 맞느냐는 비판도 나온다.

인공지능은 크게 '강한 인공지능'과 '약한 인공지능'으로 나눈다. 대부분의 사람이 기존에 생각했던 것은 강한 인공지능이다. 터미네이터나 로보캅처럼 "모든 면에서 인간과 구별할 수 없는 지능"을 말한다. 〈Her〉라는 영화에서처럼 소프트웨어인 '그녀'를 사랑하게 되듯이 사람과 구분하기 어려운 수준을 말한다. 반면 현재의 인공지능은 대부분이 약한 인공지능이라고 할 수 있다. 약한 인공지능은 "특정 문제 해결에 특화된 지능"이라고 정의한다. 구글의 알파고가 바둑을 위해 개발된 것이 그 예다.[257]

마쓰오 유타카는 그의 책 〈인공지능과 딥러닝〉에서 인공지능을 4단계로 분류했다.

레벨1. 단순한 제어 프로그램 : '제어공학'이나 '시스템공학'이라는 이름으로 시작된 학문 분야(전자제품들)

레벨2. 고전적인 인공지능 : 행동 패턴이 다채로운 경우에서의 지능(장기 프로그램, 청소로봇 등)

레벨3. 기계 학습(머신러닝)을 받아들인 인공지능 : 검색엔진이 내장되어 있거나 빅데이터를 바탕으로 자동적으로 판단하는 인공지능으로 최근 언급되는 인공지능의 대부분(IBM의 딥블루(체스), 왓슨(음성 처리), 스팸메일 필터링, 애플의 시리 등)

레벨4. 딥러닝을 받아들인 인공지능 : 기계 학습할 때의 데이터를 나타내기 위해 사용되는 입력값 자체를 학습하는 것으로 최근 가장 뜨거운 영역이며, '강한 인공지능'의 가능성일 수 있다고 얘기됨(구글의 알파고 등)

현재까지 알려진 부분을 참고해 추정해보면, 로보어드바이저 업체의 기술력은 인공지능 기술의 최상위 단계인 딥러닝을 자유자재로 구사하는 수준은 아니며, 빅데이터를 이용한 머신러닝 기술을 일부 구현하는 정도다. 결국 로보어드바이저는 레벨3 정도의 인공지능 수준이라고 말할 수 있다.

인공지능 바둑 프로그램인 알파고가 인간 바둑 기사를 이기듯, 로보어드바이저가 자산관리나 투자에서 좋은 성과를 보여줄 것이라는 기대는 시기상조다. 특히 국내 로보어드바이저 업계는 아직 초기 단계로, 제대로 된 서비스를 접하기 위해서는 시간이 더 걸릴 것이다. 그렇다면 개인 투자자는 어떤 로보어드바이저 회사를 선택해야 할까?

로보어드바이저는 '기술의 혁신'이라기보다 '서비스의 혁신'이라고 보는 게 맞다. 전에 없던 완전히 새로운 기술이 아니다. 기존에 다양한 분야에서 사용하고 있던 기술의 조합이며, 이를 통해 대중에게 저렴하면서 가치 있는 서비스를 제공하고자 하는 것이다.

이러한 로보어드바이저의 성공 요인으로는 3가지를 꼽을 수 있다. 먼저 금융이나 투자에 대한 인사이트가 있어야 한다. 이런 인사이트를 알고리즘화하여 자동화된 시스템으로 운용할 수 있는 기술력이 있어야 한다. 여기에 낮은 비용과 높은 신뢰도를 바탕으로 대중에게 서비스된다면 성공할 수 있을 것이다. 로보어드바이저 업체를 선택할 때 이런 점을 갖추었는지 꼼꼼히 살펴봐야 한다.

금융·투자에
대한 insight

알고리즘
↓
자동화
시스템

대중서비스
(비용↓
신뢰도↑)

6장

이젠 나도
자산배분
투자자

1장과 2장을 통해 왜 투자를 해야 하는지, 투자에 실패하는 이유는 무엇인지 알아보았다. 3장에서는 금융 전문가들의 한계로 투자를 전부 맡기기는 어려우니 개인이 직접 투자할 수 있는 방법을 간략히 보았다. 개인 투자자가 직접투자를 할 때 실패하지 않을 행동 장치로써 장기적인 분산투자를 추천했다. 4장에서 5장까지는 분산투자의 방법으로 투자 대상을 어떻게 선정하고 매매해야 하는지, 그리고 해외 투자까지 자산배분 투자 전략을 소개했다.

어떤 자산배분 전략이든 나름대로는 유효하다. 최상의 전략은 이것이니 그걸 선택하라고 말하고 싶지만 유일한 최고의 전략은 없다. 투자자 본인의 취향과 관심, 시간 여유에 따라 선택해야 한다. 이 책에서 언급한 전략은 초보 투자자도 쉽게 따라할 수 있게 안내했지만 그 깊이가 낮지 않다. 이론적으로 나름의 근거를 갖고 있다는 말이다. 이번 장에서 초보 투자자가 직접 자산배분 투자를 실행할 수 있는 방법을 안내한다.

개인 투자자를 위한 자산배분 절차(Asset Allocation Process)는 총 5단계다. 먼저 투자자별로 적정한 목표수익률을 설정한다. 다음으로 목표수익률을 달성하기 위한 자산군을 선택하고 자산군별 특징에 맞는 투자 상품을 선정한다. 자산별로 얼마씩 자산을 배분할지 비중을 결정한다. 그리고 투자 기간 중 자산 재분배를 수행할 기준을 설정한 후 실제 투자를 실행한다.[258] 각 절차별 상세 내용을 알아보자.

1. 목표수익률 설정 : 투자를 통해 얻고자 하는 목표수익률을 설정
2. 자산군 및 투자 상품 설정 : 주식, 채권, 대체투자 등 투자 대상 자산군과 자산군 내 투자 상품 설정
3. 장기 목표 비중 결정 : 자산별로 얼마씩 투자 금액을 배분할지 비중을 결정
4. 자산 재분배 기준 정의 : 자산별 가격 등락에 따른 비중 변경 시 자산 재분배를 수행하는 기준 설정
5. 자산배분 투자 실행 : 설정된 기준에 맞게 자산을 매입하고 지속적으로 관리

1 목표수익률 설정

"연 3~4%대 수익률이면 충분하다. 주식이나 펀드보다는 예적금과 부동산, 채권 등에 투자해 안정적인 수익을 올리겠다."

2016년 12월 초 열린 재테크박람회에서 일반 관람객을 대상으로 실시한 설문조사 결과, 응답자 가운데 29.5%가 연 3~4%를 목표수익률로 한다고 답했다. 그 외에 예금금리 수준(연 1%대 초반)이 12.7%, 연 5~7%대가 23.4%, 연 8% 이상의 수익을 원한다는 응답도 9.2%가 있었다.[259]

목표수익률을 어느 정도로 잡아야 할까? 목표수익률이 너무 높으면 기대수익률이 높은 자산에 많이 투자해야 한다. 이런 자산의 특징은 변동성이 커서 투자자가 감수해야 할 위험 역시 크다. 반면 목표수익률이 낮으면 투자를 고민할 필요는 없겠지만 부를 늘릴 수 없다.

투자를 하지 않아도 손실이 발생하는 이유는 인플레이션(물가상승)

때문이라고 했다. 즉 물가상승으로 인한 자산 가치 감소를 막는 게 투자의 첫 번째 목적이라고 할 수 있다. 자산이 줄어드는 '손실'에 대한 '위험 관리' 측면에서 투자를 해야 한다는 말이다. 결국 투자자에게 최소한의 목표수익률은 인플레이션이라고 할 수 있다. 물가상승 분만큼의 수익이 있어야 손실을 안 본다는 말이다. 설문조사에서 예금금리 수준을 목표로 한다고 응답한 사람을 위해 1장의 '[표 3] 한국 실질수익률'을 다시 언급하겠다.

실질수익률이란 물가상승 분을 빼고 세금을 제한 후의 실제 투자금의 가치를 말한다. [표 3]에서 알 수 있듯 최근 2~3년간 실질수익률이 마이너스를 지속하고 있다. 즉 예금에 넣어둔 돈이 실제로는 줄어들고 있다는 것이다.

예금만으로 자산 가치가 불어나던 시절이 있었다.(표에서 실질수익률이 플러스인 구간) 언제 다시 그런 시절이 돌아올지는 알 수 없다. 내 돈이 사라지는 것을 막기 위해 투자를 통해 수익률을 높여야 한다.

초보 투자자의 기본적인 목표수익률은 물가상승률이다. 최소한 물가상승에 의한 실질 자산 가치 하락은 막아야 한다.(국내의 많은 연기금의 목표수익률 역시 1~2년짜리 정기 예금금리나 물가상승률을 상회하는 수준으로 잡고 있다)[260]

2 자산군 및 투자 상품 설정

　자산군을 나누는 근본적인 이유는 다양한 자산군이 변화하는 경제 환경에서 각각 다른 움직임을 보이기 때문이다. 이를 통해 포트폴리오의 위험은 낮추고, 수익률의 개선을 기대할 수 있다.

　자산군을 크게 분류하면 주식, 채권, 대체투자(부동산, 금 등), 현금성 자산 등 4가지로 나눌 수 있다. 해외 투자까지 생각하면 좀 더 세분화된다. 국내 주식, 해외 주식, 국내 채권, 해외 채권, 대체투자, 현금성 자산 등 6가지다. 주식을 스타일별로 나누거나 채권을 만기에 따라 나눌 수도 있고, 대체투자를 부동산과 상품 등으로 세분화하면 더 많은 자산군으로 나눌 수 있다.

　예일대 기금의 최고투자책임자인 데이비드 스웬슨에 따르면, 자산배분을 할 때 6개 정도의 자산군을 고려하는 것이 가장 적절하다고 한다.[261] 투자에 많은 시간을 할애할 수 없는 개인 투자자에게도 그의 조언은 적절해 보인다. 자산군을 설정하고 나면 각 자산군에

마법의 돈 굴리기

해당되는 세부 자산을 선정할 수 있다. 예를 들어 해외 주식 자산군을 세분화하여 선진국 주식, 이머징 주식 등으로 나누는 것이다. 자금의 규모가 크거나 전문 투자자라면 여러 단계의 세분화를 거칠 수 있다. 즉 선진국 주식에서도 미국 주식, 일본 주식, 독일 주식 등으로 말이다. 또한 여기서 한 단계 더 세분화한다면 미국 주식 중에서 대형주, 중형주, 소형주와 같이 나눌 수 있다. 그 다음 단계가 각 자산군의 성격에 맞는 투자 상품을 고르는 것이다.

투자 금액이 적은 개인 투자자의 경우 과다하게 세분화할 필요는 없다. 또한 이론적으로 훌륭하더라도 실제 투자할 수 있는 상품이 없다면 그림의 떡이다. 고액 자산가나 기관 투자가가 투자할 수 있는 상품이나 거래 비용이 과다한 해외 주식(해외 ETF) 상품 역시 개인 투자자에게는 빛 좋은 개살구다.

인덱스펀드

자산군을 분류하고 나면 해당 자산군의 특성이 반영되는 인덱스(지수)를 추종하는 상품을 골라야 한다. 개인 투자자에게 적합한 상품으로는 인덱스펀드와 ETF가 있다.

인덱스펀드는 매매 시 일회성 수수료가 부과되는 ETF와 달리 판매 및 운용 등 단계별로 수수료, 비용, 보수 등이 부과되므로 펀드별 보수 및 수수료 등이 어떻게 산정되고 부과되는지 확인할 필요가 있다. 또한 펀드의 환매 정보, 즉 환매 시 적용되는 기준 가격, 환매 대금 지급일, 환매 수수료 정보를 확인해야 한다.(펀드에 부과되는 보수, 수수료 등 제반 비용은 금융투자협회 전자공시(dis.kofia.or.kr) 사이트에서 비교해볼 수 있다. 또한 펀드 정보 One-Click(fund.kofia.or.kr) 사이트를 이용하여 펀드의 핵심 정보 및 통계 등을 쉽게 찾아볼 수 있다)[262]

인덱스펀드는 은행이나 증권사, 펀드 슈퍼마켓 등을 통해 가입할 수 있는데, 판매처별로 판매하는 상품이 다르다. 또한 동일한 펀드도 영업점 가입이냐 온라인 가입이냐에 따라 클래스가 다르고, 이에 따라 수수료도 달라진다. 펀드의 경우 상품 수가 많고, 보수와 수수료 등의 확인 절차가 번거로운 단점이 있다.

증권 거래가 낯설거나 은행 거래를 원하는 투자자라면 인덱스펀드를 이용해 투자할 수 있다. 다만 펀드 상품의 종류가 워낙 다양하니 보수와 수수료를 살펴보고, 선택한 펀드가 주거래 은행에서 판매되는 상품인지를 확인해야 한다.

ETF와 ETN

ETF와 ETN 상품의 경우 상대적으로 보수나 수수료 체계가 간단하다. 펀드에 비해 보수가 저렴하고, 온라인 거래 수수료 역시 낮은 수준이다. 모든 ETF와 ETN 상품은 증권사에서 거래한다. 따라서 수수료나 회사 규모 등을 기준으로 증권사만 선택하면 되니 고민할 부분이 적다.

자산별로 ETF 상품의 종류는 다양하다. 한국거래소에서는 매월 ETF와 ETN 상품 정보를 자료로 만들어 발간하고 있는데, 2016년

10월 말 기준으로 ETF 241개, ETN 130개 등 371개 종목이 상장되어 있다. 우리나라 주식시장의 대표 격인 코스피200 지수를 추종하는 ETF 상품의 종류는 다음과 같다.[263]

종목명	상장일	운용사	순자산 가치 총액	총 보수
KODEX200	2002-10-14	삼성자산운용	46,370	0.15%
TIGER200	2008-04-03	미래에셋자산운용	14,972	0.05%
KINDEX200	2008-09-25	한국투자신탁운용	7,392	0.09%
KBStar200	2011-10-20	KB자산운용	5,670	0.07%
ARIRANG200	2012-01-10	한화자산운용	4,989	0.14%
KOSEF200	2002-10-14	키움투자자산운용	4,985	0.15%
파워 K200	2012-02-13	교보악사자산운용	4,268	0.15%

동일 지수를 추종하는 다양한 ETF와 ETN 중 투자 대상 상품을 고를 때는 몇 가지 기준이 있다.

첫째, 거래량과 순자산 가치 총액이 많은 상품을 골라야 한다. 거래량(유동성)이 적을 경우 주문 체결 시 불리해질 수 있다. 거래량이 많고 순자산 가치 총액이 클 경우 많은 이들이 거래하고 있으므로 해당 상품이 투자자에게 검증받았다고 볼 수 있다.

둘째, 총 보수가 적은 상품이 좋다. ETF의 보수는 매일 순자산 가치에서 차감된다. 보수가 많은 상품이 무조건 나쁘다고 할 수는 없으나 ETF의 장점 중 하나가 낮은 보수다. 같은 조건이면 총 보수가 낮은 상품을 선택하자.(ETN의 경우 ETF에 비해 상대적으로 보수가 비싼 편이다. 동일한 조건이라면 ETF 상품을 선택하는 게 낫다)

셋째, 추적오차가 적은 상품을 선택한다. 추적오차란 추종하는 지수와 ETF나 ETN과의 차이를 말한다. ETF나 ETN의 성과가 좋을 때도 추적오차는 발생하지만, 지수를 추종한다는 ETF나 ETN 본연의 특징에 충실한 상품이 낫다.

넷째, ETF나 ETN 상품을 운용하는 자산운용사의 규모나 신용을 살펴봐야 한다. ETF는 신용 위험이 거의 없는 반면, ETN은 발행자인 증권회사의 신용 위험이 있다. ETN을 발행한 증권회사가 부도날 경우 투자금을 돌려받지 못할 위험이 있는 것이다. ETN의 경우 주의해야 할 점이다.

이들 상품에 대한 다양한 정보는 한국거래소(www.krx.co.kr) 홈페이지나 각 자산운용사, 증권사 홈페이지에서 구할 수 있다.

100만 원으로 시작하는 초보 투자자를 위한 추천

소액으로 시작하는 초보 투자자를 위해 다음의 자산군과 투자 상품을 추천한다. 자산군은 6가지로 나누어 각각 추천할 만한 투자 상품을 적었다.

국내 주식으로 코스피 시장에 상장된 대형주 200개의 움직임을 추종하는 코스피200 지수 상품을 추천했다. 해외 투자자 입장에서 한국 주식은 이머징 시장으로 인식된다고 했다. 따라서 해외 주식으로는 선진국 시장의 대표 격인 미국 시장을 추종하는 상품을 선정했다. 국내 채권으로는 가장 거래량이 많은 국고채 3년물을 추종하는

자산군	설명	투자 상품
국내 주식	한국 주식시장을 대표하는 코스피200 지수 추종	KODEX200 TIGER200
해외 주식	선진국 주식시장을 대표하는 미국의 S&P500 지수 추종	TIGER S&P500 선물(H) KODEX S&P500 선물(H)
국내 채권	국고채 3년물을 추종	KBStar 국고채 KOSEF 국고채
해외 채권	달러/원 환율을 추종	KOSEF 달러 선물
대체투자	금 가격의 움직임을 추종	KODEX 골드 선물(H)
현금성 자산	가격 변동 위험이 거의 없으며 수익률이 낮음	KODEX 단기채권 TIGER 유동 자금

상품을 골랐고, 해외 채권으로 국내 주식과 낮은 상관관계를 보이는 환율 연동 상품을 선택했다.(미국 국채가 ETF 상품으로 나오지 않은 것이 가장 아쉬운 점이다) 대체투자로는 영구 포트폴리오에서 살펴봤던 금 가격을 추종하는 상품을 선택했다. 현금성 자산으로 CMA 계좌에서 거래가 가능한 증권사라면 CMA 계좌에 돈을 넣어두어도 되고, 그렇지 않을 경우 CMA와 거의 같은 수익률을 보이는 유동성을 목적으로 하는 단기 채권 상품을 추천한다.

투자 규모가 큰 개인 투자자를 위한 추천

자산배분 투자를 처음 하는 경우 앞에서 얘기한 자산군으로 투자해도 충분하다. 이번에는 투자 경험이 많거나 투자 금액이 큰 투자자를 위해 좀 더 세분화된 자산군을 이용하는 방법을 안내한다.

자산군			투자 상품
대분류	중분류	소분류	
국내 주식	대형주	–	KODEX200, TIGER200
	중소형주	–	TIGER 코스닥150, KODEX 코스닥150
해외 주식	선진국 주식	미국	TIGER S&P500 선물(H), KODEX S&P500 선물(H)
		일본	TIGER 일본(합성H), KODEX Japan
		유럽	TIGER 유로스탁스50(합성H), KODEX MSCI 독일(합성)
	이머징 주식	중국	KINDEX 중국 본토CSI300, TIGER 차이나A300
		기타	KINDEX 베트남VN30(합성), TIGER 대만TAIEX파생(H), KOSEF 인디아(합성H)
국내 채권	3년물	–	KBStar 국고채, KOSEF 국고채
	10년물	–	KOSEF 10년 국고채, KODEX 10년 국채 선물
해외 채권	미국 통화	달러	KOSEF 달러 선물, 신한 달러인덱스 선물 ETN(H)
	기타 통화	유로, 엔	TRUE 유로 선물 ETN, TRUE 엔 선물 ETN
대체 투자	원자재	금	KODEX 골드 선물(H), 신한 금 선물 ETN(H)
		원유	TIGER 원유 선물(H)
		기타	KODEX 은 선물(H), KODEX 구리 선물(H), 신한 은 선물 ETN(H), 신한 구리 선물 ETN(H)
	농산물	–	TIGER 농산물 선물(H), KODEX 콩 선물(H)
	부동산	미국	TIGER MSCI US리츠(합성 H), KINDEX 미국 리츠부동산(합성 H)
		글로벌	미래에셋 글로벌 리츠 ETN(H)
현금성 자산	–	–	KODEX 단기채권, TIGER 유동 자금, KODEX 단기채권 PLUS

이번에는 자산군을 세분화하여 분류했다. 크게 6개의 자산군으로 나누고, 각 자산군별로 중분류와 소분류를 추가했다.

해외 주식은 선진국 주식과 이머징 주식으로 나누었다. 선진국 주식은 미국, 일본, 유럽 등으로 세분화하여 각 시장에 해당하는 상품을 추천했다. 이머징 주식의 경우 중국 주식과 기타 국가로 나누었다. 이머징 주식의 자산배분 시 우리나라도 이머징 국가라는 점을 상기하자.

국내 채권은 만기에 따라 중기국채 역할을 하는 3년물과 장기국채 역할을 하는 10년물에 해당하는 상품을 선택했다. 만기가 길 경우 변동성이 커지고, 위험 감수 분만큼 수익률이 높은 특성이 있다.

해외 채권으로 외국의 국채를 추천하고 싶으나 상장된 상품이 없어 안타깝다. 해외 채권 상품은 현재 2가지가 상장되어 있는데, 하이일드 채권(TIGER 단기선진하이일드(합성 H))은 신용 등급이 낮은 회사가 발행한 채권으로 고수익을 노릴 수 있으나 아주 위험한 상품이라 추천하지 않는다.(차라리 주식을 하는 게 낫다고 본다) 다른 하나는 중국 국채에 투자하는 상품(TRUE 위안화 중국5년국채 ETN)으로 중국이라는 국가 특성을 감안했을 때 위험성을 가늠하기 어렵다. 해외 채권, 특히 선진국 국채에 투자하는 상품이 거의 없다는 점이 안타깝다. 투자자의 관심이 부족해서인지 다른 이유에서인지 모르겠으나, 향후 다양한 해외 국채 상품이 상장되길 기대한다.

대체투자군은 원자재와 농산물, 부동산으로 나누었다. 원자재로는 금, 은, 원유, 구리 등이 있고, 농산물에 투자하는 상품도 있다. 부동산의 경우 미국이나 글로벌 리츠를 추종하는 상품이 상장되어 있다.

여기에 추천한 모든 상품에 투자하라는 것은 아니다. 이런 식으로 자산군을 나누고, 자산군별 상품을 선택하는 과정을 거치는 방법을 설명하고자 함이다. 중분류와 소분류의 경우 해당 투자 대상이 위험해 보이거나 이해하기 어려우면 대분류 선에서 투자하면 된다. 자산배분 투자에 익숙해지고 관련 지식이 늘어난 뒤 세분화해도 늦지 않다. 또한 새로운 상품이 나왔을 때는 관련 자산군에 추가할 수도 있다. 이와 같이 자산군을 나누고, 상품을 선택했으면 다음 절차는 각 자산군별 투자 비중을 얼마로 해야 할지 결정하는 것이다.

3 | 장기 목표 비중 결정

자산별 '장기 목표 비중'을 미리 결정하는 것은 투자의 성격을 분명히 하고, 극단적인 자산배분으로 인한 실패 가능성을 막기 위해서다.

개별 투자자의 투자 성향은 다양하다. 높은 수익률을 위해서라면 높은 위험(변동성)도 상관없다고 생각하는 공격적 성향의 투자자가 있는가 하면, 물가상승률을 초과하는 정도의 수익률에 만족하며 위험하지 않게 포트폴리오를 운영하고자 하는 안정적 성향의 투자자도 있다.

문제는 투자자의 투자 성향이 시장 상황이나 심리 상태에 따라 달라진다는 것이다. 경기 여건이 좋아지고 주식 수익률이 높아지면 투자자의 성향이 공격적으로 변한다. 수익이 많이 나는 주식에 더 많은 비중을 투자하기 위해 현금이나 채권 같은 안전한 자산에서 돈을 빼 주식을 추가 매수한다. 이런 극단적인 자산배분 행위는 포트폴리오의 위험을 높인다. 그러다 어느 순간 주식이 폭락하면 대부분의 비중이 주식으로 채워졌던 포트폴리오 역시 손실이 난다. 손실로 인해 투자자는 주식을 멀리하게 되고, 심리적인 이유로 투자 성향 역시 보수적으로 변한다. 하락한 주식에서 돈을 찾아 채권과 현금으로 투자금을 옮긴다. 그런데 이 순간이 주식에 투자해야 할 시기인 것이다. 결국 투자자는 다시 상승하는 주식을 보며, 자신의 포트폴리오에 주식 비중이 없다는 점을 떠올리고 후회한다.

이런 상황을 사전에 막기 위한 행동 장치로써 장기 목표 비중을 정하고 이를 지켜야 한다.

다양한 비중 결정 방법

주식과 같은 위험 자산과 예금, 채권 같은 안전 자산 간의 배분 비율은 어느 정도가 적당할까?

많이 알려진 방법 중 하나가 투자자의 나이를 이용하는 것이다. 사람의 수명이 100세라 하고, '100-나이'만큼을 위험 자산에 투자하라는 것이다. 투자자의 나이가 40세라면 100-40=60. 즉 60%의 자산을 위험 자산에 배분하고, 나머지 40%를 안전 자산에 배분하는 것이다. 나이가 들수록 위험 자산 비중이 줄어드는 이 방법은 '젊을 때 실패하더라도 다시 일어날 시간(기회)이 많다'는 논리에 근거한 것이다. 노년에 위험 자산에 투자해 실패하면 다시 일을 하거나 돈을 모으기 어려워 궁핍한 노년을 보낼 수밖에 없다. 단순한 만큼 이해도 쉽다.

하지만 갓 취업한 30세의 투자 경험이 전무한 청년이 자산의 70%를 위험 자산에 투자하는 게 나을까? 아니면 투자 경력 30년인 60세의 은퇴자가 70%를 위험 자산에 투자하는 게 나을까? 아마도 투자 경력이 많고 투자에 많은 시간을 쏟을 수 있는 은퇴자의 위험 자산 투자가 더 나은 결과를 가져오지 않을까?

나이를 이용해 비중을 결정하는 또 다른 방법으로 수명 주기 모델이 있다. 나이를 기준으로 청년 저축자, 중년 축적자, 초기 은퇴자, 노년 은퇴자의 4단계로 나눈다.[264]

청년 저축자는 20~39세로 직장생활 초기 단계의 투자자다. 자산은 적지만 저축 계획이 의욕적이다. 가능한 범위에서 최대한 공격적인 자산배분이 필요하다. 중년 축적자는 40~59세로 직장생활과 가정생활이 안정된 투자자다. 주택 등 많은 자산을 축적했고 자녀도 있다. 현재 자신의 위치는 물론 미래 계획도 명확하다. 50대 후반에 접어들면 위험 자산 비중을 줄이기 시작한다. 초기 은퇴자는 60~75세로 은퇴 무렵이거나 은퇴 생활을 즐기는 사람이다. 자산 축적이 둔화하고 자산 소비가 시작되는 단계다. 자산배분에서 처음으로 현금이 필요해진다. 노년 은퇴자는 76세 이상으로 은퇴 생활에서 활기가 감소한다. 장기요양이나 부동산 정리 등 다양한 현금 수요가 발생한다. 자녀 등 가족과 함께 재산 문제를 결정할 시기다.

수명 주기 모델은 각 단계에 걸쳐 위험 자산의 비중을 줄이고, 안전 자산의 비중을 늘리도록 가이드한다.

[수명 주기 모델의 예]

구분	청년 저축자	중년 축적자	초기 은퇴자	노년 은퇴자
주식(위험 자산)	80%	60%	50%	40%
채권(안전 자산)	20%	40%	45%	55%
현금성 자산	0%	0%	5%	5%

　나이를 기준으로 하는 자산배분 결정 방법에는 중요한 단점이 있다. 투자자의 투자 성향을 반영할 수 없다는 것이다. 같은 40세의 투자자라 하더라도 공격적인 성향을 갖고 있을 수도, 안정적인 성향을 갖고 있을 수도 있다. 이러한 투자 성향을 반영하려는 연구가 있다.

　행동경제학에서 나타난 투자자의 편향을 이용하기 위해 개인의 특징이나 성향, 행동 등을 구분하는 심리 묘사 모델을 이용해 투자자의 투자 성향을 나누기도 한다. 설문조사지 등을 이용해 투자자의 특징을 파악하고 그에 따라 위험 자산의 배분을 제안하는 것이다. 다만 심리 묘사 모델이 복잡하고 조사가 어렵다는 한계가 있다.[265]

　국내의 경우 증권사, 은행 등 금융 투자업자는 일반 투자자에게 투자 권유를 하기 전 자체적으로 마련한 '투자 권유 준칙'에 따라 '투자자 정보 확인서'를 받아야 한다. 일종의 설문지를 통해 투자자의 투자 목적, 재산 상황, 투자 경험 등의 정보를 파악하여 투자 성향을 여러 단계로 구분하는 것이다. 투자 성향에 따라 투자자가 가입할 수 있는 투자 상품의 종류를 제한하는 방식으로 투자자를 보호하고자 하는 제도다.

그런데 설문조사를 이용한 투자 성향 분석 방법은 한계가 있을 수밖에 없다.[266] 설문지를 작성하는 순간의 일시적인 심리 상태에 좌우되기도 하고, 경기 상황 등 다양한 외부 환경의 영향에 따라 달라질 수도 있다. 직관적으로 가장 좋은 방법은 투자자 본인이 투자를 통해서 경험해보는 것이다. 수익이 날 때야 누구든 별 문제가 없겠지만, 손실이 발생할 때 얼마나 견딜 수 있는지를 경험해보는 것이다. 2008년 금융위기 때처럼 주식이 반 토막 나고 중국 펀드가 마이너스 70%까지 손실이 나더라도 자신의 투자 철학이 흔들리지 않는지, 미리 정한 투자 전략을 꾸준히 실행할 수 있는지를 경험해보는 것이다. 그 순간을 겪어보지 않은 사람에게는 설명하기가 어렵다. 많은 투자자가 투자에 실패한 이유도 바로 그 순간에 흔들리기 때문이다.

자산배분의 적정한 비중에 대한 고민은 개인 투자자에게만 있는 것이 아니다. 연기금을 비롯한 기관 투자자도 같은 숙제를 안고 있다. 연기금의 경우 다양한 자산에 배분하여 투자하고 있지만, 연기금마다 자산배분 비율은 제각각이다. 해외 연기금의 경우 주식과 해외 투자, 대체투자에 비중을 많이 두고 자산배분을 통해 높은 수익을 거두고 있다. 반면 국내의 경우 채권 비중이 지나치게 높거나 국내 투자에 심하게 편중되는 등의 문제로 해외 연기금 대비 상대적으로 수익률이 낮다는 비판도 제기되고 있다.

이 책에서 초보 개인 투자자에게 추천하는 방법은 자산배분 비중을 단순하게 시작하라는 것이다. 그리고 자신이 투자한 자산의 수익과 손실 움직임을 관찰하고, 투자의 합인 전체 포트폴리오의 성과를 점검하면서 자신의 마음을 들여다보는 것이다. 수개월 또는 수년의 투자를 통해 시장의 부침을 겪은 뒤에야 비로소 본인의 투자 성향이 파악되지 않을까 생각한다.

투자 성향은 크게 3가지로 나눈다. 공격형, 중립형, 안정형 투자자다. 각 성향별로 위험 자산 투자 비중은 다음과 같다. 각자 자신의 취향에 맞는 투자 성향을 고르자.('100-나이' 방식을 단순화해서 사용해도 좋다. 50세까지는 공격형, 51~70세는 중립형, 71세 이후는 안정형을 고르는 것이다)

	공격형 투자자	중립형 투자자	안정형 투자자
위험 자산	70%	50%	30%
안전 자산	30%	50%	70%

비중 변화에 따른 포트폴리오 운영 결과

위험 자산과 안전 자산의 비중이 달라질 때 포트폴리오의 운영 결과에 어떤 차이가 있을까? 앞서 봤던 주식과 채권만을 이용한 자산 배분 전략의 경우를 예로 들어보자. 위험 자산(주식)과 안전 자산(채권)의 비중을 다르게 하여 공격형, 중립형, 안정형 세 가지 포트폴리오의 테스트 결과다.

연 수익률은 공격형이 7.8%로 가장 높고, 안정형이 6.5%로 가장 낮다. 연 변동성의 경우 공격형이 9.5%로 가장 크고, 안정형은 5.3%로 가장 안정적이다. 위험 대비 수익은 안정형이 1.00으로 가장 높고, 공격형이 가장 낮다. 최대 낙폭을 보면 공격형의 경우 최대 마

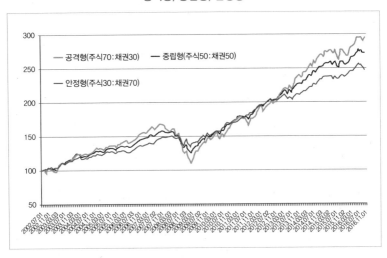

공격형, 중립형, 안정형

	공격형 (주식 70:채권 30)	중립형 (주식 50:채권 50)	안정형 (주식 30:채권 70)
기간 수익률	195%	172%	147%
연 수익률	7.8%	7.2%	6.5%
연 변동성	9.5%	6.9%	5.3%
최대 낙폭	−35%	−23%	−11%
위험 대비 수익	0.70	0.88	1.00

이너스 35%까지 하락했으나, 안정형의 경우 마이너스 11%가 가장 큰 손실이었다.

어떤 유형이 더 낫다고 단정 지어 말할 수는 없다. 다만 하락 시 낙폭이나 변동성에 대한 내성이 강한 편이라면 공격적인 운영으로 고수익을 노려볼 수 있을 것이다. 반대로 투자자의 심리에 맞지 않는, 견디기 힘들 정도의 공격적인 운영은 시장이 급격히 변화할 경우 원칙을 지키지 못해 투매를 하는 등 최악의 투자 결과를 낳을 수 있다. 따라서 극단적인 비중을 가져가지 말고 적정한 선에서 투자하길 바란다.

100만 원으로 시작하는 초보 투자자를 위한 추천

앞서 소액으로 시작하는 초보 투자자를 위한 자산군과 투자 상품을 추천했다. 이번에는 각 자산군별 투자 비중을 다음과 같이 추가했다.(위험 자산과 안전 자산을 구분하기 위해 대체투자의 위치를 몇 칸 위로 옮겼다)

자산 성향	자산군	투자 상품	공격형 투자자 (투자 비중)		중립형 투자자 (투자 비중)		안정형 투자자 (투자 비중)	
위험 자산	국내 주식	KODEX200 TIGER200	70%	20%	50%	15%	30%	10%
	해외 주식	TIGER S&P500 선물(H) KODEX S&P500 선물(H)		20%		15%		10%
	대체투자	KODEX 골드 선물(H)		30%		20%		10%
안전 자산	국내 채권	KBStar 국고채 KOSEF 국고채	30%	10%	50%	20%	70%	30%
	해외 채권	KOSEF 달러 선물		10%		15%		20%
	현금성 자산	KODEX 단기채권 TIGER 유동자금		10%		15%		20%

6개의 자산군을 위험 자산과 안전 자산으로 나누었다. 주식과 대체투자 부분을 위험 자산으로, 나머지 채권과 현금성 자산을 안전

자산으로 구분했다. 대체투자의 경우 세분화할 경우 안정형의 자산이 나올 수도 있으나, 금은 변동성이 심하므로 위험 자산으로 분류했다. 해외 채권 항목의 달러 ETF의 경우 변동성이 커서 위험 자산으로 분류할 수도 있으나, 금융위기 때 달러/원 환율이 상승하는 국내 금융시장의 성격상 국내 주식과 상반되는 움직임을 보인다는 점에서 주식의 하락을 보충해줄 수 있어 안전 자산으로 분류했다.

공격형 투자자의 자산 비중은 위험 자산 70%, 안전 자산 30%였다. 위험 자산에 할당된 70%의 자산은 국내 주식, 해외 주식, 대체투자에 각각 20%, 20%, 30%로 나누었다. 여기서 각자의 취향에 따른 약간의 조정은 가능하다. 예를 들어 국내 주식을 선호한다면 30%, 20%, 20%의 비중을 가져가는 것이다. 다만 위험 자산에 배분된 70%를 전부 국내 주식에 할당하는 것은 위험하므로 주의해야 한다. 안전 자산에 배분된 30%는 세 가지 자산군에 사이좋게 10%씩 나누었다. 이 역시 취향에 따라서는 일부 조정이 가능하다.

나머지 중립형 투자자와 안정형 투자자의 경우도 비슷한 방식으로 비중을 나누었으니 표를 참고하기 바란다.

투자 규모가 큰 개인 투자자를 위한 세분화된 자산배분의 경우도 이와 마찬가지 방법을 사용하면 된다.

이런 자산배분이 최선인가 하는 질문이 나올 수 있다. 다시 말하지만 누구도 최적이라고 주장할 수 있는 자산배분 비중을 갖고 있지 않다. 많은 전문가가 최적의 자산 배분을 연구하고 있으나, 아직까지 월등히 뛰어난 승자는 없는 듯하다. 어떤 시장 상황에서는 이 방법이 성과가 좋고, 다른 시장 상황에서는 저 방법이 잘 맞는다. 백테스팅을 이용한 모델링의 한계로 인한 과최적화 이슈는 '예전에만' 잘 맞는 모형을 탄생시키기도 한다.

앞서 테스트했던 여러 자산배분 전략도 단순히 1/2, 1/3, 1/4 등 자산의 개수로 나누어 비중을 정했으나 그 결과는 훌륭했다. 중요한 건 자산을 배분했다는 점이다. 그것만으로도 포트폴리오는 안전해진다. 남은 것은 정한 원칙을 꾸준히 지켜나가는 것이다.

마법의 돈 굴리기

자산 재분배
기준 정의

    자산배분 투자 전략의 핵심은 자산 재분배(리밸런싱)라고 했다. 앞서 설정한 자산군별 투자 비중에 따라 투자 상품을 매입했다면, 투자 기간 동안 꾸준한 자산 재분배를 통해 자산 비중을 맞춰주어야 한다.

    자산을 재분배하는 방법은 앞에서 소개했듯 크게 4가지가 있다. 각각의 방법은 장단점이 있는데, 4번째 복합 전략이 가장 우수해 보인다. 다만 처음 시작하는 투자자에게는 다소 복잡해 보일 수 있다. 아무리 맛있는 떡이라도 먹지 못하면 그만이듯, 실천하기 어렵다면 좋은 방법이 아니다. 초보 투자자에게 첫 번째 재분배 방법인 달력 사용법을 추천한다.

    간단히 다시 설명하면, 정기적으로 자산 비중을 체크하여 초기 목표 비중보다 높아진 자산을 팔고, 비중이 줄어든 자산을 사는 것이다. 한 달에 한 번이어도 좋고, 분기에 한 번이어도 좋다. 본인이 정한 기간에 계좌를 살펴보고 실천하면 된다. 다만 수개월이 지나도록 방치하지 말아야 하며, 지나치게 자주 재분배를 해서 거래 비용이 많이 지출되지 않도록 하자.

군이 점검 기간을 추천하자면 한 달에 한 번 정도가 좋겠다. 매월 월급날 본인의 증권 계좌 잔고를 점검하는 것이다.

투자 금액을 추가하는 방법

여윳돈이 생겨 투자금을 늘리는 방법은 간단하다. 예를 들어 설명해보자.

자산 성향	자산군	공격형 투자자 (투자 비중)	초기 투자 (7.31)	한 달 후 (8.30)	목표 비중	매수(+) 매도(−)
위험 자산	국내 주식	20%	200	220	230	+10
	해외 주식	70% 20%	200	240	230	−10
	대체투자	30%	300	310	345	+35
안전 자산	국내 채권	10%	100	90	115	+25
	해외 채권	30% 10%	100	90	115	+25
	현금성 자산	10%	100	100	115	+15
투자금 합계			1,000	1,050	1,150	100

공격형 투자자일 경우로 예를 들었다. 초기에 1,000만 원을 투자 비중에 맞춰 투자했다. 국내 주식과 해외 주식에 200만 원, 대체투자에 300만 원, 국내 채권과 해외 채권에 100만 원, 현금성 자산에

마법의 돈 굴리기

100만 원을 투자했다.

한 달 후 월급날 계좌를 확인해보니 경기가 좋아진 덕분인지 위험 자산은 가격이 올랐고, 안전 자산은 가격이 약간 하락했다. 전체 포트폴리오의 잔고는 1,050만 원으로 50만 원의 수익이 발생했다. 그런데 이번 달에 100만 원의 여윳돈이 생겨서 투자 자금에 추가하기로 했다. 전체 투자 금액은 현재 잔고 1,050만 원에 추가 불입할 100만 원을 합해 1,150만 원이 되었다.

투자금 총액인 1,150만 원을 기준으로 투자 비중별로 계산을 한다. 국내 주식에 20%를 투자하기로 했으므로 1,150만 원×20%=230만 원이 목표 비중이 된다. 8월 30일 현재 국내 주식의 잔고가 220만 원이므로 10만 원만큼 추가로 투자하면 된다. 해외 주식의 경우 8월 30일 잔고가 240만 원인데 목표 비중이 230만 원이다. 이 경우 해외 주식을 10만 원 매도하여 목표 비중을 맞춘다. 이와 같이 6개 자산 군을 각각 매수와 매도 금액을 계산한 후 다음 영업일에 매매를 진행해 자산 비중을 맞추는 것이다. 투자금을 뺄 때도 마찬가지다. 기존 투자금에서 찾아야 할 만큼을 뺀 금액을 총액으로 잡고, 자산별 목표 비중을 계산하면 자산별 매도 금액을 계산할 수 있다.

참고로 투자 금액이 정확히 200만 원이나 100만 원과 같이 딱 맞아 떨어지지는 않는다. 그 이유는 ETF 가격이 만 원 단위거나 1원 단위가 아니기 때문이다. 보통 1~3만 원 수준이며 채권 ETF의 경우 10만 원 단위로 매매된다. 따라서 정확하게 끝자리까지 자산 비중을 맞출 필요는 없다.

자산배분
투자 실행

자산배분 투자를 실행하기 전에 우리가 자주 만나야 할 상품인 ETF, ETN과 친해질 필요가 있다. 나의 투자 전투에 무기와 방패가 되어 줄 녀석들이다. 사용하다 보면 그 기능에 더 관심이 가고 마스터가 되겠지만, 먼저 기본적인 사용법은 익혀둬야겠다. 이론적인 내용이라 재미가 없을 수 있으니, 쓱 훑어본다는 생각으로 보자.

ETF란 무엇인가?[267]

ETF(Exchange Traded Fund : 상장지수펀드)란 KOSPI200과 같은 특정 지수 및 특정 자산의 가격 움직임과 수익률이 연동되도록 설계된 것으로 거래소에 상장되어 주식처럼 거래되는 펀드를 말한다. ETF는 인덱스펀드와 마찬가지로 소액으로 분산투자가 가능하고, 개별 주식처럼 실시간으로 매매할 수 있고, 운용의 투명성과 저렴한 운용 보수를 자랑하는 우수한 투자 상품이다.

한국거래소에서 제공하는 교육 자료인 '애니메이션으로 보는 ETF 이야기'는 한 편당 3~4분으로 짧게 구성되어 있으니 시간 내서 보길 바란다.[268]

ETN이란 무엇인가?

ETN은 기초지수 변동과 수익이 연동되도록 증권회사가 발행하는 파생 결합 증권으로, ETF와 마찬가지로 주식처럼 거래소에 상장되어 거래되는 상품이다. ETN을 발행한 증권회사는 만기에 투자 기간 동안의 기초지수 수익률에서 제비용(보수 등 미리 정해진 비용)을 빼고 투자자에게 지급한다.

ETN도 ETF와 마찬가지로 손쉽게 분산투자가 가능하고 매도할 때 증권거래세가 면제되며, 실시간으로 매매가 가능하다는 장점을 갖고 있다. 반면 분명한 차이점도 있다. 먼저 상품을 발행하는 주체와 만기가 다르다. ETF는 자산운용사가 발행하는 상품으로, 만기가 없어 특별한 경우(상장 폐지)를 제외하고는 지속된다. 반면 ETN은 증권회사가 발행하는 일종의 회사채나 약속어음과 성격이 비슷해 만기가 있다.(1년 이상 20년 이내) 이 때문에 시기별로 금융시장 환경에 맞춘 상품의 출시도 가능하다.

장점이 많은 ETF와 ETN을 적극적으로 홍보하지 않는 이유

이렇게 장점이 많은 ETF를 금융회사가 적극적으로 홍보하지 않는 이유는 뭘까? 한마디로 마진이 적기 때문이다. 펀드로 들어오는 보수를 보면 일반 펀드 2.5%, 인덱스펀드 1% 내외인 데 반해 ETF는 0.5% 이하에 불과하다. ETF 투자 비중이 높아질수록 일반 펀드 투자 비중은 상대적으로 줄어들 수밖에 없다.

또한 모든 소비자가 가성비로만 차를 선택하지 않듯, 투자에 있어서도 각자의 취향이 반영된다. 주식은 막연히 위험하다는 인식 때문에 은행만 거래하는 투자자가 있는가 하면, 고수익을 노리고 변동성이 심한 중소형 주식에만 투자하는 사람도 있다. 다양한 투자자의 욕구를 맞출 수밖에 없는 금융회사의 입장에서는 여러 가지 투자상품을 나열해 판매할 수밖에 없다. 다행히 세계적으로 ETF 시장이 급성장하고, ETN 시장도 커지는 등 투자자의 선택의 여지가 넓어지고 있다. 이에 따라 국내에도 다양한 ETF와 ETN 상품이 나오고 있어 향후 발전이 기대된다.

국내 ETF, ETN 시장의 한계와 가능성

국내 ETF 및 ETN의 순자산 총액은 2002년 이후 연 37.6%씩 커지고 있으며, 거래 현황도 아시아태평양 시장 내에서 높은 수준을 유지하고 있다. 다만 한계점으로 지적할 수 있는 부분은 거래량과 자산이 일부 종목에 쏠려 있다는 것이다. 주식, 채권부터 대체투자까지 다양한 상품이 상장되어 있지만 자산 규모의 73%가 국내 주식형이며, KOSPI200을 추종하는 상품(레버리지, 인버스 포함)이 전체 ETF의 52%에 달한다. 또한 거래 규모는 연초 이후 일평균 거래 대금의 63%가 주요 3종목(KOSPI200, 인버스, 레버리지 상품)에 집중되어 있다. ETF나 ETN을 장기적 관점이 아닌 주식과 같은 단기투자 상품으로 인식하는 개인 투자자가 많다는 뜻이다.[269]

현재 증권사, 자산운용사, 은행 등에서 ETF와 ETN을 활용한 간접투자 상품을 지속적으로 출시하고 있고, 외국인 투자자도 한국 증시 편입 방법으로 ETF 활용을 늘려가고 있다. 정부 역시 ETF 시장을 활성화시키기 위해 노력하고 있고, 연기금의 ETF 투자 확대를 위해 제도를 개선하고 있다. 2015년 10월 금융위는 'ETF 시장 발전 방안'에서 연기금의 ETF 투자를 활성화하겠다는 방침을 발표하며 국민연금의 ETF 투자를 허용했다. 공무원연금과 사학연금은 2014년부터 ETF 투자를 시작했고, 점차 ETF 비중을 늘려갈 계획이다. 또한 대규모 투자 금액에 대해 ETF를 활용한 운영이 가능할 것으로 예상되는데, 고액 자산가와 연기금이 그 수요층이 될 수 있다. 퇴직연금에서의 ETF 활용 기회도 점진적으로 늘어나고 있다. 금융위는 개인연금을 통한 ETF 투자를 허용하고, 퇴직연금이 ETF를 편입할 수 있도록 ETF 투자 가능 상품군을 확대하기로 했다.

향후 이러한 움직임이 활성화되면 국내 ETF 시장의 쏠림 현상이 해소되고, 다양한 상품이 원활히 거래될 것으로 보인다.

ETF와 ETN 매매하기

ETF와 ETN에 대해 간단히 알아보았는데, 낯선 용어가 어색하고 어려울 수 있다. 아이들이 처음 자전거를 배울 때 자전거의 구성 부품과 작동 원리를 모두 이해한 뒤 타지 않는다. 페달을 밟고, 핸들을 조정하는 방법과 브레이크 사용법을 알면 일단 타보면서 배운다. 자주 타다 보면 요령이 생기고, 자전거에 대한 이해가 넓어진다. 투자역시 모든 것을 완벽히 알고 시작할 순 없다. 투자를 하면서 배우게되는 면이 많다. 이제 실제 투자를 해보자.

ETF 거래를 하기 위해 계좌를 개설하는 일은 일반 주식 거래 시의 계좌 개설과 동일하다. 따라서 증권 계좌가 있는 경우 기존의 계좌를 이용해 거래하면 된다. 증권 계좌가 없는 경우 다음의 절차에따라 신규로 계좌를 개설하자.

• 증권사 선택하기

ETF와 ETN 상품은 모든 증권사에서 거래가 가능하다. 따라서 증권사 선택은 신뢰도가 높고 전산 시스템이 잘된 곳이면 무난하다.(감독기관의 관리 덕분에 대부분의 전산 시스템은 상향 평준화되어 있다) 증권사별로 거래수수료가 다르므로 거래수수료는 반드시 점검해야 한다. 거래수수료란 증권(ETF와 ETN 등)을 사고팔 때 증권사에 지불하는 비용으로 거래 금액에 따라 차이가 있다. 거래수수료는 계좌 개설과 거래 방법에 따라 다양하지만, 가장 저렴한 것은 은행에서 계좌를 개설하고 온라인(HTS, 스마트폰 앱 등)을 이용해 매매하는 것이다. 많은 증권사가 스마트폰 거래(MTS)도 HTS와 동일하게 비용을 매긴다. HTS(홈트레이딩 시스템, Home Trading System)란 개인 컴퓨터에 증권사가 제공하는 프로그램을 설치해 매매하는 것을, MTS(Mobile Trading System)는 스마트폰에 앱을 설치해서 매매하는 것을 말한다.

현재 증권사별 (은행 개설+HTS 이용 기준) 수수료는 0.010~0.015%가 가장 낮은 수준이고, 비싼 곳은 0.2~0.3%로 10배 이상 차이가 난다. 증권사별로 회원 모집 이벤트 등으로 몇 년간 수수료를 받지 않기도 하므로 반드시 확인하고 선택하자.

• 은행에서 계좌 개설하기

증권사 홈페이지에서 연계된 은행을 조회한 후, 가까운 은행 지점을 방문해 계좌를 개설한다.(계좌 개설에 대한 상세한 내용은 각 증권사 홈페이지에 동영상으로도 안내가 되어 있으니 참고하여 회원 가입을 한다.)

• HTS 이용하기

증권사 홈페이지에서 HTS를 다운로드 받는다.

HTS가 실행되면 회원 가입 시 만들었던 고객 ID, 비밀번호, 인증 비밀번호를 입력하여 로그인한다.

• HTS에서 ETF 매매하기

주메뉴에서 [ETF/ETN]을 고르고 하위메뉴에서 [ETF주문종합]을 선택한다.

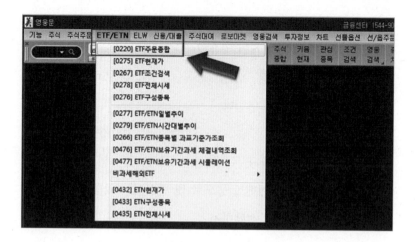

[ETF주문종합] 창에서 좌측 상단의 검색 버튼(돋보기 모양)을 클릭하면 ETF 종목을 검색할 수 있다. 좌측 메뉴에서 고르거나 우측 입력창에서 원하는 ETF를 검색하고 더블클릭한다.

마법의 돈 굴리기

조회가 끝나면 아래와 같이 주문 창이 나온다.

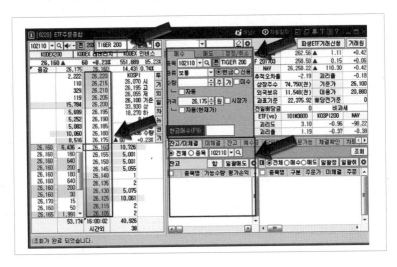

①번 부분이 조회한 ETF 상품이다.

②번 부분은 이 증권에 대한 매수/매도호가가 나와 있다. 현재 이
상품은 한 주당 26,160~26,175원에서 거래되고 있다. 아래쪽으로
갈수록 싸게 사려는 매수 가격이고, 위쪽으로는 비싸게 팔고자 하는
매도 가격이다. 26,160원 오른쪽의 숫자는 이 가격에 사려는 증권수
다. 즉 26,160원에 10,726주를 사고자 하는 매수 수요를 보여준다.
반면 26,175원 좌측은 매도 수요로 8,516주가 있다. 매수/매도호가
위아래로 5,000주 정도씩이 유동성 공급자가 매매에 대응하기 위해
준비 중인 수량이다.

③번 창에서 가격을 선택하고 수량을 입력한 후, [현금매수] 버튼
을 누르면 매수가 된다. 매수/매도 시에 창의 윗부분이 매수인지 매

도인지 반드시 확인한다.

④번 창은 매매 결과를 보여준다.

기타 정정 거래, 취소 거래 등은 각 증권사별 안내문을 참고하자.

구분		내용
매매 시간	정규시장	09:00~15:30
	동시호가	장 시작 동시호가 08:00~09:00 장 마감 동시호가 15:20~15:30
	시간외종가	장전 시간외 07:30 ~ 08:30 (전일 종가로 거래) 장후 시간외 15:40 ~ 16:00 (당일 종가로 거래)
	시간외단일가	16:00 ~ 18:00 (10분단위 총12회 체결)
호가 가격 단위		5원
매매 수량 단위		1주
가격 제한폭		기준 가격의 상하 30%(레버리지가 있는 종목은 그 배율을 곱한 금액)
결제 주기		매매 체결일로부터 2일째 되는 날(T+2)
주문 종류		지정가, 시장가, 최유리지정가, 최우선지정가, IOC/FOK 조건, 조건부지정가

• HTS에서 잔고 확인 및 자산 재분배

자산배분 전략의 핵심은 자산 재분배라고 했다. 정기, 비정기적으로 자산 간 비중을 조절해주어야 한다. 매월 재분배를 수행한다고 했을 때 정해진 일자에 주식 잔고를 확인한다.

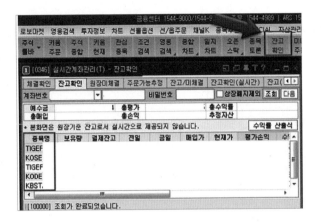

　메뉴의 [잔고 확인]을 선택하면 창이 뜬다. 좌측에 보유 종목명
이, 우측에 각 종목의 매입가, 현재가, 평가손익 등이 나온다. 보통
여기서 종목별 평가손익과 수익률을 보면 희비가 갈린다. 오른 종
목은 더 사고 싶고, 떨어진 종목은 팔아버리고 싶어진다. 하지만 자
산배분 전략에서 중요한 항목은 자산별 비중이다. 평가 금액을 보
고 자산 비중을 조절해야 한다. 미리 정해놓은 비중보다 커진 종목
은 비중이 커진 만큼 매도하고, 반대로 비중이 줄어든 종목은 그만
큼 매수한다.

전략적 자산배분,
전술적 자산배분

치과의사 피터는 오랜 기간 자산배분 전략을 통해 투자해왔다. 안정적인 성과를 보고 나니 자산배분의 효용을 누구보다 확신하게 됐다. 주식시장을 계속 보다 보니 모든 주식이 동일하게 움직이지 않는다는 사실을 알았다. 어떤 때는 소형주가 대형주보다 나은 수익률을 보이고, 다른 때는 가치주가 성장주를 넘어서는 성과를 보이기도 한다. 이런 모습을 투자에 반영하고 싶다. 기존에 단순히 주가지수에만 투자하던 것을 세분화해서 투자해보면 어떨까. 이런 피터를 위해 전략적 자산배분과 전술적 자산배분을 안내한다.

군사적인 의미로 '전략'이란 전쟁의 목적을 달성하기 위한 기본 방침을 말하며, '전술'이란 개개 전투에 관계되는 방책을 말한다. 전략은 전술의 상위 개념으로 장기적이고 광범위한 부분을 다루고, 전술은 단기적이며 구체적이다.

앞서 살펴본 유대인식 3분법이나 영구 포트폴리오에서 제시하는 것이 전략이다. 유대인식 3분법으로 예를 들어 설명하면, 서로 움직임이 다른 3개의 자산인 주식, 채권, 현금에 분산해 투자하라는 것이 전략이다.

전술이란 개별 전투에서 승리하는 방법이다. 주식에 투자하는 1/3의 자금을 코스피200 지수에만 투자하는 게 아니라 다양한 방법을 추가해 더 나은 수익을 노려보는 것이다. 몇 가지 전술을 알아보자.

스타일 투자 : 기업 규모

스타일이란 '경기 사이클과 주식시장의 순환 과정에서 비슷한 특성을 보이면서 행동하는 자산의 집합'을 말한다. 스타일 투자는 특정한 움직임을 보이는 주식끼리 묶어 투자에 이용하는 것이다. 가장 많이 사용하는 스타일은 회사의 규모로 나누는 것이다.[270] 규모에 따라 '대형주', '중형주', '소형주' 등으로 나눌 수 있다. 스타일을 나누는 가장 큰 의미는 스타일마다 움직임이 다르다는 데 있다. 소형주가 수익률이 더 높을 때도 있고, 대형주가 더 좋은 성과를 낼 때도 있다. 다양한 연구 결과 어느 것이 우수하다고 결론 내릴 순 없지만, 스타일별로 움직임이 다르다는 특성을 이용해볼 수는 있다.[271]

일반적으로 스타일 투자는 모멘텀 투자자가 좋아하는 투자 방식이다. 소형주에 모멘텀이 쏠리면 소형주에 투자하고, 분위기가 대형주로 넘어왔거나 그렇게 예상되면 대형주를 매수해 시세 차익을 기대하는 식이다. 자산배분 전략에서 추천하는 스타일 투자는 모멘텀 투자와 다르다. 스타일별 움직임이 다르다는 가정을 하지만, 어느 순간에 어떤 자산이 오를 것이라는 예측은 하지 않는다. 마켓 타이밍과 종목 선정이 어렵다는 게 이 책에서 반복하는 이야기다. 우리의 관심사는 누가 이기느냐가 아니라 그들의 움직임이 다르다는 것이다.

다시 유대인식 3분법으로 돌아가 보자.

주식과 채권, 현금에 각각 1/3씩 투자한다고 했다. 이것은 전략적 자산배분이다. 이때 주식에 할당된 1/3의 투자금을 '전술적'으로 나누는 것이다. 대형주와 중형주, 소형주에 1/3씩 분산하는 것이다. 이 세 스타일의 합이 주식시장이다. 이 세 자산을 단순히 나누면 주식시장과 동일한 성과를 낼 것이다. 하지만 세 자산을 나누고, 세 자산의 다른 움직임을 이용해 자산 재분배를 수행하면 주가지수 이상의 성과가 날 가능성이 높다.

[기업 규모 스타일에 따른 전술적 자산배분 예]

전략적 자산배분	전술적 자산배분
	대형주(11%)
주식(33%)	중형주(11%)
	소형주(11%)
채권(33%)	채권(33%)
현금성 자산(34%)	현금성 자산(34%)

미국인 피터를 통해 본 유대인식 3분법에서 주식과 채권, 현금성 자산에 각각 1/3씩 투자했었다. 이번에는 주식 부분을 전술적으

로 나누어 투자하는 경우를 테스트해보자. 기업 규모별로 스타일을 나누어 대형주, 중형주, 소형주에 분산하는 것이다. 대형주 지수로는 S&P500을 추종하는 SPY라는 ETF를 선택했고, 중형주 지수로는 S&P mid-cap index(^MID)를 선택했다. 소형주로는 S&P small-cap ETF인 IJR을 골랐다. 채권과 현금성 자산은 기존과 동일하게 미국 중기국채인 IEF와 재무성 단기 채권을 이용했다.

	포트폴리오		기간 수익률	연 수익률	연 변동성	최대 낙폭	위험 대비 수익
유대인식 3분법	주식	33%	108%	5.24%	4.6%	-15%	0.88
	채권	33%					
	현금	34%					
유대인식 3분법 -스타일 투자 추가	주식 대형주	11%	137%	6.19%	5.9%	-17%	0.85
	주식 중형주	11%					
	주식 소형주	11%					
	채권	33%					
	현금	34%					

14년간의 테스트 결과, 위험 지표인 변동성(4.6% → 5.9%)과 최대 낙폭(-15% → -17%)은 다소 나빠졌으나, 연 수익률은 5.25%에서 6.19%로 개선되었다. 해당 기간 대형주와 중형주의 상관관계는 0.94, 대형주와 소형주의 상관관계는 0.89로 높게 나와 포트폴리오의 운영 성과가 월등히 개선되지 않았다. 하지만 1990년대 후반~2000년대 초반과 같이 대형주와 중소형주의 움직임이 확연히 다른 기간에는 이러한 전술적 자산배분이 큰 효과를 발휘한다.

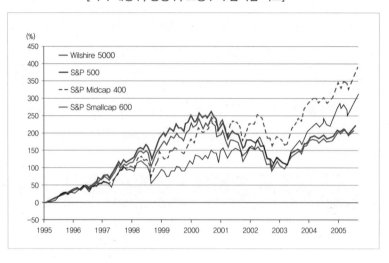

[미국 대형주, 중형주, 소형주의 움직임 비교]272

스타일 투자 : 산업별 분류

또 다른 스타일로는 산업별 분류를 들 수 있다. 예를 들어 산업재나 자본재와 같은 경기민감주는 경기 확장 국면일 때 시장 전체의 투자 성과를 웃도는 경향이 있다. 반대로 소비재처럼 안정적인 분야는 경기 수축 국면일 때 시장수익률을 웃도는 경향이 있다. 이와 같이 경기나 물가, 금리의 변화 등에 따라 강세를 보이는 산업과 약세를 보이는 산업이 교차되기 때문에 산업별로 나누어서 투자할 경우 각기 다른 움직임을 이용할 수 있다.

국내의 경우 코스피 관련 건설, 중공업, 산업재, 금융, 에너지화학, 경기소비재, 생활소비재, 건강관리, 정보기술, 철강 소재 등으로

마법의 돈 굴리기

섹터가 분류되어 20여 가지 ETF가 상장되어 있다. KRX 기준으로는 15가지 ETF 상품과 27가지 ETN 상품이 상장되어 있어 투자자의 선택의 폭이 넓다.

그 밖의 전술들

그 외에도 다양한 기준에 의해 성장주와 가치주를 나누어 투자할 수도 있다. 어떤 때는 기업 내재 가치에 비해 저평가되어 있는 가치주가 좋은 성과를 보여주고, 또 어떤 때는 미래 성장에 대한 기대감으로 성장주가 높은 수익을 보이기도 한다. 두 종류의 주식의 움직임은 시장의 분위기에 따라 달라지는데, 이렇게 가치주와 성장주가 다르게 움직이는 특성을 이용할 수도 있다.

채권 투자 역시 몇 가지 전술을 운용할 수 있다. 채권의 만기(듀레이션)에 따라 채권의 움직임이 달라지는데 장기채의 경우 움직임의 진폭이 크고, 단기채의 경우 상대적으로 안정적이다. 또한 회사채를 편입할 수도 있는데, 회사채의 경우 기본적으로 국채의 움직임을 따르지만 개별 회사의 특성이나 시장 상황에 따라서 주식과 같은 변동성을 갖기도 한다. 이런 특성을 세부적으로 이용해볼 수 있다.

　　이번 장에서는 개인 투자자가 실제로 자산배분 전략을 이용해 투자하는 방법에 대해 얘기했다. 투자 포트폴리오를 설계하고 투자를 수행하는 단계를 알아보았다. 포트폴리오를 안정적으로 운용하기 위해서는 목표수익률을 적정한 수준으로 설정하는 것이 중요하다. 누구나 높은 수익을 원하지만, 고수익을 위해 과도하게 변동성이 높은 자산을 편입하면 초보 투자자가 심리적으로 감당하기 어려운 상황에 처할 수 있다. 예금이자 플러스알파, 즉 물가상승률을 커버하는 수준이면 나쁘지 않은 수익이라는 생각으로 투자를 시작하길 바란다.

　　투자 자산군을 나누고 투자 비중을 설정한 후, 각 자산별로 실제 투자가 가능한 상품을 추천했다. ETF나 ETN이라는 낯선 이름이 어색하겠지만 익숙해지자. 이런 상품이 나와 있다는 것만으로도 개인 투자자에게는 축복이다. 자산 재분배는 분산투자의 장점을 최대화할 수 있는 무기다. 원칙을 지키며 꾸준히 실행하는 것이 무엇보다 중요하다. 분산투자와 장기투자는 거친 투자의 바다에서 순항할 수 있는 좋은 장치임을 잊지 말자.

행복에 대한 이야기로 시작했으므로 다시 행복에 대한 이야기로 마무리할까 한다. 슈바이처는 "성공은 행복의 열쇠가 아니다. 그러나 행복은 성공의 열쇠다"라고 말했다. 행복은 어디에서 올까?

에릭 바인하커의 책 〈부의 기원〉에서 그 답을 일부 찾을 수 있을 것 같다.

"노벨상 수상자인 프린스턴 대학의 대니얼 카너먼을 포함한 많은 심리학자가 다양한 문화의 사람을 대상으로 오랫동안 행복의 원인을 깊이 연구해왔다. 그들은 행복의 50%가 강력한 유전적 연관성에 의해 직접적으로 설명될 수 있음을 밝혀냈다. 과학자들이 뇌에서 행복을 관장하는 강력한 생화학적 물질이 배출된다는 사실(항우울제가 많은 사람에게 효용을 나타내고 있는 이유다)을 알고 있음을 감안하면 유전학이 개개인의 뇌의 화학 작용에 따른 상대적 행복에 영향을 미친다는 사실은 크게 놀랄 만한 일이 아니다.

카너먼과 그의 동료는 연구를 통해 결혼, 사회적 관계, 고용, 사회적 지위, 물리적 환경 등 모든 요소가 행복에 지대한 영향을 미친다는 사실을 발견했다. 진화적 관점에서 다시 표현하자면 배우자, 사회적 결속, 높은 지위, 편안한 환경 등을 소유하는 것이 조상 환경에서 유전자의 성공적인 복제를 가능토록 했던 중요한 요인들, 즉 뇌에서 '행복'의 화학 물질을 배출하도록 유도한다는 사실은 그리 놀랍지 않다.

부의 절대적 단위는 행복에 영향을 미치기는 하지만 선형적인 관계는 아니다. 가난하고 생존을 위해 투쟁하는 사람은 그렇지 않은 사람보다 덜 행복하다. 그러나 사람은 기본적 욕구가 일단 충족되고 나면 부와 행복 간의 상호 관계는 현저하게 평등해진다. 이 시점을 지나면 사람은 부를 절대적이 아닌 상대적 관점으로 보려는 경향이 생긴다. 부의 증가, 특히 기대하지 않았던 부의 증가는 우리를 행복하게 하지만, 그것도 잠시뿐 얼마 지나지 않아 우리는 다시 기존에 느끼던 만큼의 행복을 느낄 뿐이다. … 복권 당첨자를 대상으로 한 연구에서도 이와 유사한 패턴을 발견할 수 있었다.

마법의 돈 굴리기

부에 대한 이러한 태도는 진화적으로 타당하다. 경쟁 사회에서 투쟁하고, 부를 축적하고, 쉬지 않고, 결코 만족하지 않는 유전자들이 만족감을 느끼고, 행복을 느끼는 유전자들을 어떻게 이길 수 있을지 한번 상상해 보라. 탐욕은 자신과 주변인 모두의 행복에 좋을 것이 없지만, 적당한 욕심은(사회의 규범과 조직에 의해서 조절될 수 있을 정도) 역사적으로 유전자 복제에 긍정적 역할을 해 왔다."

요약하면 배우자, 사회적 결속, 높은 지위, 편안한 환경 등이 있어야 행복할 가능성이 높다는 말이다. 사회생활을 해본 사람이라면 이것들 대부분이 돈과 관계된다는 사실을 이해할 것이다. 다행인 것은 기본 욕구가 일단 충족되고 나면 부의 크기와 행복 간의 관계가 아주 낮아진다는 점이다. 즉 돈이 더 불어난다고 해서 더 행복해지는 건 아니라는 것이다. 쇼펜하우어는 "돈은 바닷물과 같다. 많이 먹으면 먹을수록 더 목마르게 된다"고 했다. 그의 통찰은 진화론자와 행동경제학자의 연구와 일맥상통한다.

서은국 교수는 그의 책 〈행복의 기원〉에서 "돈은 어떻게 쓰느냐가 중요하다"고 말한다.

"돈과 행복에 관한 최근 연구에 의하면 일정 경제 수준에 이르면 얼마나 돈이 있느냐보다 그것을 어떻게 쓰느냐가 중요해진다. … 콜로라도 대학의 리프 반 보벤 교수의 연구에 의하면, 행복한 이들은 공연이나 여행 같은 '경험'을 사기 위한 지출이 많고, 불행한 이들은 옷이나 물건 같은 '물질' 구매가 많은 것으로 나타난다. 행복과 관련해서 경험보다 물질 구매가 불리한 점은 무엇일까? 경험(여행)에 비해 물질(신상 백)에서 얻는 즐거움은 더 빨리 적응되어 사라지고, 타인과의 상대적 비교를 더 자주하게 된다.(누군가 반드시 더 좋은 가방을 들고 다닌다!) …

또 다른 연구에 따르면 경험 구매가 물질 구매보다 행복한 본질적 이유는 사람 때문이다. 일반적으로 경험은 다른 사람과 함께 소비하는 경우가 많고, 물건은 혼자 쓰기 위해 구매하는 경우가 많다. … 여기서 한 발 더 나아가 돈을 자신이 아닌 남을 위해 쓸 때 더 행복해진다는 연구도 나오고 있다. … 이 현상은 가난한 아프리카 국가에서도 일관되게 나타난다. … 시간도 마찬가지다. 자원봉사자들이 높은 행복감을 경험하는 이유도 행복 관점에서 보면 시간이라는 자원을 현명하게, 즉 타인을 위해 쓰기 때문이다. …

돈에 대한 생각을 할수록 사람에 대한 관심은 줄어든다고 한다.

최고의 과학 전문지 〈사이언스〉에 2006년 실린 논문에 의하면, 돈은 사람에게 '자기 충만감'이라는 우쭐한 기분을 들게 만든다. 돈이 있으면 "너희가 없어도 난 혼자 살 수 있어" 같은 느낌. … 실험에 따르면 돈의 존재감이 커지는 만큼 사람의 존재감은 작아졌다. … 과도한 물질주의는 행복에 치명적인 결과를 준다. 행복 전구를 가장 확실하게 켜지도록 하는 것이 사람이라고 했다. 하지만 행복해지기 위해 돈에 집착할수록, 정작 행복의 원천이 되는 사람으로부터는 멀어지는 모순이 발생한다."

마지막 문장이 가장 핵심이다. 행복 전구를 가장 확실하게 켜지도록 하는 것이 '사람'이라는 사실을 잊지 말아야 한다. 행복해지기 위해 돈을 버는데, 돈을 버느라 행복의 원인인 사람들과의 관계를 소홀히 하고 있지 않은지 늘 관심을 기울여야겠다.

참고한 책들

(국내, 국외 및 저자명 가나다순)

고영성, 〈부모공부〉, (스마트북스, 2016년)

권오상, 〈고등어와 주식, 그리고 보이지 않는 손〉, (미래의창, 2015년)

권오상, 〈돈은 어떻게 자라는가〉, (부키, 2014년)

김효진, 〈나는 부동산 싸게 사기로 했다〉, (카멜북스, 2016년)

박선후, 최현준, 〈지금 당장 해외 ETF 공부하라〉, (한빛비즈, 2010년)

서은국, 〈행복의 기원〉, (21세기북스, 2014년)

서준식, 〈왜 채권쟁이들이 주식으로 돈을 잘 벌까?〉, (팜파스, 2008년)

서준식, 〈눈덩이주식 투자법〉, (부크온, 2012년)

안근모, 〈샤워실의 바보들〉, (어바웃어북, 2014년)

윤영수, 채승병, 〈복잡계 개론〉, (삼성경제연구소, 2005년)

이강연, 〈포카라의 행동심리 투자 전략〉, (국일증권경제연구소, 2010년)

이상헌, 〈알파헌터 이상헌의 매크로 스윙 트레이딩〉, (국일증권경제연구소, 2009년)

이재범, 김영기, 〈부동산의 보이지 않는 진실〉, (프레너미, 2016년)

정광옥, 〈주식투자하는 법〉, (이레미디어, 2011년)

홍춘욱, 〈돈 좀 굴려봅시다〉, (스마트북스, 2012년)

홍춘욱, 〈환율의 미래〉, (에이지21, 2016년)

나심 니콜라스 탈레브, (번역 차익종), 〈블랙스완〉, (동녘사이언스, 2008년)

나심 니콜라스 탈레브, (번역 이건), 〈행운에 속지 마라〉, (중앙북스, 2010년)

네이트 실버, (번역 이경식), 〈신호와 소음〉, (더퀘스트, 2014년)

마법의 돈 굴리기

닐 존슨, (번역 한국복잡계학회), 〈복잡한 세계 숨겨진 패턴〉, (바다출판사, 2015년)

데이비드 스웬슨, (번역 김경록 외 1명), 〈포트폴리오 성공 운용〉, (미래에셋투자교육연구소, 2010년)

도모노 노리오, (번역 이명희), 〈행동 경제학〉, (지형, 2007년)

로저 C. 깁슨, (번역 조영삼), 〈재무상담사를 위한 자산배분 전략〉, (서울출판미디어, 2008년)

리처드 번스타인, (번역 한지영, 이상민), 〈소음과 투자〉, (북돋움, 2016년)

리처드 번스타인, (번역 홍춘욱 외 1명), 〈스타일 투자전략〉, (원앤원북스, 2009년)

리처드 페리, (번역 이건), 〈현명한 ETF 투자자 : 상장지수펀드의 모든 것〉, (리딩리더, 2012년)

마이클 M. 팜피언, (번역 조지호 외 2명), 〈투자자가 주의해야 할 20가지 편견〉, (사곰(한양대학교출판부), 2007년)

브누아 B. 만델브로트 외 1명, (번역 이진원), 〈프랙털 이론과 금융시장〉, (열린책들, 2010년)

앙드레 코스톨라니, (번역 김재경), 〈돈, 뜨겁게 사랑하고 차갑게 다루어라〉, (미래의창, 2005년)

야마구치 요헤이, (번역 유주현), 〈현명한 초보 투자자〉, (이콘, 2016년)

앨런 베넬로 외 2명, (번역 이건 외 1명), 〈집중투자〉, (에프엔미디어, 2016년)

에드워드 챈슬러, (번역 강남규), 〈금융투기의 역사〉, (국일증권경제연구소, 2001년)

에릭 바인하커, (번역 정성철 외 1명), 〈부의 기원〉, (랜덤하우스코리아, 2007년)

앤서니 크레센치, (번역 이건), 〈Top Down 투자 전략〉, (리딩리더, 2011년)

왕샤오밍, (번역 김성은), 〈이기는 투자〉, (평단문화사, 2012년)

윌리엄 A. 서든, (번역 최은정), 〈욕망을 파는 사람들〉, (스마트비즈니스, 2010년)

조지 쿠퍼, (번역 김영배), 〈민스키의 눈으로 본 금융위기의 기원〉, (리더스하우스, 2009년)

테리 번햄, (번역 서은숙), 〈비열한 시장과 도마뱀의 뇌〉, (갤리온, 2008년)

토니 로빈스, (번역 조성숙), 〈Money〉, (RHK두앤비컨텐츠, 2015년)

페르 박, (번역 정형채 외 1명), 〈자연은 어떻게 움직이는가?〉, (한승, 2012년)

폴 크루그먼, (번역 박정태), 〈자기 조직의 경제〉, (부키, 2002년)

폴 W. 글림처, (번역 권춘오 외 1명), 〈돈 굴리는 뇌〉, (일상이상, 2013년)

하노 벡, (번역 배명자), 〈부자들의 생각법〉, (갤리온, 2013년)

참고 주

1. 서은국, 〈행복의 기원〉, (21세기북스, 2014년), p.10, 46

2. 고영성, 〈부모공부〉, (스마트북스, 2016년), p.315

3. 앙드레 코스톨라니, (번역 김재경), 〈돈, 뜨겁게 사랑하고 차갑게 다루어라〉, (미래의창, 2005년), p.32

4. 조선비즈, "국내 창업생존율 OECD 최하위…3년 넘기기 힘들다", http://biz.chosun.com/site/data/html_dir/2015/05/25/2015052500902.html, (2015.5.25)

5. 백조(고니)는 모두 흰색이라는 통념에 반해 실제로 검은색 고니가 발견되었으며, 확률적으로 아주 낮은 현상을 표현할 때 블랙 스완이라는 단어를 사용한다.

6. 나심 니콜라스 탈레브, (번역 차익종), 〈블랙스완〉, (동녘사이언스, 2008년), p.310

7. 우석훈, 〈불황 10년〉, (새로운현재, 2014년), p.8 발췌 후 수정

8. 이투데이, "'응팔' 택이 상금, 은행 vs 부동산?", http://m.post.naver.com/viewer/postView.nhn?volumeNo=3038850&memberNo=6132524&vType=VERTICAL, (2015.11.30)

9. 72법칙 : 원금이 두 배로 불어나는 데 걸리는 시간을 계산할 때 사용하며, 72를 수익률(상승률)로 나누면 된다. 이 경우 상승률이 7%이므로 72/7은 약 10(년)이다.

10. 로저 C. 깁슨, (번역 조영삼), 〈재무상담사를 위한 자산배분 전략〉, (서울출판미디어, 2008년), p.48

11. 앞의 책, p.114

12. 인플레이션 지수는 미국 노동통계청이 발표한 도시 소비자 물가지수를 사용했다.(출처:세인트루이스연준 https://fred.stlouisfed.org/series/CPIAUCSL) 재무성 단기채권은 미국 재무성에 빌려준 단기예금이다. 연방정부가 책임을 지기 때문에 채무불이행 위험이 없다.(출처:세인트루이스연준 https://fred.stlouisfed.org/series/TB3MS)

13. 인플레이션은 한국은행 경제통계시스템(http://ecos.bok.or.kr/)에서 7.4.2.소비자 물가지수 중 근원 인플레이션에 가장 가깝다고 알려진 '농산물 및 석유류제외지수'의 전년 동기대비 증감

마법의 돈 굴리기

률을 사용했고, 예금이자율은 동 사이트 4.2.1.1 정기예금 연이율을 사용했다. (세후)예금이자율은 비과세 해당이 없다는 가정하에 해당 기간별 이자소득세율을 제외했다. (이자소득세율은 주민세 포함하여 96.1~97.12 16.5%, 98.1~98.9 22%, 98.10~99.12 24.2%, 00.1~00.12 22%, 01.1~04.12 16.5%, 05.1~현재 15.4%이다) 자료 조사 기간은 정기예금 자료 기간에 맞추어 1996년부터 조사했다.

14. 조지 쿠퍼, (번역 김영배), 〈민스키의 눈으로 본 금융위기의 기원〉, (리더스하우스, 2009년), p.55

15. 테리 번햄, (번역 서은숙), 〈비열한 시장과 도마뱀의 뇌〉, (갤리온, 2008년), pp.130-131

16. 저축을 했다는 말은 은행에 돈을 빌려주었다는 의미가 되기도 한다. 그래서 이자를 받게 되는 것이다. 그런 측면에서 '돈 받을 권리를 가진 자'라는 의미의 채권자라고 표현할 수 있다. 그 반대는 돈을 갚아야 하는 자인 채무자다.

17. 테리 번햄, (번역 서은숙), 〈비열한 시장과 도마뱀의 뇌〉, (갤리온, 2008년), pp.131-132

18. 앞의 책, p.133

19. 앞의 책, p.132

20. 연합뉴스, "한국은행 2016~2018년 물가안정목표 연 2%로 낮춰 잡아", http://www.yonhapnews.co.kr/bulletin/2015/12/15/0200000000AKR20151215166500002.HTML, (2015.12.15), 조선비즈, "WSJ 인플레이션, 다시 살아나기 시작하나", http://biz.chosun.com/site/data/html_dir/2016/10/31/2016103101786.html, (2016.10.31), 교도통신사, "日정부 · 일본은행, 물가상승 목표 2% 도입 결정", http://www.47news.jp/korean/economy/2013/01/058200.html, (2013.01.22), 연합인포멕스, "ECB 총재 '물가 상승, 여전히 현 통화정책에 의존'", http://news.einfomax.co.kr/news/articleView.html?idxno=274300, (2016.11.22)

21. 조지 쿠퍼, (번역 김영배), 〈민스키의 눈으로 본 금융위기의 기원〉, (리더스하우스, 2009년), pp.137-138

22. 앙드레 코스톨라니, (번역 김재경), 〈돈, 뜨겁게 사랑하고 차갑게 다루어라〉, (미래의창, 2005년), pp.136~137

23. 수익은 최종 금액에서 원금을 뺀다 : 110만 원 - 100만 원=10만 원, 수익률은 수익을 원금으로 나누어 계산한다 : 수익/원금= 10만 원/100만 원=10%

24. 샤프 비율(Sharpe Ratio)=(수익률-무위험 수익률)/표준편차, 간혹 샤프 지수라고도 표현한다. 여기서는 세 자산 간의 비교가 목적이므로 무위험 수익률을 0으로 하여 계산한다.

25. 편의상 은행에 예금하는 사람을 '예금자', 대출받는 사람을 '대출자'라고 표현하자. 둘 다 은행의 고객이지만 권리와 의무 관계에서는 상반된다. 예금을 할 때 고객(예금자)은 은행을 상대로 채권자가 된다. 예금한 돈과 이자를 받을 권리를 갖고 있다는 말이다. 반대로 대출을 받을 때 고객(대출자)은 은행을 상대로 채무자가 된다. 빌린 돈과 이자를 내야 하는 의무가 있다는 말이다.

26. (주13과 동일하게) 물가상승률은 한국은행 소비자 물가지수 사용.

27. 서준식, 〈왜 채권쟁이들이 주식으로 돈을 잘 벌까?〉, (팜파스, 2008년), pp.91-92

28. 네이버, "파치올리", http://m.navercast.naver.com/mobile_contents.nhn?rid=22&contents_id=79070&leafId=22, (2015.01.09)

29. 기하평균수익률 계산 방법 → 상품A : 100x(1+0.1)^7x(1-0.1)^3=142만 원, 상품 B : 100x(1+0.04)^10=148만 원

30. 복권기금 웹진 vol.62, "행복나눔", http://www.lotteryfund.or.kr/vol_62/main.htm, (2015.12)

31. 야마구치 요헤이, (번역 유주현), 〈현명한 초보 투자자〉, (이콘, 2016년), p.18

32. 서은국, 〈행복의 기원〉, (21세기북스, 2014년), pp.108-112

33. 권오상, 〈돈은 어떻게 자라는가〉, (부키, 2014년), pp.125-126

34. 이런 현상을 심적 회계라고 하는데, 심적 회계는 시카고 대학의 경제학 교수이자 '넛지'의 저자이며 행동경제학의 구루로 불리는 리차드 탈러에 의해 발전된 이론이다. 심적 회계는 사람들이 같은 돈이라 하더라도 출처와 용도에 따라 마음속으로 구분하여 서로 다르게 사용하는 성향을 말한다. 예를 들어 사람들이 예상치 못한 보너스나 복권 당첨금 등이 생기면 평소의 소비 습관과 다르게 함부로 돈을 쓰는 현상을 말한다.

35. 네이버, "대기업-중소기업 근로자 평균연봉 2배 격차", http://news.kbiz.or.kr/news/articleView.html?idxno=41944, (2016.07.27)

36. 계산 방법 : 1.81%*(1-0.154)=1.63264%, 2,500만원/1.693264%=16억3,264만 원(금리 : 2015년도 예금은행 가중평균금리, 한국은행)

37. 물가가 연 2% 오를 때 미래가치 계산 : 1.02^20=1.5, 내용 참고 : http://magazine.hankyung.com/money/apps/news?popup=0&nid=02&c1=2002&nkey=20161110001380088892&mode=sub_view

38. 도모노 노리오, (번역 이명희), 〈행동 경제학〉, (지형, 2007년), p.35

39. 나심 니콜라스 탈레브, (번역 이건), 〈행운에 속지 마라〉, (중앙북스, 2010년), p.238

40. 기준점 효과 : 앵커링 효과(Anchoring effect), 정박 효과, 닻내림 효과, 고착화 현상으로 불리기도 한다. 배가 정박할 때 닻(앵커, anchor)을 내리면 닻과 배를 연결하는 밧줄 길이만큼만 움직일 수 있듯이, 기준점(닻)을 기준으로 움직이는 범위가 한정되는 것을 비유한 용어다.

41. 도모노 노리오, (번역 이명희), 〈행동 경제학〉, (지형, 2007년), p.84

42. 착각 상관(illusory correlation), 하노 벡, (번역 배명자), 〈부자들의 생각법〉, (갤리온, 2013년), p.275

43. 프로스펙트 이론(Prospect theory)에서 프로스펙트란 희망이나 전망, 기대를 뜻하지만 여기서는 특별히 중요한 의미는 없다. 카너먼과 트버스키는 원래 '가치이론'이라는 일반적인 명칭을 붙였지만, 이 이론이 알려지게 될 때 독자적인 이름이 있는 게 유리하다는 판단 때문에 큰 의미 없이 '프로스펙트 이론'이라는 명칭을 선택했다고 카너먼 스스로 얘기했다.

44. 기대효용 이론은 불확실한 상황에서 사람들은 모든 대안 중에 기대효용이 최대가 되는 대안을 선택한다는 것.

45. 도모노 노리오, (번역 이명희), 〈행동 경제학〉, (지형, 2007년), pp.105-106

46. Dickinson College, "Asymmetric Value Function", http://wiki.dickinson.edu/index.php/Basic_Concepts

47. 도모노 노리오, (번역 이명희), 〈행동 경제학〉, (지형, 2007년), pp.107-108, 109, 113, 124

48. 마이클 M. 팜피언, (번역 조지호 외 2명), 〈투자자가 주의해야 할 20가지 편견〉, (사곰(한양대학교출판부), 2007년), p.253

49. 미국 산타클라라 대학교의 경제학자 허시 셰프린과 메이 스탯먼은 이런 태도에 '처분 효과'라는 이름을 붙였다. 미국 UC버클리 비즈니스 스쿨의 터랜스 오딘은 증권시장에서 처분 효과가 어떻게 나타나는지 조사했다. 그는 한 증권사 계좌 1만여 개를 추출하여 6년 동안의 거래 기록을 분석했다. 투자자들은 이익 종목의 약 15%를 매도한 반면, 손실 종목은 10%만 매도했다. 투자자들이 생각 없이 내키는 대로 주식을 사고파는 것이 아니라면, 통계적으로 볼 때 이익 종목과 손실 종목의 매도 차이가 우연이라고 보기에는 너무 컸다. 오딘은 투자자들이 같은 정보를 공유했거나 집단행동의 영향을 받았을 가능성을 배제하기 위해 다양한 방법으로 조사를 했으나 항상 같은 결론이 나왔다.

50. 마이클 M. 팜피언, (번역 조지호 외 2명), 〈투자자가 주의해야 할 20가지 편견〉, (사곰(한양대학교출판부), 2007년), p.297

51. 도모노 노리오, (번역 이명희), 〈행동 경제학〉, (지형, 2007년), p.143

52. 이강연, 〈포카라의 행동심리 투자 전략〉, (국일증권경제연구소, 2010년), p.120

53. 마이클 M. 팜피언, (번역 조지호 외 2명), 〈투자자가 주의해야 할 20가지 편견〉, (사곰(한양대학교출판부), 2007년), p.113, 117, 118, 이강연, 〈포카라의 행동심리 투자 전략〉, (국일증권경제연구소, 2010년), p.25

54. 하노 벡, (번역 배명자), 〈부자들의 생각법〉, (갤리온, 2013년), p.30

55. 앞의 책, p.51

56. 마이클 M. 팜피언, (번역 조지호 외 2명), 〈투자자가 주의해야 할 20가지 편견〉, (사곰(한양대학교출판부), 2007년), p.125

57. 앞의 책, p.135, 관련 논문 : S. Gadarowski, "Financial Press Coverage and Expected Stock Returns"(working paper, Cornell University, 2001)

58. 앞의 책, pp.131~133

59. 네이버, "생존편향", http://naver.me/GgttyRFD, (감정독재, 인물과사상사, 2014년)

60. 하노 벡, (번역 배명자), 〈부자들의 생각법〉, (갤리온, 2013년), p.30

61. 마이클 M. 팜피언, (번역 조지호 외 2명), 〈투자자가 주의해야 할 20가지 편견〉, (사곰(한양대학교출판부), 2007년), p.262, 264, 266

62. 하노 벡, (번역 배명자), 〈부자들의 생각법〉, (갤리온, 2013년), p.97

63. 앞의 책, p.113

64. 공책이 연필보다 1000원 비싸므로 (공책 값)=(연필 값)+1000원이다. 둘을 합쳐서 1100원이므로, (연필 값)+(공책 값)=1100원. 공책 값을 대체하면, (연필 값)+{(연필 값)+1000원}=1100원 → (연필 값)*2+1000원=1100원 → (연필 값)= (1100원−1000원)/2=50원

65. 테리 번햄, (번역 서은숙), 〈비열한 시장과 도마뱀의 뇌〉, (갤리온, 2008년), pp.15, 22~23, 30, 91, 305 − '도마뱀의 뇌'는 저자가 연구 중 사용한 개념으로 실제로는 도마뱀과는 아무 상관 없다.

66. 폴 W. 글림처, (번역 권춘오 외 1명), 〈돈 굴리는 뇌〉, (일상이상, 2013년), p.7

67. 도모노 노리오, (번역 이명희), 〈행동 경제학〉, (지형, 2007년), pp.291~299

68. 쿠넛슨(B. knutson)과 피터슨(R. Peterson)은 경험효용과 결정효용을 비교해 본 결과, 서로 다른 부위가 활성화되는 것을 확인했다. 결정효용이란 장래의 효용에 대한 예측이지만 화폐적인 이익을 기대할 때에는 복측선조체의 주요 부분인 측좌핵이 특히 활성화되고, 실제로 이익을 얻을 때에는 전두전내측피질이 활성화된다. 그들은 전두엽이 장래의 이익에 관하여 별로 관여하지 않을지도 모르며, 실제로 얻은 이익의 평가만을 담당하는 것은 아닐까 하고 추측한다.

마법의 돈 굴리기

69. 에드워드 챈슬러, (번역 강남규), 〈금융투기의 역사〉, (국일증권경제연구소, 2001년), p. 360

70. 테리 번햄, (번역 서은숙), 〈비열한 시장과 도마뱀의 뇌〉, (갤리온, 2008년), p.67

71. 이재범, 김영기, 〈부동산의 보이지 않는 진실〉, (프레너미, 2016년), p.92

72. 앙드레 코스톨라니, (번역 김재경), 〈돈, 뜨겁게 사랑하고 차갑게 다루어라〉, (미래의창, 2005년), pp.188-192

73. 에드워드 챈슬러, (번역 강남규), 〈금융투기의 역사〉, (국일증권경제연구소, 2001년), p.49, 50, 52, 56

74. 앞의 책, p.48, 178

75. 조선일보, "독일 5위 갑부, 주식투자 실패로 자살", http://news.chosun.com/site/data/html_dir/2009/01/08/2009010800002.html, (2009.01.08)

76. "A History of Ridiculously Big Companies", http://www.fool.com/investing/general/2012/08/22/a-history-of-ridiculously-big-companies.aspx, (2012.08.22)

77. 비즈니스인사이더, "Isaac Newton's Nightmare — Charted By Marc Faber", http://www.businessinsider.com/isaac-newton-and-the-south-sea-bubble-2013-4, (2013.04.02.)

78. 에드워드 챈슬러, (번역 강남규), 〈금융투기의 역사〉, (국일증권경제연구소, 2001년), p.143, 나무위키, "남해거품사건", https://namu.wiki/w/남해거품사건

79. "A History of Ridiculously Big Companies", http://www.fool.com/investing/general/2012/08/22/a-history-of-ridiculously-big-companies.aspx, (2012.08.22)

80. 왕샤오밍, (번역 김성은), 〈이기는 투자〉, (평단문화사, 2012년), pp.35-37

81. 앙드레 코스톨라니, (번역 김재경), 〈돈, 뜨겁게 사랑하고 차갑게 다루어라〉, (미래의창, 2005년), pp.167~169

82. 앞의 책, pp.187-188

83. 로드리그 교수의 홈페이지, "Stages in a Bubble", https://people.hofstra.edu/geotrans/eng/ch7en/conc7en/stages_in_a_bubble.html

84. 베어트랩(bear trap)은 약세장이 강세장으로 전환하는 과정에서 공매도 세력이 직면하는 함정이다. 약세장에서 주가가 더 떨어질 것으로 예상되면 공매도 세력은 주가 하락을 점치고 손절매에 나선다. 이런 약세장의 움직임은 사실 추가 매수를 원하는 투자자들에겐 좋은 기회다. 투자자들은 하락세가 시작되기 전 가격보다 훨씬 저렴하다는 데 메리트를 느끼며 주식을 매집하고 주가는 상승한다. 추가 하락에 대비해 차익 실현 기회를 엿보던 공매도 세력은 '함정'에 빠

지게 된다. 주가가 오르면 손실을 보기 시작하는 것이다.

85. 불트랩(bull trap)은 베어트랩과 반대되는 개념이다. 주가가 강세장에서 고점을 돌파하면 투자자들은 더 오를 것을 기대하고 롱 포지션을 늘리거나 신규 투자를 시작한다. 공매도 세력들도 손실이 커지기 전에 주식을 사서 포지션을 정리하려고 한다. 하지만 이는 적절한 매도 레벨이 아닌 곳에서 대량의 주식 공급으로 이어진다. 포지션 처분을 기다렸던 대형 기관 투자자들이 매수세에 편승해 매물을 내놓기 때문이다. 그 결과 주가는 지지선까지 밀리는데 공매도 세력의 추격 매도가 공격적이어서 하락 속도와 폭이 크게 나타난다.

86. 미국의 경제학자인 하이먼 민스키(Hyman P. Minsky, 1919~1996)는 시카고 대학 출신으로 하버드 대학에서 박사 학위를 받았다. 하버드 대학 재학 시절 조지프 슘페터와 바실리 레온티예프 밑에서 공부했다. 이어 세인트루이스에 있는 워싱턴 대학 경제학 교수를 거쳐, 바드 대학에서 가르쳤다. 민스키를 흔히 '포스트–케인지언' 경제학자로 지목한다. 금융시장에 대한 정부의 개입을 지지했고, 부채의 과잉누적을 비판했다. 민스키 이론이 집중 조명을 받기 시작한 것은 1990년 말 세계 금융위기 때였다. 퍼시픽투자회사의 펀드매니저 폴 맥컬리가 1998년 민스키 이론에서 민스키 모멘트라는 용어를 만들어냈다. 2008년 9월 리먼브러더스 파산 사태를 전후로 발생한 세계 금융위기도 민스키의 명성을 높이는 계기가 되었다.

87. 이상헌, 〈알파헌터 이상헌의 매크로 스윙 트레이딩〉, (국일증권경제연구소, 2009년), p.134

88. 이 말은 민스키가 아닌 세계 최대의 채권펀드인 PIMCO의 이코노미스트인 폴 매콜리가 1998년의 러시아 위기를 설명하는 과정에서 명명한 것이다.

89. 이상헌, 〈알파헌터 이상헌의 매크로 스윙 트레이딩〉, (국일증권경제연구소, 2009년), p. 13 및 권오상, 〈고등어와 주식, 그리고 보이지 않는 손〉, (미래의창, 2015년), p.219에서 발췌하여 요약

90. '폰지'라는 말은 찰스 폰지라는 유명한 사기꾼의 이름에서 유래했다. 폰지는 사람들에게 높은 수익률을 약속하고는 새로 모집한 투자자들의 투자 원금을 앞서 투자한 사람들에게 투자 수익으로 속여 수익금을 지급하는 방식으로 투자를 유치했다.

91. 위키피디아, https://en.wikipedia.org/wiki/Minsky_moment#/media/File:Stylized_Minsky_Cycle.PNG

92. 권오상, 〈고등어와 주식, 그리고 보이지 않는 손〉, (미래의창, 2015년), p.223

93. 안근모, 〈샤워실의 바보들〉, (어바웃어북, 2014년), pp.5–6

94. 모닝스타, "브리지워터 어소시에이츠 CEO 레이 달리오에게서 배운 것", http://hk.morningstar.com/kr/articles/view.aspx?id=8089, 2013.12

마법의 돈 굴리기

95. http://www.economicprinciples.org/, (한국어 자막 포함 : https://www.youtube.com/watch?v=aZAp8QuY2rw 혹은 유튜브에서 '경제 기계가 작동하는 법'으로 검색)

96. 에릭 바인하커, (번역 정성철 외 1명), 〈부의 기원〉, (랜덤하우스코리아, 2007년), pp.104-105

97. 매경프리미엄, "원숭이 문어 돌멩이가 사람보다 예측 잘하더라", http://premium.mk.co.kr/view.php?no=16317, (2016.10.04)

98. 타데우즈 티츠카와 피요트르 질론카의 연구 결과 인용. 나심 니콜라스 탈레브, (번역 차익종), 〈블랙스완〉, (동녘사이언스, 2008년), pp.258-260

99. 나심 니콜라스 탈레브, (번역 차익종), 〈블랙스완〉, (동녘사이언스, 2008년), pp.258-260

100. 중앙일보, "브렉시트 직전까지 "브리메인"…장밋빛 전망만 내놓은 애널들", http://news.joins.com/article/20223866, (2016.06.27)

101. 비즈니스포스트, "한국 애널리스트들의 분석은 왜 틀릴까", http://www.businesspost.co.kr/news/articleView.html?idxno=3316, (2014.07.25)

102. 나심 니콜라스 탈레브, (번역 이건), 〈행운에 속지 마라〉, (중앙북스, 2010년), p.140

103. 2011년 금융투자협회 보도자료 '증권사 애널리스트 및 리포트 현황 분석 결과(2011. 5. 3)'를 참조했고, 조사 기간은 2005~2010년 6년간임.

104. 비즈니스포스트, "한국 애널리스트들의 분석은 왜 틀릴까", http://www.businesspost.co.kr/news/articleView.html?idxno=3316, (2014.07.25)

105. 이승희, 주소현, '애널리스트의 이익 추정과 행동재무학적 휴리스틱, 소비자학연구', 제24권 제2호, 2013년 6월

106. 금융투자협회 보도자료 '증권사 애널리스트 및 리포트 현황 분석 결과(2011. 5. 3)'를 참조했고, 조사 기간은 2005~2010년 6년간임.

107. 이재홍 외 2명, 한국증권학회지 제44권 4호 (2015) 729-769, 과잉투자가 애널리스트 커버리지에 미치는 영향

108. 번역 참조 : http://blog.naver.com/bankertofu/220788753660, 원문 : http://buffettfaq.com/#how-do-you-build-your-investment-knowledge

109. 토니 로빈스, (번역 조성숙), 〈Money〉, (RHK두앤비컨텐츠, 2015년), p.209, The Butcher vs. The Dietitian (https://youtu.be/QYZ_NndjQRE)

110. 앞의 책, pp.218-220

111. 네이트 실버, (번역 이경식), 〈신호와 소음〉, (더퀘스트, 2014년), pp.40-42, 47

112. 머니투데이, "금감원, 3대 신용평가사에 중징계 통보", http://news.mt.co.kr/mtview.php?no=2014061721433246289&type=1&MLA, (2014.06.27)

113. 서준식, 〈눈덩이주식 투자법〉, (부크온, 2012년), p.54

114. 폴 W. 글림처, (번역 권춘오 외 1명), 〈돈 굴리는 뇌〉, (일상이상, 2013년), p.18

115. 하노 벡, (번역 배명자), 〈부자들의 생각법〉, (갤리온, 2013년), p.56

116. 서준식, 〈눈덩이주식 투자법〉, (부크온, 2012년), pp.58-61

117. 홍춘욱, 〈돈 좀 굴려봅시다〉, (스마트북스, 2012년), pp.22-41

118. 앤서니 크레센치, (번역 이건), 〈Top Down 투자 전략〉, (리딩리더, 2011년), p.11

119. 앞의 책, pp.248, 312-326

120. 앨런 베넬로 외 2명, (번역 이건 외 1명), 〈집중투자〉, (에프엔미디어, 2016년), p.13

121. 앞의 책, pp.131-132

122. 앞의 책, p.309

123. 나심 니콜라스 탈레브, (번역 차익종), 〈블랙스완〉, (동녘사이언스, 2008년), p.345

124. 테리 번햄, (번역 서은숙), 〈비열한 시장과 도마뱀의 뇌〉, (갤리온, 2008년), p.333

125. 하노 벡, (번역 배명자), 〈부자들의 생각법〉, (갤리온, 2013년), pp.298-299

126. 홍춘욱, 〈돈 좀 굴려봅시다〉, (스마트북스, 2012년), pp.256-257에서 발췌하여 수정

127. 리처드 번스타인, (번역 한지영, 이상민), 〈소음과 투자〉, (북돋움, 2016년), pp.214-227, 〈소음과 투자〉에서는 기간 총수익률로 표시했지만, 여기서는 투자기간별 비교를 위해 연환산수익률로 조정하여 표기하였음.

128. 권오상, 〈돈은 어떻게 자라는가〉, (부키, 2014년), pp.20-22

129. 로저 C. 깁슨, (번역 조영삼), 〈재무상담사를 위한 자산배분 전략〉, (서울출판미디어, 2008년), p.19

130. 앞의 책, p.189

131. 채널예스, "세계에서 가장 위대한 시인이자 만능 재주꾼", http://ch.yes24.com/Article/View/30779, (2016.05.16)

132. 자산배분(asset allocation)은 자산관리(wealth management)와 혼용하여 사용하는 경우가 있다. 자산관리가 더 큰 개념으로 부동산, 세무, 상속 등을 포함하는 개념이다. 이 책에서는 투

마법의 돈 굴리기

자 포트폴리오를 운영하는 범위에서의 자산배분을 다룬다.

133. 로저 C. 깁슨, (번역 조영삼), 〈재무상담사를 위한 자산배분 전략〉, (서울출판미디어, 2008년), p.28

134. 앞의 책, p.259

135. Brinson, Singer and Beebower (1991), "Determinants of Portfolio Performance II : An Update," Financial Analysts Journal, 47(3), 40–48

136. Ibbotson, Roger G., and Paul D. Kaplan, (2000), "Does Asset Allocation Policy Explain 40, 90, or 100 Percent of Performance?," Financial Analysts Journal , 56(1), 26 – 33

137. Vardharaj, Raman, and Frank J. Fabozzi, (2007), "Sector, Style, Region : Explaining Stock Allocation Performance," Financial Analysts Journal, 63(3), 59 – 70.

138. 정부 기금 여유자금 운용계획의 적절성 분석(국회예산정책처, 2015.8)

139. 토니 로빈스, (번역 조성숙), 〈Money〉, (RHK두앤비컨텐츠, 2015년), p.413

140. 로저 C. 깁슨, (번역 조영삼), 〈재무상담사를 위한 자산배분 전략〉, (서울출판미디어, 2008년), p.39

141. '피'란 분양권 매매시 얹어주는 프리미엄(premium, 웃돈)의 영문 첫 글자 P를 의미한다.

142. 로저 C. 깁슨, (번역 조영삼), 〈재무상담사를 위한 자산배분 전략〉, (서울출판미디어, 2008년), p.143에서 발췌하여 수정.

143. 모닝스타, "Stocks, Bonds, Bills, and Inflation 1926 – 2015", http://www.raymondjames.com/soundwealthmanagement/pdfs/sbbi-1926.pdf, 소득세나 거래비용 등은 감안하지 않았고 전부 재투자되었음을 가정함.

144. 로저 C. 깁슨, (번역 조영삼), 〈재무상담사를 위한 자산배분 전략〉, (서울출판미디어, 2008년), p.46

145. 로그자(logarithmic scale)란 좌표값을 $\log_{10}x$에 맞추어 눈금을 매긴 것을 말함. 그림의 세로축이 10의 자승 단위로 커진다. 미국 주식이 2008년에 절반 가까이 하락했음을 우리는 알고 있는데 그래프 상으로 그렇지 않게 보이는 건 세로축의 단위가 로그값이기 때문이다.

146. 금융투자협회 〈무엇이 위험자산인가? (2013.1.9)〉, 원금과 이자/배당/자본이득 전부 재투자 가정.

147. 한국은행의 소비자물가지수(농산물 및 석유류제외지수)를 연단위로 조회하여 계산함.

148. 2001년 전 세계 주식시장의 88%, 채권시장의 95%를 점유하는 16개국을 대상으로, 1900년

부터 2000년까지 101년간의 주식, 장기채권, 단기채권을 분석.

149. 개인 투자자의 주식 투자 성과 분석(변영훈, 2005.5)

150. 주식시장의 구조적 변화 : 거래회전율 감소의 원인 분석(2015.5. 자본시장연구원)

151. 뉴시스, "2016년 증시 어김없이 개미 지옥…평균 26.6% 손실", http://www.newsis.com/ ar_detail/view.html/?ar_id=NISX20161230_0014611518&cID=10401&pID=10400, (2016.12.31), 다만 수익률은 매수가를 고려하지 않고 1월 2일부터 12월 30일까지 주가를 단순 계산한 결과로 추세적인 의미의 숫자임.

152. 조선비즈, "작년 개미들이 많이 산 10大 종목 주가 다 떨어졌다", http://biz.chosun.com/ site/data/html_dir/2016/01/03/2016010301962.html,(2016.01.03)

153. 토니 로빈스, (번역 조성숙), 〈Money〉, (RHK두앤비컨텐츠, 2015년), p.56

154. 번역 참조 : http://bankertofu.blog.me/220788750173, 원문 : http://buffettfaq. com/#what-advice-would-you-give-to-non-professional-investors

155. 토니 로빈스, (번역 조성숙), 〈Money〉, (RHK두앤비컨텐츠, 2015년), p.171, 펀드평가사가 펀드의 등급을 별의 개수로 매기며, 가장 우수한 펀드에 별 5개를 부여한다.

156. 앞의 책, p.160

157. 앞의 책, p.164-165, SPIVA : S&P Index Versus Active Funds Scorecard

158. 앞의 책, p.567

159. 한국경제, "펀드 보수 · 수수료의 숨은 함정을 피하라", http://stock.hankyung.com/news/ app/newsview.php?aid=2016050598671, (2016.05.05)

160. 데이비드 스웬슨, (번역 김경록 외 1명), 〈포트폴리오 성공 운용〉, (미래에셋투자교육연구소, 2010년), p.278

161. 실제 식료품이나 공산품을 파는 시장도 여러 가지가 있듯이, 주식을 사고파는 시장도 여러 가지가 있다. 국내에는 코스피, 코스닥, 코넥스 등의 주식시장이 있다. 물건을 사고팔려면 시장 매대에 물건을 올려놓는 것처럼, 주식을 매매시키려면 해당 주식시장에 주식을 상장시켜야 하며, 코스피 시장이 상장 요건이 가장 까다롭다.

162. http://www.incham.net/upfiles/webzine/incham_09-2.pdf, 정광옥, 〈주식투자하는 법〉, (이레미디어, 2011년), p.139,289

163. 에릭 바인하커, (번역 정성철 외 1명), 〈부의 기원〉, (랜덤하우스코리아, 2007년), p.530

164. 수익률들을 크기 순서로 나열했을 때 중간(중앙)에 있는 값이다. (산술)평균이 극단값에 영향

마법의 돈 굴리기

을 많이 받는 약점이 있어, 수익률과 같이 극단값이 많을 경우 평균 대신에 수익률의 대표로 중앙값을 사용하기도 한다.

165. S&P500지수 이용(출처 : http://finance.yahoo.com/quote/^GSPC 월단위 수정종가(배당락을 조정한 종가))

166. 한국은행 경제통계시스템(http://ecos.bok.or.kr/)에서 6.2.2.주식 거래 및 주가지수(KOSPI월평균)를 사용했고, 1981~2016까지 데이터를 이용하여 1991~2016까지 조사.

167. 국채라고 하여 부도가 나지 않는 것이 아니다. 실제 금융시장의 역사에서 남미의 여러 국가나 러시아 등 국채의 지급에 문제가 생긴 경우가 종종 있다

168. 정확히는 듀레이션이라는 용어를 사용한다. 채권에 투자한 자금의 평균 회수 기간을 말한다. 채권의 이자율 위험을 나타내기도 하는데, 초보 투자자가 굳이 알 필요는 없다.

169. 국채 ETF인 KBSTAR국고채 및 KOSEF10년국고채에 투자했을 경우를 가정한 것이다. 배당락을 감안한 월별 종가의 움직임을 비교하기 쉽게 시작점을 100으로 하여 그렸다. 자료 조사 기간은 KOSEF10년국고채가 발행된 기간에 맞췄다.

170. 물가상승률 : 한국은행-소비자 물가지수(농산물 및 석유류제외지수), 예금이자율 : 한국은행-정기예금 연이율(신규취급액 기준. 1~2년). (세후)예금이자율은 해당 기간 이자소득세율(15.4%) 제외.

171. SPY, IEF ETF의 가격 데이터는 http://finance.yahoo.com에서 조회하여 월 단위 수정종가 사용. 조사 기간은 IEF가 출시된 2002.7월부터 2016.11월까지다.

172. 샤프 비율=$\frac{(수익률-무위험수익률)}{표준편차}$ 여기서는 상대적인 비교이므로 무위험수익률을 빼지 않고 수익률을 변동성(표준편차)으로 나누었다.

173. 지불유예(모라토리엄, moratorium)란 국가가 빌린 돈에 대해 일시적으로 채무 상환을 연기하는 것으로 라틴어로 지체한다는 의미의 'morai'에서 파생된 말.

174. 중앙일보, "신용등급 상향, 한국 역대 최고 Aa2로 껑충…무슨 일?", http://news.joins.com/article/19281962, (2015.12.21.)

175. 테리 번햄, (번역 서은숙), 〈비열한 시장과 도마뱀의 뇌〉, (갤리온, 2008년), p.189

176. 1975~1980년 S&P500 인덱스를 기준으로 주식 수익률 계산.

177. 세인트루이스 연준 홈페이지(https://fred.stlouisfed.org)에서 소비자물가지수(CPIAUCSL), 미국 장기국채(IRLTLT01USA156N)의 연간 자료 이용.

178. 서준식, 〈왜 채권쟁이들이 주식으로 돈을 잘 벌까?〉, (팜파스, 2008년), pp.69-70 계산 방식

참고.

179. 상관관계를 숫자로 표현하면 +1에서 −1 사이의 값을 갖는다. +1(−1)에 가까울수록 강한 양(음)의 상관관계를 갖는다고 하며, 0에 가까우면 상관관계가 낮다고 표현한다. 여기서는 상관관계가 +1과 −1인 경우를 예로 들었으나, 실제 세상에 이렇게 극단적인 상관관계는 드물다. 다만 이해를 높이고자 이와 같은 얘를 들었다.

180. 여기서는 무위험수익률을 재무성단기채권인 3개월물을 이용했다.

181. 종금사의 CMA는 예금자 보호 대상이나 종금사(종합금융회사)가 대부분 증권사로 바뀌면서 찾기 어려움.

182. 거래량과 거래 대금 순서로 보면 KOSEF 통안채, KODEX단기채권PLUS, KOSEF 단기자금, KODEX 단기채권, 파워 국고채, TIGER유동자금 등이 있다. 이름은 약간씩 다르지만 대부분 비슷하게 운용된다.

183. 단기국채ETF인 SHY는 2014년부터 나와서, 실제 ETF가 아닌 재무성 단기채권 수익률를 사용했다.(출처 : https://fred.stlouisfed.org/series/TB3MS)

184. 연단위로 자산별 투자 결과를 비교하고자 하므로, 해당 연도 첫째 투자일 대비 마지막 투자일에 대한 산술수익률로 계산했고, 투자를 시작한 첫해와 마지막 해의 경우 투자 시작과 종료일까지의 값으로 계산되었음.

185. 온라인 증권사를 이용했고 투자 기간 동안 변동이 없었다는 가정하에 주식 거래수수료는 0.015%로 계산했음.

186. 이재범, 김영기, 〈부동산의 보이지 않는 진실〉, (프레너미, 2016년), pp.25-29

187. 주택 매매 가격 종합지수와 물가상승률를 시작 시점을 1로 비교. 출처 : 'KB부동산 알리지'. 매년 1월 가격 기준, 물가상승률은 한국은행 소비자물가지수.(농산물 및 석유류제외지수)

188. 'KB부동산 알리지'에서 주택 매매 가격 종합지수 참고. 지역별 상세 자료가 2004년부터 제공되어, 2004년의 가격을 1로 놓고 지역별 움직임을 비교.

189. 한국감정원(http://www.r-one.co.kr/rone/) → 전국지가변동률 조사 → 지가지수 → 연도별 지역별.

190. 한국은행과 통계청 보도자료(2016.6.15) '2015년 국민대차대조표(잠정) 작성 결과.'

191. 한국은행경제통계시스템(ecos.bok.or.kr) 4.2.2예금은행 대출금리 신규 취급액 05~15년 기준

192. 아파트 가격(지역별 연상승률) : 경북 경산(6.5%), 대구 북구(6.2%), 울산 중구(6.0%), 부산 해

운대구(5.6%) 등(출처 : KB주택가격동향), 토지 가격(지역별 연상승률) : 평택시(4.5%), 하남시(4.5%), 서울 용산구(3.8%), 성동구(3.8%), 대구 달성군(3.8%), 화성시(3.6%) 등 (출처 : 한국감정원 지가지수)

193. 투자수익률 : 당해 분기간 투하된 자본에 대한 전체수익률로서 임대료 등 빌딩운영에 따른 소득수익률과 부동산가격 증감에 의한 자본수익률을 합산한 것(출처 : 한국감정원 → 상업용 부동산 임대동향조사 → 수익률 정보 → 지역별 수익률 → 투자수익률)

194. 월세수익률 (혹은 임대수익률) : 주택 보유자의 투자수익률을 나타내는 지표로, 주택 매매 가격 대비 월세 수익 금액 비율. 월세수익률 = $\dfrac{월세금 \times 12}{매매가 - 월세보증금}$ x100. 2016년 6월 기준(출처:KB금융지주 경영연구소, "KB부동산시장 리뷰", (2016.07))

195. 머니투데이방송, "전세가격의 끝없는 비행…경매 최저가격 역전 속출", http://news.mtn. co.kr/newscenter/news_viewer.mtn?gidx=2013081318230715565, (2013.08.13)

196. 연 환산 가격상승률 – 연립 : 매매 2.7%, 전세 5.8%, 단독 : 매매 1.5%, 전세 3.4% (출처 : KB금융지주 경영연구소, "월간 KB주택가격동향", (2016.08))

197. KB금융지주 경영연구소, "월간 KB주택가격동향", (2016.08)

198. 전월세전환율은 주택종합 기준 6.6%이며, 주택 유형별로는 아파트 4.8%, 연립다세대 6.8%, 단독주택 8.3%이다. 계산 방법은 전월세전환율 = $\dfrac{연간 임대료}{전세금 - 월세보증금}$ x1000이다. 전월세전환율, 예금 · 대출금리 출처 : 한국감정원의 보도자료('16.10월 기준 전월세전환율).

199. KB금융지주 경영연구소, "전세 제도의 이해와 시장 변화", (2016.4.20), p.5

200. 홍춘욱, "58년 개띠의 은퇴, 경제와 자산시장에 어떤 영향을 미칠까?", (키움증권, 2016.10)

201. 이재범, 김영기, 〈부동산의 보이지 않는 진실〉, (프레너미, 2016년), pp.93-98

202. KB금융지주 경영연구소, '월간 KB주택가격동향', (2016.8)

203. MSCI US REIT INDEX (^RMZ)의 출처 : https://finance.yahoo.com/quote/%5ERMZ?ltr=1

204. 내일신문, "올해도 국제 금값 오를 듯", http://news.naver.com/main/read.nhn?mode=LSD &mid=sec&sid1=101&oid=086&aid=0000030084, (2006.01.04)

205. 뉴스핌, "그린스펀 전 연준 의장 "금에 투자하라", http://www.newspim.com/news/view/20141031000226, (2014.10.31)

206. 왕샤오밍, (번역 김성은), 〈이기는 투자〉, (평단문화사, 2012년), p.298

207. 세인트루이스연준, https://fred.stlouisfed.org/series/GOLDAMGBD228NLBM

208. 박선후, 최현준, 〈지금 당장 해외 ETF 공부하라〉, (한빛비즈, 2010년), pp.179-180

209. 그럼에도 미국 달러는 기축통화 지위를 유지했다. 냉전 시대라는 특수성이 있었고, 사우디아라비아 등 OPEC과의 거래를 통해 석유는 미국 달러로만 살 수 있게 만들었다. 여전히 미국 경제력이 세계 1위였기 때문이다.

210. 왕샤오밍, (번역 김성은), 〈이기는 투자〉, (평단문화사, 2012년), pp.300-301

211. 위키백과, https://ko.wikipedia.org/wiki/%EA%B8%88%EB%AA%A8%EC%9C%BC%EA%B8%B0_%EC%9A%B4%EB%8F%99

212. 연합뉴스, "한국 금 보유량 104t 세계 34위…외환보유액의 1.3%", http://www.yonhapnews.co.kr/bulletin/2015/12/31/0200000000AKR20151231161000002.HTML, (2016.01.01)

213. 시카고트리뷴, "Gloom, Boom & Doom economist pushes for gold", http://www.chicagotribune.com/business/columnists/ct-marksjarvis-column-marc-faber-money-doom-0724-biz-20160722-column.html, (2016.07.22)

214. 뉴스페퍼민트, "앨런 그린스펀: 비축 화폐 금(金)의 가치", http://newspeppermint.com/2014/10/05/gold_greenspan/, (2014.10.06)

215. 금 가격 출처 : https://fred.stlouisfed.org/series/GOLDAMGBD228NLBM , 물가상승률 : https://fred.stlouisfed.org/series/CPIAUCSL

216. 내일신문, "금과 미 국채, '수요 · 공급의 법칙' 거스르는 이유는 뭘까?"와 "미국은 왜 중국이 금을 확보하도록 내버려두나"에서 발췌하여 요약. 기사 링크 : http://www.naeil.com/news_view/?id_art=209243, http://www.naeil.com/news_view/?id_art=209244, (2016.09.06)

217. 주가 : http://finance.yahoo.com/quote/%5EGSPC?ltr=1, 국채 : https://fred.stlouisfed.org/series/DFII10, 집값 : https://fred.stlouisfed.org/series/CSUSHPISA

218. 유튜브, "영구적 포트폴리오The Permanent Portfolio", https://www.youtube.com/watch?v=73CBINwjZxo

219. 금 ETF 가격은 https://finance.yahoo.com/quote/GLD/?p=GLD의 자료를 이용했고, GLD ETF가 발행된 2004년 11월 이전 값은 금값의 움직임을 http://www.kitco.com/charts/historicalgold.html에서 참조하여 GLD의 움직임도 같았다고 가정하여 사용했다.

220. 출처: http://www.aaii.com/objects/get/2668.gif (미국개인투자자협회, AAII, American Association of Individual Investors)

221. 매일경제, "銀은 악마의 쇠붙이", http://news.mk.co.kr/newsRead.php?year=2011&no=286483, (2011.05.04)

222. 아시아경제, "은값 최고치 경신, 시장 조작 검은 손 있나?", http://www.asiae.co.kr/news/
view.htm?idxno=2011042516015980863, (2011.04.25)

223. 박선후, 최현준, 〈지금 당장 해외 ETF 공부하라〉, (한빛비즈, 2010년), p.184

224. 2015년 기준, 출처 : http://m.e2news.com/news/articleView.html?idxno=3555

225. OPEC은 12개 석유 수출국이 모여 결성한 협의체다. 전 세계 석유 매장량의 76%, 생산량의
40%를 차지하며, 하루 3,000만 배럴 이상의 생산 능력 보유한 OPEC은 주기적인 회담을 통
해 석유 생산과 감산을 결정한다.

226. 박선후, 최현준, 〈지금 당장 해외 ETF 공부하라〉, (한빛비즈, 2010년), pp.198, 200, 202

227. 세인트루이스 연준 홈페이지에서 발췌 : 1947~2013년 월별 가격 추이. Spot Oil Price:
West Texas Intermediate (DISCONTINUED) (https://fred.stlouisfed.org/series/OILPRICE#0)

228. 금수조치란 엠바고(embargo)라고도 한다. 정치적인 이유로 어떤 특정국을 경제적으로 고립
시키기 위해 사용한다. 원래는 선박의 입출항을 금지한다는 말인데, 국가 간의 수출 금지, 통
상 금지 조치로 그 의미가 확대되었다.

229. 박선후, 최현준, 〈지금 당장 해외 ETF 공부하라〉, (한빛비즈, 2010년), pp.203-206

230. 한국거래소, "KRX ETF, ETN Monthly(2016.10월말 기준)", (2016.11)

231. 그림 출처 : http://www.yourpocketmoney.com/wp-content/uploads/2013/05/Core-
Satellite.jpg

232. 토니 로빈스, (번역 조성숙), 〈Money〉, (RHK두앤비컨텐츠, 2015년), p.511

233. 퍼센트 포인트(%p)는 백분율(퍼센트, %)간의 차이를 말한다. 20%가 23%가 되었을 때, 다른
표현 방법이 '3%p 올랐다'거나 아니면 '15%(=3/20) 올랐다'라고 표현해야 한다.

234. 마이클 M. 팜피언, (번역 조지호 외 2명), 〈투자자가 주의해야 할 20가지 편견〉, (사곰(한양대
학교출판부), 2007년), p.166

235. 앞의 책, p.210

236. 조선비즈, "주식도 해외 直購… 환율·세금 잘 따져보고 투자해야", http://biz.chosun.com/
site/data/html_dir/2016/05/12/2016051202036.html, (2016.05.12)

237. 아시아경제, "여전히 핫한 신흥국 투자…美 금리인상 남 얘기", http://view.asiae.co.kr/
news/view.htm?idxno=2016082309485478129, (2016.08.23)

238. 헤럴드경제, "韓 투자매력 높아졌다…신흥국펀드 내 '투자비중'↑", http://news.heraldcorp.
com/view.php?ud=20160811000157, (2016.08.11)

239. 각 나라의 통화로 투자했을 경우며, 실제 투자가 아닌 가상의 경우다. 각 나라 지수는 야
후(http://finance.yahoo.com/)에서 검색하여 사용했다.(한국 : KOSPI Composite Index
(^KS11), 통화 KRW, 미국 : S&P 500 (^GSPC), 통화 USD, 독일 : DAX (^GDAXI), 통화 EUR,
중국 : SSE Composite Index (^SSEC), 통화 CNY, 일본 : Nikkei 225 (^N225), 통화 JPY, 프
랑스 : CAC 40 (^FCHI), 통화 EUR)

240. 외환시장에서 환율 표기법은 직접표시법(자국통화 표시법)과 간접표시법(외국통화 표시법)
두 가지가 있다. 한국을 비롯한 거의 대부분의 나라는 직접표시법을 사용한다. 직접표시법에
서는 기준이 되는 외국 통화 한 단위(달러)와 교환될 수 있는 자국 통화를 표시한다. 1달러를
1,000원으로 교환할 수 있다는 말을 '달러/원 환율이 1,000원이다'라고 표현하는 것이다.(출
처 : 홍춘욱, 〈환율의 미래〉, (에이지21, 2016년), p.23)

241. 미래에셋자산운용, "해외펀드 투자… 환헤지 할까? 말까?", http://blog.naver.com/m_
invest/120159149586, (2012.05.18)

242. 한국경제, "해외펀드 무조건 환헤지하는 게 낫다?", http://stock.hankyung.com/news/app/
newsview.php?aid=2014111018911, (2014.11.10)

243. 해외 주식 투자 환헤지에 대한 연구(한국금융연구원, 2011.1)

244. 홍춘욱, 〈환율의 미래〉, (에이지21, 2016년), pp.234-239

245. 홍춘욱, 〈돈 좀 굴려봅시다〉, (스마트북스, 2012년), pp.274-277

246. 한국 주식 : http://ecos.bok.or.kr/ 6.2.2 에서 코스피 월평균종가, 한국 국채 : http://ecos.
bok.or.kr/ 4.1.2 에서 국고채3년 월평균금리 , 환율 : http://ecos.bok.or.kr/ 8.8.2.3 원화의
대미 달러 월평균 종가 , 미국 국채 : https://fred.stlouisfed.org/series/GS10 에서 10년물
국채 월평균 금리 , 미국 주식 : http://finance.yahoo.com/quote/%5EGSPC?ltr=1

247. 초저금리를 극복하는 대체투자의 전제조건(하나금융 경영연구소, 2015.08.03)

248. 국내 주요 연기금 현황과 해외 투자 확대(자본시장연구원, 2015.06.15)

249. 글로벌 대형 연기금 동향과 시사점(국민연금연구원, 2015.11.02)

250. 정부기금, 투자 상품 다양화로 수익률 높인다 : 연기금투자풀 해외·대체투자 신상품 도입(기
획재정부 보도자료, 2015.09.23)

251. 주요 연기금 및 공제회 2015년 자산배분 계획(자본시장연구원 자본시장Weekly,
2015.04.14), 교직원공제회의 경우 여신성 자금(24.7%)부분을 제외한 75.3%에 대한 비중으
로 재계산했음.

252. 해외 주요 공적연금의 자산배분 및 운용 전술 비교(보건복지포럼, 국제 보건복지 정책 동향,

마법의 돈 굴리기

2015.05)

253. Bogleheads, "David Swensen's portfolio (from Unconventional Success) 2015 Update", https://blbarnitz4.wordpress.com/2016/02/05/david-swensens-portfolio-from-unconventional-success-2015-update/, (2016.02.05)

254. http://finance.yahoo.com/ 에서 각 ETF명으로 조회하여 월단위 수정종가 사용.

255. Best practices for portfolio rebalancing - Vanguard research, July 2010

256. 로보어드바이저 자산관리서비스 간담회 실시(금융위원회, 2016.4) 및 금융상품 자문업 활성화 방안(금융위원회, 2016.3)

257. 인공지능 현대적 접근 방법-제3판(스튜어드 러셀 외, 2016.1), 인공지능과 딥러닝(마쓰오 유타카, 2015.12), 인공지능은 뇌를 닮아 가는가(유신, 2014.12)

258. 참고자료 : 로저 C. 깁슨, (번역 조영삼), 〈재무상담사를 위한 자산배분 전략〉, (서울출판미디어, 2008년) 및 국회예산정책처, "정부 기금 여유자금 운용계획의 적절성 분석 : 연기금의 목표수익률 산정과 자산배분 프로세스를 중심으로", (2015.08)

259. 조선일보, "年 3~4% 수익률이면 감사… 주식보다는 예·적금", http://news.naver.com/main/read.nhn?mode=LPOD&mid=etc&oid=023&aid=0003234656, (2016.12.05)

260. 국회예산정책처, "정부 기금 여유자금 운용 계획의 적절성 분석 : 연기금의 목표수익률 산정과 자산배분 프로세스를 중심으로", (2015.08)

261. 데이비드 스웬슨, (번역 김경록 외 1명), 〈포트폴리오 성공 운용〉, (미래에셋투자교육연구소, 2010년), p.156

262. 금융투자협회, "금융소비자보호를 위한 '현명한 금융투자 가이드'", (2016.05)

263. 한국거래소, "KRX ETF, ETN MONTHLY('16,10월말 기준)", (2016.11)

264. 리처드 페리, (번역 이건), 〈현명한 ETF 투자자 : 상장지수펀드의 모든 것〉, (리딩리더, 2012년), pp.256-258

265. 마이클 M. 팜피언, (번역 조지호 외 2명), 〈투자자가 주의해야 할 20가지 편견〉, (사곰(한양대학교출판부), 2007년), pp.324-329

266. 뉴시스, "투자자 성향 평가 기준 제각각…불완전판매 소지 커", http://www.newsis.com/ar_detail/view.html/?ar_id=NISX20140804_0013088835, (2014.08.05)

267. ETF와 ETN에 대한 대부분의 내용은 한국거래소의 자료를 인용했으며, 일부 저자의 의견을 포함했다.(출처 : http://academy.krx.co.kr/ è 온라인아카데미 → ETF강의실 → 책으로 배우

는 ETF → 똑똑한 자산관리 ETF, ETN(한국거래소, 2016.1.4 발행))

268. 한국거래소 온라인아카데미(http://academy.krx.co.kr/) → ETF강의실 → 애니메이션으로 보는 ETF 이야기.

269. 전균, 김수명, "ETF Managed Portfolio 자산관리의 틀을 바꾼다", 삼성증권, (2016.09.21)

270. 홍춘욱, 〈돈 좀 굴려봅시다〉, (스마트북스, 2012년), p.308, 311

271. 노스웨스턴 대학의 반즈 교수가 1981년 발표한 논문에 따르면 뉴욕증권거래소의 상장기업들을 대상으로 주가수익비율(PER)과 기업 규모의 관계를 조사한 결과, 둘 사이에 상당한 반비례 관계가 있음을 발견했다. 특히 소형주가 대형주보다 수익률이 더 높았다. 물론 소형주는 투자 위험이 시가총액이 큰 대형주에 비해 높았다. 하지만 위험 조정 수익 기준으로도 소형주의 수익률이 대형주보다 높았다. 또 다른 연구 결과도 있다. 시카고 대학의 주가연구센터가 1926년 이후의 소형주와 대형주의 수익률을 조사했더니, 소형주의 수익률은 대공황 구간에 매우 저조했지만 1940년대에는 대형주보다 높았으며, 특히 1970년대 이후에는 수익률이 매우 높았다. 또한 펜실베이니아 대학 와튼스쿨의 제레미 시겔 교수는 1975~1983년의 약 10년을 제외하면, 1926~1997년 대부분의 기간 동안 대형주의 수익률이 중소형주보다 높았다고 지적했다.(출처 : 홍춘욱, 〈돈 좀 굴려봅시다〉, (스마트북스, 2012년), pp.311-312)

272. 출처 : http://www.aaii.com/journal/article/capitalizing-on-the-index-fund-advantage

마법의 돈 굴리기